Teatro completo

Qorpo-Santo

TEATRO COMPLETO

Apresentação
Eudinyr Fraga

ILUMINURAS

Capa
Eder Cardoso / Iluminuras
sobre *Chimère*(1953), aquarela[65x51cm] de Wax Walter Svanberg
digitalmente modificada. Coleção privada.

Copy
Maria Estela Alcântara

Revisão
Ana Teixeira
Jane Pessoa

Este livro segue as novas regras do Acordo Ortográfico da Língua Portuguesa.

CIP-BRASIL. CATALOGAÇÃO-NA-FONTE
SINDICATO NACIONAL DOS EDITORES DE LIVROS, RJ

Q12t

Qorpo-Santo
Teatro completo / Qorpo-Santo ; apresentação Eudinyr Fraga. -
[3. reimp.] - São Paulo : Iluminuras, 2012.
320p. : 22,5cm

ISBN 85-7321-154-7

1.Teatro brasileiro (Literatura). I. Título.

11-2493. CDD: 869.92
CDU: 821.134.3(81)-2

2018
EDITORA ILUMINURAS LTDA.
Rua Inácio Pereira da Rocha, 389
05432-011 - São Paulo - SP - Brasil
Tel./Fax: 55 11 3031-6161
iluminuras@iluminuras.com.br
www.iluminuras.com.br

ÍNDICE

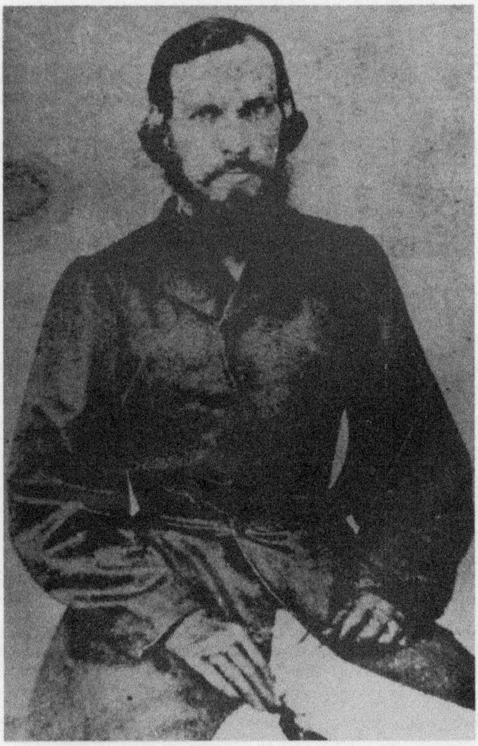

José Joaquim de Campos Leão, Qorpo Santo.

UM CORPO QUE SE QUERIA SANTO

Eudinyr Fraga

A Guilhermino Cesar,
que tanto fez pela divulgação de Qorpo-Santo.

Guilhermino Cesar (1900-1993) o mineiro/gaúcho que tão bem estudou e divulgou a obra de Qorpo-Santo, na sua *História literária do Rio Grande do Sul* (Porto Alegre, Globo, 1971, 2. ed.), comentava que, em geral, o teatro oitocentista sul-rio-grandense não tivera um desenvolvimento criador. Se na metade do século surgiu o nome de Souza Bastos (Manuel José, 1852-1861) e, no final, o renomado escritor regionalista J. Simões Lopes Neto (1865-1916), a maioria dos autores dramáticos desse período não criou "efetivamente, um teatro válido, como expressão inconfundível do meio", ou seja, a "literatura dramática não oferece traços comuns que a identifiquem, impondo-a ao nosso apreço como algo de próprio, de particular e inconfundível". Contudo, fazia exceção para "um gaúcho que ultrapassou por completo as acanhadas medidas provincianas. Perseguido pela loucura não foi para a sociedade do século XIX senão um extravagante e risível mestre-escola" que "escreveu duas dezenas de comédias revolucionárias — na temática, na linguagem, na crítica social implacável, nos achados de carpintaria". Tratava-se de Qorpo-Santo, na visão do ensaísta, "o criador do 'teatro do absurdo', (que) veio muito antes de um Jarry e de um Vian, precedendo Ionesco na ousadia das soluções".

Posteriormente, Guilhermino ressalvava que, na verdade, nada encontrara de sua autoria e, só mais tarde, Aníbal Damasceno mostrou-lhe um dos volumes da *Ensiqlopédia qorposantense*, justamente aquele dedicado ao teatro, contendo dezessete peças, uma delas incompleta, com apenas uma página. Essa *Ensiqlopédia*, na curiosa forma de revisão ortográfica proposta pelo dramaturgo, compunha-se de nove volumes, uma espécie de súmula de seu pensamento e de suas ideias. Chegaram até nós, até o momento, seis volumes — I, II, IV, VII, VIII e IX —, mas, segundo informações jornalísticas, a pesquisadora Denise

Espírito Santo descobriu mais um dos três desaparecidos e tem fundadas esperanças de completar o total.

O infeliz escritor, cuja vida, repleta de peripécias dramáticas, é marcada pela incompreensão e mesmo perseguição dos seus contemporâneos, na impossibilidade de ser publicado pelas vias "normais" (ou seja, as editoras "bem-pensantes") e com disponibilidade de meios, imprimira, em 1877, oito volumes na oficina tipográfica de sua propriedade: Tipografia Qorpo-Santo. Somente o primeiro foi impresso na Imprensa Literária de Porto Alegre, no mesmo ano de 1877.

Não há critério seletivo na volumosa obra. Poemas, reflexões sobre política, moral, ética jornalística, anúncios, bilhetes, máximas, confissões autobiográficas, peças teatrais, projetos literários, interpretações dos Evangelhos, amontoam-se, sem preocupação de organicidade, ou melhor, sem visível preocupação. Há dois volumes que, contudo, envolvem temática específica: o de nº IV, com sua dramaturgia, e o de nº IX, no qual propõe uma releitura dos Evangelhos. Dessa aparente anarquia, a tirar o fôlego do leitor desprevenido, resulta uma vastíssima e fragmentária visão de mundo, cujo aspecto confessional estabeleceria a unidade. A aparente falta de critério da seleção deve ter causado espécie (a palavra arrepios seria mais apropriada...) aos olhos dos seus contemporâneos (poucos, certamente), e, num dos exemplares encontrados na biblioteca de uma senhora — Joaquina de Assis —, esta não hesitou em escrever, de próprio punho, na capa: "Alucinações". O que não deixa de ser o juízo crítico da época e dos anos subsequentes.

Para a sensibilidade moderna, entretanto, o que justamente impressiona — favoravelmente — é essa despreocupação de hierarquizar quaisquer temáticas. Para o artista contemporâneo deixou de haver temas nobres e irrelevantes já que as propostas estão tão intimamente associadas à forma de propô-las que se torna impossível privilegiar uma em detrimento de outra. O que se obtém, então, na leitura da *Ensiqlopédia*, é um retrato do ser humano, caótico, sem dúvida, como caótica é a nossa existência. Pelo que o drama, as imprecações, os gritos de angústia e desespero, se mesclam, de forma perturbadora, com observações prosaicas que desmistificam o próprio drama, encarado, em imprevisível mudança de chave, com um humor ferino e cáustico, sarcástico mesmo.

Se o autor parece ansiar por um mundo em que prevaleçam a ordem e a obediência aos preceitos religiosos e legais, logo se insinua a malícia e o deboche, colocando em ridículo tais objetivos e mostrando a precariedade dos nossos juízos. N'*As relações naturais*, por exemplo, Inesperto, o protagonista, um escritor obcecado por sua atividade sexual, explica que pretende escolher uma garota mensalmente para satisfazê-lo, uma "das melhores que se podia encontrar nos maiores rebanhos deste...", quando é interrompido por uma menina, Intérpreta: "pois chama rebanhos às famílias que habitam esta cidade!?". Inesperto não titubeia e corta: "Pois o que é mais triste que um grande rebanho de ovelhas merinas!?". Esclareça-se que, no início da peça, o público fora informado de que a ação transcorria em "Porto Alegre, Capital da Província de S. Pedro do Sul; e — para muitos — Império do Brasil". Esse jogo do parecer com o ser atinge muitas vezes uma perturbadora densidade dramática como a que se encontra em dois versinhos do primeiro volume da *Ensiqlopédia*: "São dois de Março de sessenta e três / Hoje: e cinco horas da tarde, talvez". A introdução do advérbio estilhaça a afirmativa anterior e mostra a precariedade do tempo e, por extensão, a instabilidade e a insegurança da vida humana.

Uma das propostas mais curiosas do dramaturgo é a sua pretendida reforma ortográfica, visando tornar mais fonético o português, eliminando letras inúteis (como, por exemplo, o *ph* de *pharmacia*, substituído pelo *f*), o *y*, o *w*, o *c* cedilhado, se desnecessário, o *h*, quando não soa (deshonesto, deshumano), o *q* em lugar do *x* (como na palavra sexo = *seqso*), e assim por diante. Justificava-a para atender à facilidade da alfabetização (foi mestre-escola por muitos anos), não vendo motivos para se prender à etimologia latina ou grega. Daí a grafia do seu nome Qorpo e do vocábulo *ensiqlopédia.* Se suas sugestões muitas vezes são pertinentes, outras, contudo, tornavam mais difícil a grafia portuguesa e, certamente, contribuiriam para aumentar a confusão. Ele mesmo redige ora corpo, ora *qorpo*. De qualquer modo a nossa querida e simpática Emília apreciaria conhecê-la e a apoiaria, em parte, pelo menos (Monteiro Lobato, *Emília no país da gramática*, São Paulo, Melhoramentos, 1934).

As dezessete peças encontram-se no volume IV da *Ensiqlopédia*, escritas entre 3l de janeiro e 16 de maio de 1866 (as datas foram por ele apostas). Só a incompleta *Uma pitada de rapé* não está datada. Foram, evidentemente, escritas de afogadilho, num só dia (duas delas, *Certa entidade em busca de outra* e *Lanterna de fogo*, no mesmo dia 10 de junho):

1 - *O hóspede atrevido* ou *O brilhante escondido* - 31 de janeiro
2 - *A impossibilidade da santificação* ou *A santificação transformada* - 12 de fevereiro
3 - *O marinheiro escritor* - 16 de fevereiro
4 - *Dois irmãos* - 24 de fevereiro
5 - *Duas páginas em branco* - 5 de maio
6 - *Mateus e Mateusa* - 12 de maio
7 - *As relações naturais* - 14 de maio
8 - *Hoje eu sou um; e amanhã outro* - 15 de maio
9 - *Eu sou vida; eu não sou morte* - 16 de maio
10 - *A separação de dois esposos* - 18 de maio
11 - *O marido extremoso* ou *O pai cuidadoso* - 24 de maio
12 - *Um credor da Fazenda Nacional* - 26 e 27 de maio
13 - *Um assobio* - 6 de junho
14 - *Certa entidade em busca de outra* - 10 de junho
15 - *Lanterna de fogo* – 10 de junho
16 - *Um parto* - 16 de junho
17 - *Uma pitada de rapé* - sem data e incompleta

Essa sensação de urgência é confirmada numa pequena nota, datada de 17 de julho de 1877: "As pessoas que quiserem levar à cena qualquer das Minhas Comédias — podem; bem como fazerem quaisquer ligeiras alterações, corrigir alguns erros e algumas faltas, quer de composição, quer de impressão, que a mim por numerosos estorvos — foi impossível. Porto Alegre, 3ª feira, julho 17 de 1877". A nota final de *O marido extremoso* ou *O pai cuidadoso* é sintomática: "Não tendo eu jamais lido o que escrevi há mais de onze anos, e só agora corrigindo as provas — não podia saber que esta Comédia encerrava cinco Quadros, lendo-se na página primeira quatro, senão nas últimas". O que, realmente, procede.

Infelizmente tais textos não foram jamais montados e só em agosto de 1966 estrearam, em Porto Alegre, *As relações naturais*, *Mateus e Mateusa* e *Eu sou vida; eu não sou morte*, ou seja, um século depois. Esse esquecimento da dramaturgia de Qorpo-Santo é, até certo ponto, compreensível. Até quase o final da Segunda Guerra Mundial (1939-1945) um teatro como o do gaúcho causaria total perplexidade ao público brasileiro. Não se pode esquecer que a revolução teatral, iniciada no último quartel do século XIX na Europa, chegou com imenso atraso ao nosso país. Expressionismo, Futurismo (Marinetti esteve em São Paulo e comentou-se que haveria afinidades entre sua poesia e a de um obscuro e esquecido poeta do Rio Grande do Sul, ou seja, Qorpo-Santo), Dadaísmo, Surrealismo, Stanislavski, Meyerhold, Appia, Gordon Craig, Brecht e seu Teatro Épico, Piscator e seu Teatro Político, eram nomes que seriam conhecidos por uma *intelligentsia* esnobe que viajava frequentemente ao exterior, mas cujas ideias jamais haviam sido utilizadas nos nossos palcos. No caso do Simbolismo, por exemplo, a dramaturgia de alguns autores como Roberto Gomes, Paulo Gonçalves, Goulart de Andrade, Coelho Neto sofreu certa influência desse movimento no que se refere à construção, à atmosfera das peças. Mas do ponto de vista da produção, da montagem, é quase certo que nenhuma companhia teatral se preocupou em utilizar os procedimentos de, por exemplo, Lugné-Poe, diretor francês que no seu teatro *L'Oeuvre* procurou traduzir visualmente inúmeros textos simbolistas, num clima similar aos diálogos e entrechos.

Na dramaturgia de Qorpo-Santo inexiste qualquer preocupação de coerência psicológica na construção das personagens: são personalidades intercambiáveis que mudam de nome sem qualquer necessidade visível, deambulando por espaços inexplicáveis, nos quais o tempo se torna, ele próprio, uma ficção. Por conseguinte, desaparece qualquer tipo de verossimilhança mimética com o que se convenciona denominar "realidade quotidiana", decorrência, na verdade, da falta de contorno das personagens e do mundo em que transitam. São indivíduos sempre à beira de um colapso existencial, tentando se afirmar no território movediço de uma organização social incompreensível e injusta, na qual, paradoxalmente, se sentem obrigados a acreditar e, pior ainda, a obedecer. Entre explosões anímicas, desejos obscuros, frustrações sexuais (sobretudo), eles afirmam-se, se negam e tentam se reconstituir, num processo que resulta extremamente teatral. Ou seja, sua individualidade não decorre de uma convenção realista que lhes dê uma configuração verossímil, mas de um processo artístico que, ao olhar contemporâneo, parece extremamente sofisticado (embora não fosse esta, certamente, a intenção do dramaturgo) e, mais que tudo, extremamente artificioso, indo de encontro à tendência da arte atual de assumir, e não esconder, sua artificialidade.

São peças que, sem o desejarem conscientemente, estabelecem um teatro puro, um enorme metateatro, no qual a teatralidade é sua condição primeira e cuja fruição só pode ser feita dentro dessa mesma condição. Como esclarece Patrice Pavis, grande teórico e analista do fenômeno teatral, "a teatralidade seria aquilo que, na representação ou no texto dramático, é especificamente teatral (ou cênico) [...] a teatralidade pode opor-se ao texto dramático lido ou concebido sem a representação mental de uma encenação. Em vez de achatar o texto dramático por uma leitura, a espacialização, isto é, a visualização dos enunciadores, permite fazer ressaltar a potencialidade visual e auditiva do texto, apreender a sua teatralidade" (Patrice Pavis, *Dicionário de teatro*, São Paulo, 1999). Seria o teatro que se configura através do texto mas, na verdade, de certa forma, muito além do texto, transformando-se, pois, num "teatro menos o texto".

A vida de Qorpo-Santo — José Joaquim de Campos Leão —, uma dramática sucessão de incompreensões e choques com a sociedade na qual vivia, pode, se não esclarecer, ao menos justificar o caos e a desordem dos seus processos criativos. Curiosamente, o que sabemos a respeito decorre de informações por ele mesmo prestadas nas páginas da *Ensiqlopédia* e nas comédias que escreveu. Nascido em 19 de abril de 1829, na vila do Triunfo, foi professor público na vila de Sto. Antônio da Patrulha, Alegrete e Porto Alegre. Casou-se em 1856, tendo três filhas e um filho. Entre 1862 e 1864 começaram seus problemas com a Justiça, acusado de alienação, que terminaram por conduzi-lo até o Rio de Janeiro, sendo examinado no Hospício D. Pedro II (1868). Os médicos diagnosticaram uma "exaltação cerebral", uma monomania (no caso específico, o exercício da escrita). Como diz um seu contemporâneo (Aquiles Porto Alegre): "Era todo metido a aparecer nos jornais ainda mesmo que a colaboração custasse dinheiro. O que queria era ver seu nome em letra de forma. Era uma mania como outra qualquer". Conclui-se ter sido uma criatura perturbada, perturbação que, certamente, mais progredia quanto menos encontrasse a quem pudesse, se não compreendê-lo de todo, proporcionar-lhe um mínimo de atenção, estabelecendo um diálogo que o fizesse sentir fazer parte de uma comunidade. Em outras palavras, um outro que fosse realmente outro e não apenas o outro que habitava dentro de si, o único capaz de ouvi-lo.

O atestado médico (do Hospício D. Pedro II) é claro: "nada indica no seu organismo um estado mórbido" que o invalide para exercer suas atividades e administrar sua família e seus bens. Ao contrário, o mesmo médico adverte que "longe de haver vantagem de qualquer ordem que seja, na conservação deste sr. em um — estabelecimento de saúde — pelo contrário, a privação de sua liberdade, as contrariedades por que tem passado, e sobretudo a ideia que tanto o compunge de que o conservem recluso porque o julgam um louco nocivo, são causas muito poderosas *que podem agravar seu incômodo*" (grifamos). Retornando a Porto Alegre, entra em conflito com o Juiz de Órfãos e Ausentes (cargo que corresponderia ao atual Juiz da Vara da Família e Sucessões) que determina sua interdição. Defende-se por escrito, publica poemas e artigos, e, em 1877, a *Ensiqlopédia*. Insinua mesmo que sua mulher estaria mancomunada com o tal Juiz de Órfãos. Escarnecido por todos, certamente abandonado pela família, morre de tuberculose pulmonar em 1883.

Seu inventário comprova ter possuído fortuna razoável, sobretudo em bens imóveis. Toda a sua atividade intelectual se desenvolveu após o aparecimento das perturbações mentais, segundo seu próprio testemunho. Também é dele a informação de uma experiência traumática, aos três anos de idade, quando se viu colocado entre "uma mulher casada e um transgressor do Nono preceito ("não cobiçar a mulher do próximo") da Base de todas as nossa leis". Quem seria essa mulher? Sua mãe, pode-se conjeturar. A partir da idade de 34 anos (1863) se acreditou imbuído de uma missão divina e escolhe o apelido: "se a palavra corpo-santo (ainda sem *q*) foi-me infiltrada em tempo que vivia completamente separado do mundo das mulheres, posteriormente, pelo uso da mesma palavra hei sido impelido para esse mundo". Sua dramaturgia, "comédias" como classifica, é uma extensa confissão íntima na qual se afirma, se esconde, agride, acusa, se defende e, afinal de contas, se revela.

O teatro que se fazia na época em que a escreveu (primeiro semestre de 1866) oscilava entre o melodrama romântico e a comédia de costumes, iniciada por Martins Pena (1815-1848) e prosseguida com êxito no século XIX por Joaquim Manuel de Macedo (1820-1882), França Júnior (1838-1890) e Artur Azevedo (1855-1908). É o veio mais prolífico e mais qualitativo do teatro brasileiro no século XIX que, aliás, prossegue no século XX, com o mesmo sucesso, atraindo sempre público amplo. Com o abrandamento e posterior desaparecimento da censura, decorrente, também, do estabelecimento de novos costumes e, consequentemente, da aceitação de novos códigos de comportamento e de moral, perdeu, só na aparência, suas antigas características. As insinuações maliciosas e sexuais tornaram-se explícitas não só no teatro como também na TV, o grande veículo de comunicação da atualidade. Atualmente procura-se disfarçar a superficialidade dos seus enredos com algumas tintas sociais de protesto e de denúncia, mas, na essência, lá está todo o arsenal cômico vindo diretamente de Martins Pena: quiproquós, esconderijos dentro de armários, personagens caricaturais, os mesmos velhos preconceitos disfarçados com a máscara da liberalidade. Se, no passado, as mocinhas casadoiras entregavam bilhetinhos aos admiradores nas igrejas, hoje, "ficam", ou seja, relacionam-se sexualmente com eles, mas o objetivo, na maior parte das vezes, continua o mesmo: conseguir colocar a aliança na mão esquerda...

Qorpo-Santo vivendo, é claro, em ambiente bem mais provinciano do que o do Rio de Janeiro, convivendo com as "ovelhas merinas", se angustiava por ter de exibir uma máscara de respeitabilidade, de decoro, que não lhe permitia dar vazão a uma "ingrata e nojenta imaginação" (diz o protagonista de *As relações naturais*, um professor e um erotômano como seu criador). Primordialmente, seu desejo é escrever comédias (ou farsas) no estilo das que podia ver montadas em Porto Alegre. Em 1855 inaugura-se no Rio de Janeiro o Teatro Ginásio Dramático que privilegiava não só a dramaturgia realista francesa como também a busca de maior naturalidade na interpretação, evitando os exageros dos intérpretes românticos, dos quais João Caetano foi um dos grandes representantes. Teria o dramaturgo tomado conhecimento de tais "novidades da corte", se interessaria pelo que pudesse estar sendo exibido nos palcos da capital gaúcha? Não se encontram referências a respeito nas páginas da *Ensiqlopédia*, mas pode-se imaginar que conhecesse pouco a carpintaria teatral da época. A hipótese de que, conscientemente, dela buscasse se afastar pode ser sedutora mas parece pouco provável.

O dramaturgo visava receber o beneplácito da plateia através do riso, de situações farsescas, com ênfase no grotesco e nas agressões físicas. São inúmeros os textos em que a atividade física e gestos obscenos são utilizados. Malherbe em *As relações naturais* distribui bengaladas no seu criado Inesperto; Mateus e Mateusa, o velho casal de oitenta anos, na peça do mesmo título, envolve-se em violenta luta corporal, atirando ela no marido o Código Criminal, a Constituição do Império e a História Sagrada, acrescentando que "nunca mais hei de aturar este carneiro velho e sem guampas". Ao jogar o Código Criminal não tem dúvidas em classificá-lo como um "traste velho em que os Doutores cospem e escarram todos os dias como se fosse uma nojenta escarradeira". Mateus não se perturba: "Obrigado pelo presente: adivinhou ser a coisa de que eu muito necessitava! (*Mete-o na algibeira. À parte:*) Ao menos servirá para algumas vezes servir-me de suas folhas, uma em cada dia que estas tripas (*pondo a mão na barriga*) me revelarem a necessidade de ir à latrina". O casal troca sopapos, ela quebra-lhe o nariz e arranca-lhe uma orelha postiça. No final o velho enfia uma cadeira na cabeça da mulher dizendo-lhe "já que a Senhora não faz caso da lei escrita! Falada! E jurada! Há de fazer caso da lei cacetada! Paulada! Ou bengalada". Brás (*Certa entidade em busca de outra*) apalpa "*os peitos de Tagarela*: — Que pomos deliciosos!", e se envolve, no final, numa luta corporal com Micaela e Ferrabrás. Japegão, o marido, dá um "couce" na cara de Lindo, amante de sua mulher em *Eu sou vida; eu não sou morte*. No final de *Um credor da Fazenda Nacional* toca-se fogo na repartição pública enquanto os funcionários se atropelam uns aos outros. As grosserias chegam ao extremo em *Um assovio* quando Fernando Noronha bate "na bunda" de Gabriel Galdino que está grávido de seis meses (!) e este protesta: "Ai! Ai! Seu diabo! Não sabes que ainda não botei as páreas do que pari por aqui!... (*apalpa a bunda*)". Melquíades não hesita em atirar uma cabrita na empregada e, depois, esfrega-lhe na cara um dos três cabritos que acabavam de nascer (*Um parto*). Tamanduá e Tatu, a dupla homossexual de *A separação de dois esposos* (repetindo em chave cômica e desmistificadora a dramática separação de seus patrões no ato anterior), também chegam às vias de fato por não chegarem a um acordo sobre as suas relações (Tamanduá quer casar com ele "carnal e espiritualmente", fala-se até em parir (?)). Repetem-se as cadeiradas, bengaladas, socos, pontapés e gritos no final do I ato de *O marido extremoso* ou *O pai cuidadoso*. No II ato da mesma peça as mulheres — as "chilenas" — levantam as saias e os homens as arrastam para os quartos, enquanto indignadas escravas se queixam da sujeira das camas e do ar que está fedendo "a chulé". Um dos homens exclama mesmo um "eh puta diabo!" que, certamente, conduziria o público da época à depredação do teatro. N'*O marinheiro escritor*, o Juiz, o Meirinho e o Escrivão são chicoteados impiedosamente pelo protagonista Enciclopédico. São recursos classificados como de baixo cômico se contrapondo aos da alta comédia que se utiliza de uma linguagem mais sutil, empregando ironias e jogos de palavras e desenhando, com mão mais leve, os defeitos e falhas dos caracteres.

No livro II da *Ensiqlopédia* diz ele: "Cenas para uma comédia. Visita a um velho; interrupção por um caixeiro, questão com o amo; conversa com alguém; entrada em certa casa; desesperos de um marido. As calças em uso do Martins; um quarto para morar em casa de um amigo; pelotiqueiro que tudo quebra e nada conserta; o mesmo, fazendo aparecer na sala de visitas sua mulher em fraldas de camisa. Pedido de uma moça em casamento; disputa entre um casal; da mulher deste com uma generosa jovem; insultos recíprocos; queixas à autoridade competente; condenação, satisfação em dinheiro. Uma audiência em palácio. Entrada de um hotel; entrada em um templo, de uma jovem em ocasião de missa; um passeio às charqueadas. Repreensão a uma criada, que termina por atirar uma bota à cara; em uma casa que vendem-se roupas feitas, fazendas, ferragens, molhados, ouro e prata; sonho que causa espanto; sonho que causa gosto; um major suspendendo com a espora o balão de uma senhora na procissão do Senhor; questão de uma velha e um moço (divórcio); a tentativa de um adultério; as mortes dos adúlteros. Uma questão em um hotel; entretimento com uma moça, logro a certo petimetre que, sem ser convidado, foi a um baile; questão na polícia por causa de umas armas".

A sucessão desses temas (que em si nada prometiam em matéria de elaboração, já não se fala em profundidade) assemelha--se aos mesmos processos que o dramaturgo vai utilizar nos textos, quando alguma personagem começa a discorrer sobre determinado assunto e, aos poucos, sem maiores explicações, dele se afasta e se abandona a uma série de temas alternativos, perturbando a compreensão do leitor/público, incapaz de recuperar a ideia inicial. É o monólogo interior, que vai surgir em 1887 na obra de Édouard Dujardin (*Les lauriers sont coupés*), que corresponderia ao inglês "fluxo da consciência" (*stream of consciousness*). Esse "monólogo interior" é criado por uma ficção: a personagem solta as amarras dos seus pensamentos e estes vão se desenvolvendo arbitrariamente, sem que se perceba claramente os fios que os unem, desaparecendo aquela ideia central que, na escrita realista, articula o pensamento, na procura de comunicação com o leitor. Um dos exemplos clássicos é o final de *Ulisses*, de James Joyce, um enorme fluxo da consciência, no qual a personagem Molly, estando naquele estado de dormir/acordada, não se preocupa em coordenar suas ideias. Na literatura brasileira contemporânea há o exemplo de Clarice Lispector que utiliza do método com maestria, aliás, muito apropriado ao tipo de literatura confessional que a caracteriza.

Tal "fluxo da consciência", sob o nome "automatismo psíquico", é técnica preconizada por Breton no seu *Manifesto surrealista*, de 1924, como condição essencial para a criação de uma obra surrealista: "Surrealismo, *s.m.* Automatismo psíquico pelo qual alguém se propõe a exprimir, seja verbalmente, seja por escrito, seja de qualquer outra maneira, o funcionamento real do pensamento. Ditado do pensamento, na ausência de todo o controle exercido pela razão, fora de qualquer preocupação estética ou moral. Encicl. Filos. O Surrealismo assenta na crença da realidade de certas formas de associação negligenciadas até aqui, no sonho todo-poderoso, no jogo desinteressado do pensamento. Tende a arruinar definitivamente todos os outros mecanismos psicológicos e a substituir-se a eles na solução dos principais problemas da vida" (Gilberto Mendonça Teles, *Vanguarda europeia e modernismo brasileiro*, Petrópolis, Vozes, 1972).

São comuns essas divagações ou "fluxos de consciência" nas comédias do dramaturgo gaúcho. N'*As relações naturais*, o monólogo de Truquetruque, no início do II ato; em *Lanterna de fogo*, a longuíssima divagação de Roberspier (*sic*) no quadro II do III ato; as duas primeiras cenas de *Um parto*, em que Cário, sozinho em cena, entrega-se a uma série de reflexões que conduziriam a plateia a um absoluto estado de estupor; a intervenção de Melquíades no final do III ato do mesmo texto; o solilóquio de Ernesto na cena primeira, do I ato de *O hóspede atrevido* ou *O brilhante escondido*; o estranho diálogo (?) entre o senhor C.-S. e as vozes femininas no I ato de *A impossibilidade da santificação* ou *A santificação transformada*; a passagem pelo palco do senhor Planeta, na mesma peça, cujas observações não tem nenhuma ligação visível com o desenvolvimento do texto e assim por diante. É curioso notar que tais monólogos, nos quais se mesclam, caoticamente, informações mais estapafúrdias, possuem, inúmeras vezes, um sentido oculto que se entrevê por um instante mas é logo encoberto pela enxurrada de palavras. Seria como uma outra personalidade a habitar a personagem e a se intrometer sem cessar. Conhecendo-se, por pouco que seja, as ideias do dramaturgo, percebe-se (ou intui-se) que essa outra personalidade tem muitos pontos de contato com ele próprio, com seus problemas existenciais, com suas fixações e complexos. O sexo e sua repressão, a existência de Deus e sua negação, o sentimento de humilhação, o trauma de sentir-se injustamente perseguido se mesclam, de forma perturbadora, com as coisas mais comezinhas, tais como enumeração de comidas, atos fisiológicos e observações escatológicas. E, subitamente, no meio de uma dessas tantas divagações: "Ao homem convém caminhar, falar, pular, dançar, palrar e o exercício de mais de um milhão de verbos acabados em ar, ar, ar, ar, ar, etc., etc., etc., etc. Como é difícil, e tantas vezes impossível, a conciliação de interesses opostos!". Torna-se difícil separar "os verbos acabados em ar" do substantivo "ar", pelo que a frase, aparentemente banal, adquire um tom de desabafo, de necessidade premente de se libertar, sobretudo quando surge a afirmativa dramática da inconciliabilidade dos opostos.

Esse "fluxo da consciência" é recurso literário usado com abundância na literatura contemporânea, recurso extremamente sofisticado, diga-se de passagem (na peça *Happy days*, Beckett o utiliza durante os dois atos em que transcorre). Os escritores ditos surrealistas, evidentemente, também obedeceram (ou obedecem) à sugestão de Breton a respeito do "automatismo psíquico". O que diferencia as lucubrações das personagens do dramaturgo gaúcho é a sensação de autenticidade que transmitem ao leitor/espectador. Elas parecem nascer naturalmente do cérebro de uma pessoa (perturbada, é preciso reconhecer), mas nunca de um posicionamento intelectual do autor. Ao contrário, chega a ser penoso observar a luta que se trava entre a necessidade de retomar a consciência e a necessidade de deter a torrente de pensamentos. No enorme monólogo de Roberspier (*Lanterna de fogo*), já referido anteriormente, o verbo "lembrar" retorna continuadamente a sua boca e essa dialética entre o "lembrar" e o "esquecer" culmina numa pausa na qual a rubrica indica para bater na cabeça: "Pretendo lembrar-me; depois vestirei-me (*sic*). Ah! Queria lembrar-me; e estou sempre a esquecer-me!...". O pronome indireto (me) extrapola da personagem e passa a ter uma característica confessional: ele (personagem) não esquece, esquece-se, da mesma forma que ele (Qorpo-Santo) também não esquece, está se esquecendo, deixa de ser criador para assumir a personalidade criada. Não é uma racionalização do irracional (acusação que se faz comumente aos surrealistas — "existem códigos do fantástico" —, denuncia Alejo Carpentier, o grande ficcionista cubano), mas o irracional em estado bruto.

O protagonista de *As relações naturais* declara que "é preciso dizer o contrário do que penso". A frase poderia ser a epígrafe não só da obra como da biografia do escritor. Trata-se do caso clínico de uma personalidade dividida. De um lado, o mestre-

-escola, de mediana cultura, que recebeu educação religiosa católica, conhece razoavelmente a Bíblia, privilegiava a família e a obediência irrestrita às leis em vigor. A sexualidade estaria a serviço do que denominava "as relações naturais", restrita ao intercâmbio carnal entre marido e mulher. Pelo que se deduz dos seus escritos parecia ver na esposa apenas uma mulher tranquila e obediente, cuidando dos afazeres domésticos e da criação dos filhos. O pouco que escreveu a respeito de sua mulher — Inácia Maria — comprova tê-la visto como uma companheira que deveria ser dócil, sem maiores controvérsias. Aceitava sem hesitações o regime monárquico e não parece ter tido interesse pelo republicano. Exerceu funções públicas, não só de mestre--escola: foi vereador e delegado de polícia. Se considerava certas leis retrógradas e abusivas, também nada de claro propôs para reformá-las (a própria reforma ortográfica é bastante incongruente, como foi dito anteriormente). Na verdade era fiel ao pensamento brasílico de reformular alguma coisa desde que a nova fórmula não alterasse a essência do reformulado... Tomou, até mesmo, ciência do Manifesto Comunista de Marx e Engels (1847) e, dentro de sua maneira de pensar, concluiu ser possível um ideal comunista (comunitário provavelmente, seria a expressão correta) na família — marido, mulher, filhos — e em pequenas sociedades. Dizia-se apegado ao dinheiro e sua herança foi avaliada em 40 contos de réis, quantia vultosa para época, fora as ações e dinheiro vivo. Seu já citado contemporâneo, Aquiles Porto Alegre, ressalvou que "não tinha rasgos de generosidade, porque não os podia ter (era interdito), mas servia sempre os pequenos nos seus apuros, procurando ocultar a todos os benefícios que fazia".

Este é, digamos, seu retrato oficial (acrescido da loucura, acrescentariam seus contemporâneos). Mas aí surgem as fissuras que se detectam na sua produção literária. Causa espécie e muitas vezes dá a impressão de gratuidade improdutiva o estabelecer nexo direto, ou relação de causa e efeito, entre a obra de um artista e sua vida particular. Mas pode-se, sem dúvida, constatar a recorrência de temas e situações, o seu caráter obsessivo. Mas estender tais características à pessoa humana é, no mínimo, arriscado. Na literatura brasileira contemporânea há o exemplo de Dalton Trevisan, avesso a qualquer forma de ingerência na sua privacidade. Podemos imaginá--lo sarcástico, frio, pessimista, impiedoso na avaliação da fauna humana. Mas qual a utilidade de tais considerações na apreensão e crítica de sua obra? No terreno da dramaturgia há também Nelson Rodrigues que, segundo seus biógrafos, nada tem na sua existência que mimetize o frenesi erótico das suas personagens. Ao contrário, Nelson parece ter se divertido em criar uma personalidade fictícia que atendesse à curiosidade malévola do público, permitindo-lhe viver como desejasse (ou pudesse).

No caso de Qorpo-Santo, o que se observa é a vontade de dissimular aquilo que lhe parecia pouco compatível com a personalidade de um "honesto cidadão", obediente às regras sociais e, mais que tudo, às suas decantadas "relações naturais". Suas personagens tornam-se seus porta-vozes e o dramaturgo se torna o seu "cavalo", incorporando (ou sendo incorporado) seus problemas e não mais conduzindo, mas sendo conduzido por elas. Quando a personagem Enciclopédico, de *O marinheiro escritor*, se queixa: "Quando terá esta cabeça um pensamento firme e invariável!? Por que razão hei eu de sair com a mais firme resolução agora, e passado alguns minutos tomar resolução contrária?", como não ouvir o eco da voz do próprio dramaturgo? Porque o mundo é um território minado, multifacetado, cuja apreensão (ou conhecimento) só poderá ser possibilitada por intermédio de uma personalidade também multiplicada. Suas personagens mudam muitas vezes de nome como Impertinente (*As relações naturais*) que se transforma em Um Indivíduo e, logo em seguida, em Malherbe; Robespier torna-se um velho alquebrado, um Visconde, morre e ressuscita como Robespier novamente (*Lanterna de fogo*); Jorge e Ernesto são a mesma pessoa (*O hóspede atrevido*), como também Esculápio e Larápio, de *A separação de dois esposos*.

O dramaturgo acreditava em transmigração de almas e o Ministro explica ao Rei, em *Hoje sou um; e amanhã outro* (o título é por si um programa), que no Império do Brasil descobriu-se que "os nossos corpos não são mais que os invólucros de espíritos, ora de uns, ora de outros", descoberta efetuada por um homem excepcional, predestinado "pelo Onipotente para derramar esta luz divina por todos os habitantes do Globo que habitamos". Instado pelo Rei revela tratar-se do Dr. C...S... Na *Ensiqlopédia* não hesita em afirmar se achar investido do poder espiritual de Papa, transporta-se (espiritualmente) para outros locais, conversa com Victor Hugo e até dá conselhos a Napoleão III.

Em cinco das suas peças há referências diretas a sua pessoa: *A impossibilidade da santificação* ou *A santificação transformada*,

A separação de dois esposos, *O marinheiro escritor*, *Um credor da Fazenda Nacional* e *Hoje sou um; e amanhã outro*. Mas, em todas elas, sua personalidade surge ou enviesadamente ou sob a pele de outra, como em *As relações naturais* no qual o protagonista / escritor se dilacera pela incapacidade de conciliar seu apetite sexual com os "santos preceitos". O que não o impede de utilizar, "no matadouro do seu desejo", a própria filha. Aliás, é uma das grandes cenas da sua obra dramática. Cometido o incesto, tabu máximo da moral ocidental, o mundo sai dos gonzos: "milhares de luzes descem e ocupam o espaço do cenário", tudo se incendeia enquanto o pai incestuoso clama: "Santo Deus! Por que não crucificais aqueles que desrespeitam seus santos preceitos?".

Perpassam por todas as páginas do seu teatro e da *Ensiqlopédia* (há uma intertextualidade contínua entre as duas) as preocupações eróticas do autor, certamente um temperamento sensual e ardente. Em *Duas páginas em branco* há todo um clima exacerbado de excitação sexual do começo até o fim. A protagonista, Mancília, está completamente transtornada após ser abraçada e beijada pelo seu professor: "Parece impossível que nesse Empíreo onde se diz tanto gozar-se, possa haver maiores gozos que neste mundo em que habitamos. (...) Meu querido, meu amigo! Eu sou tua, tu serás meu! Ainda tocaste-me, e de tal modo, que de prazer quase mataste-me". Rocalipsa, sua velha avó, não deixa por menos e se queixa do velho marido, com suas erisipelas, já que "maridos novos, já não me é fácil encontrar". No II ato, ela e o professor, já casados, encontram dois bilhares na sala de estar e, após expulsarem os jogadores, abraçam-se e beijam-se, decidindo se divertir nos tabuleiros. Ao pegarem nos tacos (sugestão fálica?) são interrompidos. Numa rubrica anterior o autor indica que o marido, beijando-a, vai "pegando nos peitos e levantando os engomados vestidos". N'*As relações naturais*, um grupo de mulheres alucinadas transforma o lar num bordel gritando: "Enforquemos tudo quanto é autoridade que nos quer estorvar de gozar, como se tivéssemos em um paraíso terreal!". Uma das cenas mais divertidas dessas peças é a conversa de duas senhoras de idade, se queixando do abandono que os homens lhes dispensam: "Mal sabem eles, minha amiga, que nós não passamos de casas; e que assim como entram em uma casa velha, por outra nova, nelas param, saem, etc., assim também podiam entrar em nós, sair, estar o tempo que lhes aprouvesse". A estranha fantasia sexual das velhinhas sendo "entradas e saídas" é um grande achado cômico de Qorpo-Santo.

Na verdade suas personagens femininas nada têm das cloróticas virgens românticas que aguardam, passivamente, a corte masculina. É um universo de ponta-cabeça, de derrisão, no qual as grandes atitudes e as frases eloquentes são rebaixadas não só por comentários sarcásticos mas pelas próprias rubricas: "(*À parte:*) Esta doutrina é de comédia". O pai incestuoso conduz a filha ao quarto intercalando expressões amorosas com paródias de orações; Linda declara sua paixão a Lindo com frases arrebatadas, reclamando pela reciprocidade, mesmo que fingida; o amado compara os olhos da amada a "olhos estrelados", aproximando a metáfora amorosa de vulgares ovos estrelados; durante a feroz carnificina do II ato de *Hoje sou um; e amanhã outro*, na qual "saltam cabeças, pernas, braços pelos ares", uma solícita dama de companhia desculpa-se com a rainha por ter se atrasado na apresentação do almoço; Eulália diz que não hesitará em agredir o malvado que ousar contra sua honra e, simplesmente, arranca uma de suas unhas (*O hóspede atrevido*). Mesmo as crianças que aparecem nas comédias são dissimuladas, interesseiras e vulgares.

Essa perpétua tensão entre ter que ser um e sentir-se muitos ameaça constantemente o dramaturgo que deseja, na realidade, atingir um estado em que se funda com o que o rodeia, adquirindo um equilíbrio que lhe permita readquirir a unidade essencial com o mundo (velho sonho dos surrealistas):

Stou enganado?...
Estou turbado?...
Estou a dormir?...
Parece-me star —
Tudo a fundir!!!!

Mas a angústia retorna:

Que tremenda a luta entre o meu espírito e a carne! Parece incrível o que em mim passa-se! Pinta-me a imaginação a necessidade indeclinável de a ela voltar; aguça ao vê-la a ansiedade para n'ela tocar; sinto a força necessária que m'instiga; que m'excita... busco satisfazer; não encontro; ou não posso! Logo depois ocupa-me a ideia horrível dos tormentos do meu corpo; das torturas do meu espírito, não só pela prática de tal ato como mesmo pela tentativa! Ao mover-me em busca, o coração se me despedaça! Ah! Quantos martírios forjam-se em minha imaginação que a minha pena agora cala!... Uma voz diz-me que veja; outra — que fuja! Que m'entretenha; outra — que m'abstenha! Uma — que passeie; outra — que esteja em casa!... E quanto mais. Oh! Meu Deus!...

Todo esse jogo entre o que faz e o que realmente quer fazer, entre o dito e o que desejaria dizer, entre a dissimulação e a sinceridade produz uma sensação penosa no leitor/espectador como se o dramaturgo utilizasse a ironia dramática (conhecimento por parte do espectador de fatos que as personagens desconhecem) às avessas. Vale dizer, são elas, as personagens, que possuem um código que as faz compreender e interagir no estranho mundo em que vivem. A nós, espectadores, estará sempre vedada a compreensão do mistério que ocultam.

Se ele nunca conseguiu realizar o que, provavelmente, desejava, ou seja, peças que estivessem conforme os padrões teatrais da sua época, através da sua perturbação construiu uma dramaturgia que, ao olhar contemporâneo, é rigorosamente transgressora e que, para sorte sua e nossa, só foi descoberta quando o público já poderia aceitá-la sem maiores preconceitos. Se foi precursor do surrealismo, do teatro do absurdo, do besteirol (por que não?), se nele abundam procedimentos expressionistas, futuristas, dadaístas, são questões de importância apenas formal. Importa o que resultou da dialética que estabeleceu entre o corpo que se queria santo e a "impossibilidade da santificação".

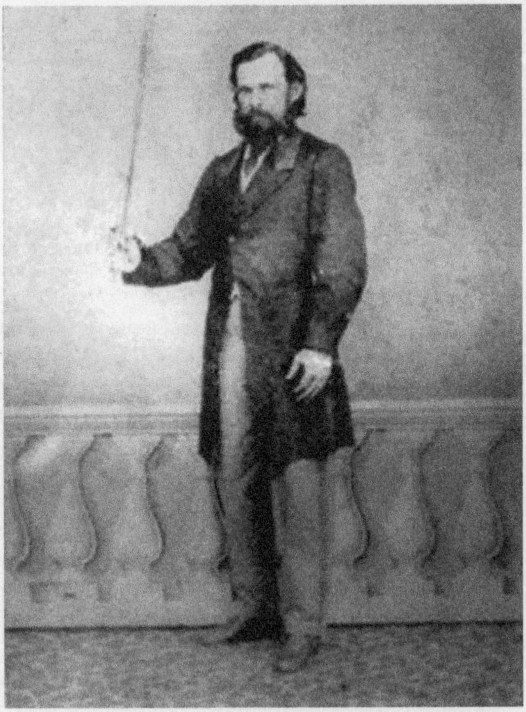

José Joaquim de Campos Leão, Qorpo Santo.

O HÓSPEDE ATREVIDO
OU
O BRILHANTE ESCONDIDO
Princípios de uma comédia

Por José Joaquim de Campos Leão Qorpo-Santo

PERSONAGENS

Ernesto
Uma preta
Eulália
Alberto
Romualdo
Paulo
León (criado)
Soldados

ATO PRIMEIRO

CENA PRIMEIRA

ERNESTO (*passeando e conversando consigo mesmo; batem à porta*) — Quem bate? (*Virando a cabeça.*) Quem está aí?... Não ouve?

UMA PRETA (*vigiando*) — Sou eu, meu senhor!

ERNESTO — E o que quer?

A PRETA — Minha senhora manda dizer se dá licença que o senhor Soares venha ver esta casa.

ERNESTO — Qual Soares? Diz à tua senhora que eu lá hei de ir ou mandar.

A PRETA — Não é isso; isso ela sabe!

ERNESTO — Pois então o que é?!

A PRETA — É para ele ver a casa.

ERNESTO — Não pode ser! Diz à tua senhora que enquanto eu aqui morar, só terão licença de entrar nesta casa pessoas de muito minha amizade e confiança, que não pode ser varejada por esse ou outro indivíduo, que eu não posso pôr à disposição de pessoa alguma salas, quarto, livros, o mais que nela tenho! Andas com pressa?

A PRETA — Não senhor.

ERNESTO — Pois então pega dinheiro e compra-me charutos dos melhores que encontrares.

A PRETA — Sim senhor. (*Sai.*)

ERNESTO (*só e passeando*) — Que lhes parece o senhor Soares? Acabo de me ir limpando, e talvez sua mercê, a quem não conheço, quisesse vir sujando! (*Rindo-se.*) Hoje estou com a barriga do ex-chefe de polícia Andrade (por engano muitas vezes tomei por um globo geográfico). Tomaremos um banho (*pega uma bacia, uma chaleira e água de uma talha; e levando para um quarto*). Já que passeia a minha criada, não tenho remédio senão fazer estes serviços que tão impróprios me são, mas toleráveis, visto que gente pior, e talvez melhor, tenha feito iguais, inferiores; quero dizer, a gente da mais alta sociedade pratica atos ou há praticado atos idênticos ou mais impróprios que estes, de sua altura; assim como às vezes gente da mais baixa pratica atos próprios dos da mais alta sociedade. E como o não faço por gosto, regra ou costume, nada me pode pegar. (*Entra no quarto e logo depois sai, abotoando as calças, ou a vestir a sobrecasaca; nota que está suja pegando na escova.*) Ainda mais esta! Não sei como se encheu de pó este fato... Ah! Fui lá embaixo e servi-me de... para... já se sabe o para quê. Servi-me de certa sujidade, a que chamam de bacio ou bacia, etc. e etc. e tal. Em compensação, sujou-se a sobrecasaca. Mulheres! Que em tudo se metem! Até nos urinóis..., servidores ou bacias! Se se metessem em outras coisas, seriam dignas de louvor; mas nestas, só o são de censura! E de que me havia eu lembrar agora!... De certa pergunta que me fez um judas escariotes, e é: "Que é ou será melhor: ser servido ou servir?". Respondo: seja melhor; seja pior; prefiro ser servido a servir. Note-se: falo do que é próprio da classe dos criados, etc., visto que todos servem. Serve o imperador ao Estado no Conselho de Estado, dirigindo os negócios públicos. Servem os ministros, executando as leis e apresentando projetos de reforma e outros melhoramentos, economizando os dinheiros públicos e praticando outros... milhares de atos, de utilidade geral. Servem os senadores e deputados e mesmo vereadores das câmaras, legislando. Servem os membros do Supremo Tribunal de Justiça ou das Relações, conselheiros de Estado, juízes de direito e municipais, e outros, os presidentes de província, secretários, chefes e delegados de polícia e outros; finalmente todos os empregados públicos, seja qual for a sua classe, executando as leis de outros modos; quanto maior é ou for sua capacidade, mais valiosos e importantes são seus serviços. As espécies de serviço, pois, é que são diversas, e mais ou menos nobres e convenientes. As mais agradáveis e dignas, em minha opinião, são as que se exercitam com a pena, com a espada e com a palavra. Que mais alto pode subir o homem que de seu palácio dirige uma infinidade de entes seus iguais, escrevendo e mesmo em seu gabinete!? A que maior altura pode subir o que com a espada dirige os exércitos? Ou que profissão mais nobre e elevada que aquela que, com a palavra, convence, persuade e ata à cauda de seu carro de progresso, e logo depois de triunfo, milhares e mesmo milhões de indivíduos?! Quem subiu mais alto por sua palavra que Jesus Cristo, que os Demóstenes, que os Cíceros!? Quem, mais que os Napoleões, que os Alexandres, que os Césares por sua espada!? E quais, mais que os Palmerstons, os Paranás, os Pombais e tantos outros, por sua política ou administração!? Assim, pois, procuremos sempre ser úteis (expressão mais própria que servir) aos nossos semelhantes, por algum, e pelos três modos, se ocasiões para tal nos oferecerem; isto é: pela pena, pela palavra e pela espada. Assim se distinguem os homens. Quanto às mulheres, elevam-se e brilham por sua conduta moral, pela obediência, respeito e afeto para com seus pais; pelo recato e honestidade em suas maneiras e em seus vestidos, pela brandura, suavidade e encanto de sua palavra; pela escolha dos trabalhos mais delicados e dos prazeres inocentes, pelo gosto e perseverança no estudo das belas-artes, belas-letras e de tudo o mais que lhes é próprio e que pode concorrer para que sejam sociais; inteligentes, boas filhas, boas mães, boas esposas e respeitáveis senhoras. As que tanto conseguem são mulheres distintas, e por isso mesmo as Rainhas do Mundo, como Aquelas, os diretores dos outros homens e das sociedades em geral. E pode-se dizer que esses e outros serviços seriam capazes de metamorfosear o... não! Porque não pode haver mundo, nem haveria distinções, se tudo fosse igual. Parece que as diversidades constituem a harmonia na espécie humana; como as das pessoas de uma máquina a tornam perfeita e capaz de trabalhar... (*Sai.*)

CENA SEGUNDA

ERNESTO (*entrando por uma porta e Eulália por outra*) — Como vai, minha querida Eulália? Já sei que está muito zangada comigo. Andei passeando hoje; fui ao Riacho, à rua... de...

EULÁLIA (*como zangada*) — Já sei, já sei onde o senhor foi; não precisa mais nada!

ERNESTO — Não se zangue, não se zangue, minha queridinha! Sabe que sou todo seu..., que por mais que a roda do mundo ande e desande sempre a senhora é e será a menina de meus olhos. E, quando assim não fosse, por simpatia o seria, porque a senhora tem inspirações, a senhora tem sugestões que transformam os corações!

EULÁLIA — Bravos! Veio poeta! Agradeço-lhe muito a comparação.

ERNESTO — Eulália, és capaz?

EULÁLIA — De quê?

ERNESTO — Ora de quê?! De me lembrar os versinhos que produzi hoje antes de sair. Que revolução se opera, minha querida Eulália.

EULÁLIA — Onde?

ERNESTO — Na minha imaginação.

EULÁLIA. — Essas revoluções nada valem.

ERNESTO — Para mim, muito. Transformam-me às vezes as ideias, perturbam-me, interrompem-me e fazem-me muitas outras: mudar de pensar e de parecer.

EULÁLIA — Pois tenha mais firmeza em si, não seja tão volúvel.

ERNESTO — Eu, volúvel! Isso é privativo das mulheres... Os homens em geral são estáveis. Durante a minha ausência de hoje, dizei-me: que fizeste? Bordaste? Picaste? Coseste?... Já sei, basta.

EULÁLIA — Graças a Deus que adivinhaste o que eu fiz hoje: li durante as longas horas que o senhor passeou; e o senhor que fez? Deixou-me só, triste, aborrecida e não sei de que modo mais! É um cruel, um homem sem alma, não tem pena de mim. Vê-me melancólica e foge; pensativa e não me fala. Não parece bom amigo, mas sim um algoz! Hei de fazer ao senhor outro tanto, e então serei vingada. O senhor há de arrepender-se e talvez que assim possamos um dia sermos felizes!

ALBERTO (*entrando e batendo palmas, muito alegre*) — Bravos! Bravos! Bravíssimos! Pensei (*dirigindo-se para Ernesto e Eulália*) não encontrar pessoa alguma nesta casa. Felicito-os; vejo-os casados... Que felicidade!

EULÁLIA — Sente-se, senhor Alberto (*sorrindo-se*); aqui tem cadeira.

ROMUALDO (*vai entrar, falseia um degrau, quase cai por estar a casa algum tanto às escuras*) — Fiz uma genuflexão sem querer! O que vale é que pode ter aplicação à senhora... mulher, moça, que diante de mim vejo. Como vai? É boa esta casa? Tem cômodos?

EULÁLIA — Tem os precisos, e é quanto basta, e assim mesmo eu não estou satisfeita.

ROMUALDO — As mulheres são sempre assim. Não há coisa que as satisfaça!

EULÁLIA — O senhor é bem satírico! Deus queira não seja, ou seja satirizado.

ROMUALDO — Já o tem sido, e muito. Por isso mesmo é que as não poupo.

EULÁLIA — Somos forçados a pedir-lhe licença, senhor Romualdo, porque temos de fazer um passeio.

ROMUALDO — Pois não (*levantando-se*). Passe bem! Passe bem! (*Retira-se.*)

EULÁLIA — Este senhor Romualdo é muito aborrecido. Já vivo enjoada dele. Deus permita que não continue a me fazer visitas. Anda sempre com a cabeça cheia de casamentos, como o Lopes do Paraguai com a dele cheia de mulheres. Abernúncio (*benze-se*)!... Mas o que mais me aborrece são as suas sátiras, que são piores que as de Gregório de Matos. Deus queira não lhe suceda o mesmo que a este, que, depois de mil processos e quinhentas prisões, teve a desgraça de ser executado na Província do Pará, vila do Crato. (*Para Ernesto:*) Vamos passear, Ernesto?

ERNESTO — Vamos. Vou pôr o chapéu; vê tua bengala e saiamos... (*Prepara-se; e, saindo, para Alberto:*) Fique, senhor Alberto, governando a casa por alguns minutos, enquanto visito a minha cara amiga dona Fernanda, que teve ontem um menino macho com quatro olhos, seis narizes, duas bocas, cinco pernas e... não digo o mais para que o senhor não se espante. Até logo, até logo. Cuidado, senhor Alberto, com aqueles larápios que nós conhecemos! Ouve? Sabe? Sim; pois bem: descanso em sua pessoa. (*Retiram-se.*)

(Entra um criado e outro indivíduo amigo da casa. A este chamaremos de Paulo; àquele de León.)

PAULO (*para Alberto*) — Como está, senhor Alberto? Então, está só?

ALBERTO — É verdade. As pessoas desta casa foram passear. E eu fiquei sendo hóspede, qual dono! Senhor Paulo, preciso que me mande vir um carro para passeio; pode ser?

PAULO — Pois não.

ALBERTO — Mas eu não tenho dinheiro.

PAULO — Então como quer carro?

ALBERTO — Tenho um brilhante que depositarei em suas mãos até receber certa quantia com que pagarei todas as despesas... Olhe, quer vê-lo? (*Tirando-o de uma caixinha.*) Ei-lo.

PAULO — Oh! É magnífico; e de grande peso.

ALBERTO — Pois guarde; e vá me fornecendo tudo o que eu precisar.

PAULO — Far-lhe-ei a vontade. (*Guarda o brilhante na algibeira. À parte, e apontando para Alberto, de lado:*) Ainda é tolo, dá brilhante por passeios de carro. Hei de pegar-lhe um formidável carão. (*Sai.*)

LEÓN — Precisa de mim para alguma coisa, senhor Alberto?

ALBERTO — Preciso, sim; quero que me escoves esta calça; e que me limpes estes sapatos... Ah! Ia me esquecendo: hoje é dia de visitas; quero que me apares também estas unhas; e me cortes estes calos (*tirando as meias*). Vê um canivete que está em cima dessa mesa (*apontando*).

LEÓN — É este?

ALBERTO — É, sim; traz.

LEÓN (*aproximando-se*) — Vamos a esta operação. Com efeito; o senhor cortou as unhas quando se casou e quando ouviu a primeira missa!? Isto é, duas vezes no longo espaço de cinquenta e dois anos..., e assim mesmo é asseado (*cortando*). Irra! Tem cada unha que parece a de uma âncora! E os calos..., que grossura, meu Deus! Podem-se bem comparar ao couro do cachaço de um boi de mais de vinte e cinco anos. (*Para Alberto:*) Pronto, senhor Alberto (*levanta-se*).

ALBERTO — Ah! Que alívio! Que alívio! Estou com um peso menor de vinte arrobas! Parecia que trazia nos pés uma esquadra! Cada unha um navio de alto bordo! Em cada calo, uma arroba de couro (*calçando as meias*). Prepara-me aquela calça preta.

LEÓN — Sim, senhor (*pegando a escovar*). Está bem suja! Tem nódoas de tudo: graxa, sebo, azeite, vinho, cachaça. Senhores, este homem será taberneiro..., graxeiro, sebeiro..., que diabo de porcarias. Não; não sujarei a escova de meu amo. (*Faz que escova e apresenta-lhe por escovar.*) Está limpa, senhor doutor Alberto! (*À parte:*) Tratá-lo-emos de doutor para que mais pague o favor! Ensinou-me meu pai que aos tolos sempre louvor; senhoria e até excelências para que melhor paguem quaisquer incumbências. Irei pondo em prática; e estou certo de que, se não ganhar, também não hei de perder!...

ALBERTO — Oh! Está ótima! És um criado de primeira classe. És a flor da criadagem. (*À parte:*) Quero pagar-lhe também com alegria os palanfrórios a fim de que a paga em dinheiro seja igual ao trabalho. O patife nem tocou na calça; a escova apenas soprou a pele! Nem ao menos a sacudiu... Que maroto! (*Voltando-se para León:*) Está muito limpa! Falta agora limpar os sapatos.

LEÓN — Onde estão? Vejo ali chinelos, acolá tamancos, aqui botas... (*apontando*).

ALBERTO — És cego, homem! Não vês pendurados naquele cabide!?

LEÓN (*à parte*) — Que tal o senhor Alberto! Pendura sapatos em cabides. É célebre o homem. (*Pegando-os, enojando-se.*) Fum!... Fum!... Que porco! Como estão enlameados! Ih!... Ora, ora... Que lhes parece? Nem lhes toco. (*Esfrega um no outro e os põe diante dele.*) Aqui estão, senhor Alberto; é o melhor que os pude preparar.

ALBERTO — Estão bons, filho! Estão bons! (*À parte.*) É o criado mais ordinário que tenho conhecido. (*Vestindo-se.*) Já está bem velho este casaco..., serviu para meu casamento há quinze anos, e o colete está tão curto que parece o de um menino. Não há remédio; não tenho dinheiro para outro; e o crédito é pouco; vistamo-lo. Também as visitas não são de grande cerimônia. Vou agora a um velho marechal, depois a certo barão; logo ao doutor Rabecão e... não sei se irei ao Exmo. Senhor Marquês de Ratazana! Pronto, senhor León! (*À parte.*) Não me lembrava que este aldragante é criado! Fui dar-lhe senhor. (*Pega o chapéu, a bengala e, com passos muito firmes e extensos, pernas muito tesas, sai.*)

LEÓN (*benzendo-o pelas costas*) — Deus o leve a bom caminho; e, se cá não tornar mais, é especial favor que me faz; e até meu amo há de ficar com isso muito e muito satisfeito.

ALBERTO (*voltando*) — Esquecia-me de dizer-te que, antes de... de mudar-me desta enxovia, hei de trazer-te um ótimo presente pelo bem que me tens servido. (*À parte.*) Em vez de limpar, sujou-me os vestidos! (*Sai.*)

LEÓN — Ainda faz promessas! Como se eu viva, ou creia, de suas promessas!

CENA TERCEIRA

ERNESTO E EULÁLIA (*entrando*) — Estás aqui, León? Que destino tomou o senhor Alberto?

LEÓN — Deixou-me depois de haver dado grande maçada, dizendo-me que ia visitar quantos condes e marqueses há nesta cidade e saiu!

ERNESTO (*sentando-se e dando cadeira a Eulália*) — Que te parece, Eulália? O senhor Alberto, que devia estar no Exército, visitando condes e marqueses! As nossas tropas marchando contra o Paraguai para libertar famílias paraguaias e brasileiras, famílias de brasileiros distintas, escravizadas dentro de nossa própria pátria, e por seus próprios patrícios! Que amarga verdade; quase incrível!

EULÁLIA — Meu Deus! Por isso é que os paraguaios prenderam, mataram, destriparam milhares de famílias! Como Deus vinga os inocentes! Como ensina os homens a respeitar a religião que pregou, e devia estar gravada em nossos corações, e ser o regulador de todas as nossas ações! E, se não fôssemos à casa de nossa amiga, nada sabíamos!

ERNESTO (*com fogo*) — Ah! Minha querida Eulália! Se tu soubesses quanto me magoam os fatos revelados por tua amiga! Não, não falarei mais nisso. (*Com um movimento de transporte:*) Sim! Se alguém ousasse ofender-te..., roubar--te... Oh! Nem nisso devo pensar! O ódio, a vingança, a fúria em mim seria tanta, que me parece que destruiria o edifício social desde o seu cimo até a sua base! Não ficaria pedra sobre pedra. Poria esta cidade tão plana, como é a superfície das águas em dia calmo do nosso largo e majestoso Guaíba.

EULÁLIA — E eu? Pensas que não faria nada? Olha (*puxando uma unha*), vê? É para o malvado que ousar contra a honra tua e a honestidade minha. É para o assassino que se abalançar a querer dar-te a morte, quer física, quer moral, e a mim, física e moral. Banhá-lo-ia nesse sangue de serpente, como o nosso criado no das aves que prepara para os nossos jantares.

ERNESTO — Estás me banhando, minha querida (*abraçando-a com grande expressão de prazer*) em ondas de perfumes! Tens sentimentos de amor... se mais é preciso tributar-te! És verdadeira mulher, esposa, amiga. És o que deviam ser todas as mulheres para consigo mesmas, para com seus maridos e para com seus semelhantes! Caridosas quando o merecem! Punidoras quando criminosos! (*Abraçando-a outra vez.*) Não podia o Céu fazer-me mais rico presente! (*Ainda com mais ternura e afeto.*) És a rainha e deves ser o modelo das mulheres (*pegando-lhe na mão*). Vamos até o jardim? Apraze-te?

EULÁLIA — Vamos! O que não aprazerá contigo! (*Saem.*)

(*Entram Alberto, Paulo e León.*)

ALBERTO (*muito zangado, para Paulo*) — O senhor sabe? Não sabe? Pois eu lhe digo: este criado é o diabo! Incomodou-me hoje o mais que é possível! Já fui à polícia duas vezes para meter este cachorro na cadeia! (*Ameaçando-o com o punho.*)

PAULO — Oh! Senhor Alberto. Que lhe fez ele? Muito; pois que sempre foi muito humilde e respeitador de minhas ordens.

ALBERTO (*dando com as mãos*) — É um cachorro! Um atrevido! Malcriado, que só metendo-lhe as mãos na cara eu satisfar-me-ia (*ameaça-o*).

PAULO (*para o criado*) — Que fizeste, León? Ousaste insultar o senhor Alberto? Não sabes que é muito meu amigo e a quem muito estimo e respeito!?

LEÓN — O senhor Alberto está enganado! Isso não foi comigo.

ALBERTO (*aproximando-se e ameaçando-o*) — Foi, foi sim; és tu mesmo!

LEÓN — O senhor está louco..., sonhando... ou bêbado. (*Ao proferir esta última palavra, Alberto atirou-lhe uma bofetada, que foi estorvada por Paulo.*)

PAULO (*estorvando*) — Que é isso, senhor Alberto? V.Sa. não está bem? Eu não posso consentir que em minha presença este criado seja castigado por pessoa alguma.

ALBERTO (*querendo sair*) — Pois, então, vou lhe mandar sentar praça na marinha, e o calabrote lá me vingará.

PAULO (*atacando-o*) — Nada! O senhor não sai hoje sem que eu o veja calmo e contente! (*Para o criado:*) León, sai! (*Para Alberto:*) Sentemo-nos.

ALBERTO — Não posso, não quero. Hei de vingar-me.

PAULO (*levantando-se*) — Pois eu também não quero (*puxa rapidamente a porta, põe ele do lado de fora e fecha-a*).

ALBERTO (*grita que lhe abram a porta, esforça-se por arrombá-la, pragueja e deita-se*) — Ao menos esperaremos deitados que me queiram soltar estes malvados! (*Dorme.*)

PAULO (*para o criado, entrando*) — Que fizeste tu a este beberrão?

LEÓN — Ora, que fiz? Nada! Só se é por certa coisa que eu não posso dizer.

PAULO — Que coisa é esta que tu não podes dizer?

LEÓN — Ora, o que há de ser? O senhor Paulo não conhece este bandalho, não sabe que é tão porcalhão, que despreza o que é próprio e procura o que é impróprio?

PAULO — Não te compreendo! Que queres tu dizer com isso?

LEÓN — Quero dizer que este nojento quis servir-se de mim para atos de sensualidade.

PAULO — Deveras! Isso é verdade?!

LEÓN — Se é! Falou-me duas vezes, eu não quis, e na terceira que o encontrei, apertou-me, como uma prensa um couro!

PAULO — Que ente abjeto e indigno! Muito desejo ver-me livre dele!

ALBERTO (*levantando-se aos saltos e cheio de espanto*) — Oh! Os senhores aqui, muito me admiram. (*Esfregando os olhos.*) Quero limpar bem a vista para enxergar bem um carcereiro e um soldado! (*Para Paulo*:) Faz-me o favor de dar-me o meu brilhante?

PAULO — Já se esqueceu que me deu em penhor de pagar as suas dívidas?!

ALBERTO — Qual penhor, senhor! Pelo que vejo, pretende roubar-me, não?

PAULO — O senhor me insultou; e comigo a uma família; tenho tido em meu poder milhares de objetos de superior valor e jamais tentei ficar com algum.

ALBERTO — Pois não parece; visto que agora nega entregar o que lhe dei para guardar.

PAULO — O senhor continua a insultar-me, eu lhe vou trazer (*dá uma volta e tira de uma gaveta o brilhante; e mostrando--lhes*). Está aqui; não o entrego sem que o senhor pague o que me deve.

ALBERTO (*gritando*) — O senhor é um ladrão! E o seu criado é um tratante! Hei de metê-los todos na cadeia.

PAULO — Em vindo o senhor Ernesto e a senhora dona Eulália, hei de contar-lhes tudo; e o senhor há de mudar-se!

ALBERTO — Isso queriam vocês "arrumando a cama" para ficarem com as minhas joias.

PAULO — Para que queremos nós as suas joias, senhor! Era melhor que o senhor estivesse dormindo, visto que ainda não cozinhou a bebedeira.

ALBERTO — Patifão! Ainda me trata de bêbado! Esperem! Eu lhes respondo. (*Levanta o travesseiro e puxando um punhal:*)

Ou vocês hão de entregar-me o que depositei em suas mãos, ou hei de vará-los com este punhal.

PAULO — O senhor cada minuto fica mais imprudente! Já lhe disse que (*recuando-se e aproximando-se de uma gaveta*) não lhe posso devolver o que me entregou sem que me pague o que me deve. (*Puxa a gaveta, tira um revólver e engatilha-o.*) E, se se atrever a tentar ferir-me com esse punhal, lançá-lo-ei por terra com uma bala. E veja onde quer, escolha: no coração ou na cabeça?

LEÓN (*entretanto, arma-se de um cabo que tira muito cheio de medo de uma vassoura que estava a um canto; à parte*) — Hei de meter-lhe este cabo de vassoura pelos olhos para dar-lhe vista e fazê-lo passar pelos ouvidos a fim de ouvir melhor! E, se não bastar, meter-lhe-ei na boca a vassoura para fazê-lo calar!

ALBERTO (*gritando*) — Assassino! Ladrões! Querem me matar! Querem me roubar! Aqui, soldados! Oficiais! Polícia! (*Fazendo milhares de movimentos, ora para um lado, ora para outro, querendo sair.*)

PAULO (*querendo tranquilizá-lo*) — Está doido, senhor! Que é isto? Acalme-se!... O senhor está fora do seu juízo!

SOLDADOS (*arrombando a porta, entrando e desembainhando as espadas*) — Presos! Estão presos, à ordem do Ilmo. Senhor Chefe de Polícia!

PAULO — Só este louco é que deve ir preso (*apontando para Alberto*).

ALBERTO — Não, camarada! Ele é que deve ir, porque queria matar-me com aquele revólver para roubar-me um brilhante!

LEÓN — E a mim quis me fazer de mulher!

PAULO (*para o criado*) — Cala-te! Não é preciso falares! (*Para os soldados:*) Este homem, senhores, está fora de sua razão. Ele, e só ele, precisa de correção!

SOLDADOS — Não queremos saber disso! Os senhores estão armados, ouvimos gritar pela polícia, temos de cumprir nosso dever. Estão, portanto, todos presos; e têm de acompanhar-nos à presença de nosso chefe.

ELES — Não! Não! Nós, não, camaradas!

SOLDADOS — Lá se acomodarão! E, se não querem por bem, irão à força. Escolham!

ELES (*muito aflitos*) — Que vergonha! Que opróbrio! Nós presos! Temos de ir à polícia acompanhados de soldados! Que dirá o senhor Ernesto e a senhora dona Eulália quando souberem, camaradas (*puxando da algibeira dinheiro e querendo meter nas mãos dos soldados*). Aqui tem dinheiro! Deixem-nos!

SOLDADOS — É muito atrevimento! Pensam que somos miseráveis ganhadores? Que!... Somos capazes de trair nossos deveres!? De manchar esta farda que nos foi dada por nosso monarca?! Não; somos livres, senhores! E não nos vendemos por dinheiro! Não deixaríamos de cumprir nossa missão por considerações ou amizades, quanto mais por prata ou ouro!

UM DELES — É uma infâmia! Companheiro, agarrem aqueles que eu seguro este! (*Lançam mãos cada soldado a cada indivíduo, trançam-lhe os braços, há puxões, socos, diligência para saírem, gritos, lamentos e até choros, mas afinal são arrastados pelos soldados e conduzidos à polícia.*)

(*Desce o pano, terminando assim a comédia.*)

Esta comédia é apenas um borrão que deve passar pelas correções necessárias antes de ser impressa, tanto mais que foi escrita das 11 horas da noite de 30, às 3 quando muito da madrugada de 31.

Porto Alegre, 31 de janeiro de 1866

A IMPOSSIBILIDADE DA SANTIFICAÇÃO *OU* A SANTIFICAÇÃO TRANSFORMADA

Por José Joaquim de Campos Leão Qorpo-Santo

PERSONAGENS

C-S.
Caixeiro
V.A.
Viúva
Chefe de polícia
Capitão
Rubicundo
Caixeiro
Malévola
Uma voz
Outra voz
Velha
Furriel
Senhoras
Hircano
Planeta
Revocata
Amélia
Rapivalho
Helbaquínia (escrava)
Bipedal (amo)
Ribaleda
Faniquito
Ignota
Basilisca
Caranguejo
Ostralâmio
Rabalaio
Um coronel
Ridinguínio
Bárrio

EXPLICAÇÃO

Existia em certa cidade da província de São Pedro do Sul um homem cuja vida desde sua infância foi digna do maior respeito e atenção. Ocupou diversos cargos depois de sua maioridade, sendo forçado a deixar o último porque, cheia sua cabeça de Luz Divina, começou a profetizar!

Nascido em uma das vilas da mesma província, teve por pais pessoas assaz honradas e avós assaz notáveis; estes, europeus, aqueles, brasileiros. Casado na idade de 27 anos com uma moça de 22, natural da mesma cidade, filha de certa viúva e de educação assaz esmerada.

Dedicados ambos por algum tempo à distinta profissão de diretores da mocidade, a morte da mãe da esposa os fez deixar esse ora incômodo, ora aprazível trabalho. Se, porém, deixaram de lutar com as crianças, nem por isso deixaram de o fazer consigo mesmos com outros indivíduos. Tornaram-se, em vez de maiores amigos do que dantes eram, os mais encarniçados inimigos. Não admira: o marido estava divino; a mulher não passava de humana.

A mais encarniçada luta se travou entre esta e aquele; tudo quanto o marido pedia-lhe era negado, dado ou apresentado justamente o contrário do que ele desejava. Desesperado de não poder ser compreendido pela mulher que por alguns anos havia feito, senão as delícias, que seu viver o satisfizesse, disse-lhe em certo dia: "Senhora, se não quereis como outrora amar-me e obedecer-me, tendes em vós a maneira de o conseguir: retirai--vos; deixai-me em paz".

A mulher, compreendendo a falta de forças para dominar o homem resoluto a tudo fazer para não continuar a sofrer, retirando-se, levou consigo os queridos filhos, que tanto entretinham e suavizavam a vida de seu esposo.

Retirado este homem da vida ativa (*ou mundana*), por algum tempo, neste estado se dedicou com a maior disposição ao estudo do direito pátrio e da Escritura Sagrada. Produziu admiravelmente sobre todos os assuntos, revelando em sua vida, em suas obras, seu procedimento, em tudo finalmente patriotismo jamais visto; e os desejos, os sentimentos, as conquistas as mais nobres e elevadas, altas e sublimes, por tudo quanto tende ou pode fazer a felicidade, não só deste ou daquele torrão, mas da humanidade em geral.

Pensai vós que este homem ainda assim passava uma vida tranquila e feliz? Que nada lhe faltasse à sua subsistência? Que possuía uma bela casa, criados e tudo o mais que lhe era necessário à continuação de felicitar os outros e a si próprio? Pensais que seus direitos eram sempre respeitados? Enganai--vos: os homens acharam poucos todos esses benefícios e por vezes exigiram tanto, que quase o levaram à tumba.

Depois de haver habitado com diversas pessoas, porque a falta de dinheiro, sendo entretanto rico, a isso o compelia, assim que pôde, alugou casa e chamou para sua companhia uma escrava que até então vivia a jornal.

Fez a esta preta, para não incomodá-lo, milhares de promessas, sendo uma das que mais desejava a conferição de sua liberdade logo que a posse de todos os outros seus bens ou a ocupação de algum emprego cujos rendimentos fossem grandes lhe permitissem dispensar seus trabalhos gratuitos.

Suporá alguém que foi assim bem servido? Labora no maior engano! Foi em parte pior; entendeu que o maltratando e desgostando, mais depressa chegaria a seus fins.

Foi assim que numerosas vezes o deixou sem roupa para mudar, tendo-a em quantidade mais que suficiente; e impossibilitando-o por isso mesmo muitas outras de sair à rua, quer para tratar de seus negócios, quer para fazer visitas, passeios, etc.

Contraiu dívidas durante esta vida quase de peregrinação devidas às violências feitas a seus direitos, quer de propriedade, quer pessoais; seus credores por vezes o apuraram (*ainda que poucos, e de não grandes quantias*), porque sempre viveu o mais economicamente possível; referirei aqui os fatos acontecidos tais quais se deram de certo tempo em diante.

ATO PRIMEIRO

CENA PRIMEIRA

UM CAIXEIRO (*entrando, para C-S., que aparece só em uma sala*) — Eis a conta de seu débito na loja e uma letra para o senhor assinar.

C-S. — Diga a seu amo que eu não assino documento algum sem examinar primeiro a conta que o senhor acaba de entregar-me; feito, porém, isso, nenhuma dúvida haverá em passar-lhe um documento, que não será letra, visto que estas obrigam de modo a pagar-se de um dia para outro, vendendo-se para isso os bens que forem necessários! Será, portanto, um Fica, ou um Crédito...

CAIXEIRO — Bem, eu levo a conta, visto que está com recibo; e patentearei o que me diz a meu amo.

C-S. — Sim, senhor.

CENA SEGUNDA

C-S. — Estimo muito (*à entrada de um velho amigo*) que V.Exa. haja gozado a mais perfeita saúde.

V.A. — Nem por isso! Tenho padecido de reumatismo, peso e fraqueza cerebral devido sem dúvida ao peso da atmosfera; creio que me irei embora..., sempre doente..., sobrecarregado de trabalho..., mas hoje nem disso pude cuidar!

C-S. — Sinto profundamente que V.Exa. tenha sentido ainda os menores incômodos em sua necessária saúde! Não usa de algum medicamento com que costume combater esse mal?

V.A. — Não; e, além deste, estou hoje padecendo de dor em um dente!

C-S. — Para combater esse mal, usam uns água-de-colônia; eu, porém, dou-me melhor com o creozoto: é remédio que em cinco minutos me cura radicalmente; talvez seja evidente para V.Exa.

V.A. — Não faço nada; dói-me por algum tempo e, depois, passa-me.

(*Entra a viúva de um brigadeiro.*)

VIÚVA (*depois dos cumprimentos do costume*) — Venho entender-me com V.Exa. sobre minha passagem para o Rio de Janeiro a fim de tratar de negócios a que tenho direito como viúva de militar.

V.A. — Eu não sei se a lei permite isso; enfim, eu verei; e, se o que quer, puder ser, farei.

C-S. (*para a viúva*) — V.Exa. é filha do Exmo. Sr. Visconde de São Leopoldo?

VIÚVA — Não, senhor, sou mulher do brigadeiro Gabriel; nem dessa família sou parenta.

C-S. — Ah! Conheci muito, pois não? Pois, sendo V.Exa. viúva de um brigadeiro, que por tanto tempo serviu, depois como empregado da Secretaria da Presidência (não sendo abastada como julgo não ser), parece que deve merecer a atenção de S.Exa.

VIÚVA — Eu até tinha mandado aqui antes um alferes falar a este respeito; um capitão veio, mas penso que nada disse a tal respeito!

V.A. — Apresentou-se, eu lhe disse que havia de partir para Buenos Aires; parece que teve medo, não me falou nisso.

VIÚVA — Peço licença a V.Exa. para retirar-me.

V.A. — Pode contar com a passagem na primeira ocasião oportuna.

VIÚVA — Agradeço muito a V.Exa. (*Retira-se.*)

C-S. (*para V.A.*) — No último vapor, Exmo., não vieram notícias extraordinárias?

V.A. — Não, nada de extraordinário! O que há de mais novo é que as câmaras abrem-se dia 4 do mês p.f. e nós temos de trabalhar por espaço de seis meses, e que já temos dez couraçados.

C-S. — Oh! Muito me alegra, Exmo., que a esquadra vá melhorando! Escrevi há dois... para mais de três anos que esta devia subir a quarenta ou cinquenta navios prontos para em qualquer momento combater e também que o nosso exército devia subir a quarenta ou cinquenta mil homens a fim de não sermos ludibriados por quaisquer dessas repúblicas com quem limitamos! E é minha opinião que todos os males sofridos nas nossas fronteiras são devidos à incúria ou à imprevidência dos governos. Há muito que todos os habitantes da fronteira exigem oito ou dez mil homens bem armados para que os brasileiros que habitam do outro lado não sejam roubados, surrados e assassinados, e o governo nunca quis atendê-los.

V.A. — É verdade! Mas não foi com o meu voto; os deputados desta província, os senadores são poucos para lutar com os numerosos de outras; é a causa desse mal.

C-S. — Mas, se os ministros exigissem das câmaras, certamente votariam! Logo, a culpa é do poder executivo, ou governo, como costumam chamar.

V.A. — É verdade. (*Batem nove horas.*)

C-S. (*levantando-se*) — São horas de retirar-me. Peço a V.Exa. as suas ordens, e que disponha de meu pouco préstimo.

V.A. — Muito agradecido!

C-S. — Peço a V.Exa. que não tenha o menor incômodo! (*Retira-se para o gabinete imediato, em que estão um chefe de polícia e um capitão.*)

CENA TERCEIRA

C-S. (*para estes*) — Aqui trabalham suas senhorias?...

CAPITÃO — É verdade, queira puxar uma cadeira e sentar-se.

C-S. — Não, eu quero estar mesmo em pé.

CAPITÃO — Nós estávamos conversando aqui sobre um particular...

C-S. — Pois queira continuar, vim só ver. São bem bons estes gabinetes; aqui trabalhou o general Andreia, naquele (*apoiando para o lado oposto*) o senhor Pimenta Bueno (*retirando-se*). Boa noite!

ATO SEGUNDO

CENA PRIMEIRA

(*C-S. em seu escritório, passeando; entra o amo do caixeiro de quem atrás falamos, a quem chamaremos Rubicundo.*)

RUBICUNDO — Oh! Senhor C-S.! Tenho a mais subida honra em encontrar V.Sa. (*Senta-se.*)

C-S. — Já sei; recebi os seus recados e a conta que fez o obséquio de mandar-me; e pode ficar certo de que, se o não tenho satisfeito, é porque me tem sido impossível; porém, logo que possa, fique descansado e seguro de que o farei.

RUBICUNDO — O senhor não satisfaz porque não quer. O que custa escrever meia dúzia de linhas?

C-S. — Ao senhor que está continuamente comprando, vendendo, pagando e recebendo, e por consequência escrevendo..., borrando papel como creio, nada custa ou nenhum embaraço pode encontrar em borrar, em vez de quatro ou cinco folhas de papel, seis ou oito! Eu, porém, escrevo que penso e medito para fazê-lo, que tenho necessidade de raciocinar e discorrer, que preciso estudar os fatos, conhecê-los, escolher os termos com que mais convém expressar as ideias..., enfim, compor, não um bilhete ou uma carta, mas uma comédia, romance, tragédia, um discurso sobre moral, política, religião ou alguma outra ciência, não posso nos momentos em que estudo estar sendo interrompido, nem mesmo nos em que penso!

RUBICUNDO — Qual! Eu sei, eu sei...

C-S. — Já disse que pode tranquilizar-se a respeito.

RUBICUNDO — O caixeiro até me disse que o senhor não queria passar...

C-S. — Pois fique sabendo que não disse a verdade!

CAIXEIRO (*entrando*) — O senhor disse sim!

C-S. — Menino, se você estava ébrio quando me falou, eu não tenho culpa! Eu não costumo mentir nem por graça, nem por necessidade, porque a não tenho!

RUBICUNDO — Hei de mandá-lo citar!

C-S. — Pode mandar uma dúzia de advogados e outra de procuradores; não receio!

RUBICUNDO — Cá hão de vir!

C-S. — Além disso, a conta que me apresentou não está exata; tem demais certa quantia!

RUBICUNDO (*com maneiras mui grosseiras*) — Pois abata e diga-me quando hei de mandar cá o caixeiro.

C-S. — O senhor revela bem pouca educação! É bem mau amigo! Já lhe disse que em tempo lhe hei de pagar ou mandar o documento que me pede, e o senhor insta e repete a mesma coisa uma dúzia de vezes!

RUBICUNDO — Vá-se embora daí...

C-S. — Há pouco disse que o senhor era mau amigo; agora lhe direi que é um grande malcriado! Um ordinário, que só com duas bofetadas eu poderia fazê-lo conhecer-me!

CAIXEIRO — O senhor...

C-S. — Cala-te, cachorrinho! Não sejas atrevido!

RUBICUNDO — É com que o senhor me paga...

C-S. — Paga o quê, senhor miserável? Convidou-me para ir à sua casa, afetou ser meu amigo, fez-me milhares de oferecimentos para comprar-lhe, jurando que eu pagaria quando eu quisesse, que não me incomodaria por isso! E, agora, por uma porcaria que lhe devo, exigir-me documento, manda três, quatro mais vezes a minha casa sem necessidade. Trai-me ou atraiçoa-me! Isto, só de um canalha.

RUBICUNDO (*encaminhando-se para um canto*) — Só com uma tranca...

C-S. (*puxando um revólver*) — Sim; e eu com uma bala em teu crânio! Já, rua, infames! (*Apontando-lhes a arma; vão saindo amo e caixeiro.*)

CENA SEGUNDA

MALÉVOLA (*entrando, para C-S., a quem encontra lendo*) — V.Mcê conhece o indivíduo negociante a quem atacou hoje!?

C-S. — E tu sabes dizer-me quem mora aqui nesta casa imediata?

MALÉVOLA — E o senhor (*com malignidade*), que se importa com os seus vizinhos?

C-S. — Oh! Muito, filha!

MALÉVOLA — Já lhe disse que sei, para que quer saber? É padre!?

C-S. — Olha que te excomungo!

MALÉVOLA — Não tenho medo das suas excomunhões!

C-S. — Pois estás excomungada!

MALÉVOLA (*fazendo um movimento extraordinário com a cabeça e dando um grito de dor*) — Deus!... Perdoai-me... Ele é o Padre Santo! (*Cai de joelhos a orar com as mãos postas.*)

C-S. (*entra em um quarto; logo depois, voltando, pega nas mãos, depois de a haver benzido pelas costas, duas ou mais vezes*) — Eu te suspendo, mulher maligna, a maldição de que foste digna. Retira-te, porém, de minha presença; e nunca mais ouses vir insultar quem só se ocupa em promover o bem geral de todos (*a conduz pela mão até a porta e Malévola retira-se*).

C-S. (*recostando-se em um sofá*) — Medito, penso, reflito e discorro que sou casado, que tenho mulher ainda que minha muito particular ou figadal inimiga e... filhos e filhas (*é boa esta declaração para evitarmos a confusão*). Não estou empregado em serviço do Estado, não tenho negócios particulares que me devam obrigar de viver contra minha vontade ou qual solitário; entretanto, não posso nem ver minha família! Não há dia em que não tenha saudades de meus filhos, noite em que as não tenha da mulher. Sou convidado por numerosas outras e, quando as busco, por elas sou desprezado; ou me vejo impossibilitado quando prontas a servirem-me!...

UMA VOZ — Temos o convidado tantas vezes e o senhor ainda não quer ir, senhor Duque de...

C-S. (*consigo mesmo*) — Estas mulheres cuja voz ouço já me têm furtado muito; quase que podia dizer roubado, visto que elas me provocam tanto que violentam a minha voz, isto é, obrigam-me a responder-lhes.

OUTRA VOZ — Há de ficar com o dinheiro amoedado, e ainda que comer — sem outras!

C-S. — Eu não digo que elas não cessam de provocar-me e até roubar-me!? Se eu não soubesse que eram brasileiras, diria... e quem sabe se têm raça de algozes!? Estes para comigo têm sido algum tanto ladrões... Há anos mandei litografar certa coleção de pensamentos por um, e este, passado algum tempo, não só não fez a encomenda, como disse que se havia perdido o manuscrito que lhe havia sido entregue. Fui... parar a um hotel de igual raça e deu-se o fato de se me roubar um livro com numerosas produções, como foi por mim anunciado! Mas elas hoje estão magras, estão fracas; eu esqueci-me delas, de tal modo que pareciam não existirem! Coitadas; até a Pedro Chaves está assim. Quanto à militar, me não admiro, visto que os trabalhos de sua militança haviam de enfraquecê-la; mas, quanto à outra, admiro.

OUTRA VOZ — As mulheres todas querem ele, e ele diz que elas o querem fazer frade.

C-S. — Há pouco me lembrei e repeti os versinhos incompletos que produzi certo tempo e que existem não sei por onde. Querem-me fazer de frade; eu, frade, não quero ser. Aborrecido de ler. E também de escrever. Em que me hei de entreter. De que modo hei de eu viver?! Pedi uma patente, ofereceram-me uma espada! Aceitei a espada, mas esqueceram-se de dá-la a mim. Era entretanto o que mais me convinha para completar o meu destino sobre a Terra — grande... ou sábio, forte e poderoso — pela pena, pela palavra e pela espada! Assim parece até certo ponto ter sido Napoleão I. São raros os homens que se distinguem por essas qualidades; são, entretanto, as que mais desejo possuir, e jamais perdê-las enquanto o meu corpo viajar por cima do Globo que habitamos. Tantas vezes hei tentado experiências entre as comidas e as mulheres, ainda me não foi possível conseguir sua prática. A que será devido? À preguiça de mim? Não! À gulodice?... Também não. À falta de resolução ou disposição necessárias? Também não! A não combinar pelo espírito antes de procurar aquelas que me devem servir?... Também não, porque tudo isto tenho feito, tudo isto se tem dado. Então, de que provêm esses fatos? Qual a causa que os origina? Quem estorva? Ninguém é capaz de responder satisfatoriamente. Eu responderei assim: poder maior que o do homem e da mulher... ou que o de um homem e de uma mulher impede. E qual será esse poder? Onde existe? Em minha refletida opinião é Deus; existe em Deus! Quantas reflexões me ocorrem para destruir ou provar o nenhum valor, ou força, ou vigor de quaisquer argumentos em contrário! Para cada um, teria quatro ou cinco!... Diversas direções tenho querido dar à população porto-alegrense... Falo dos homens e das mulheres. Primeira: acabar a prostituição, o adultério pela prática do casamento de direito; e do simplesmente de fato. Segunda: enviar cartão com o número da casa e nome da rua à senhora que deseja a companhia deste ou daquele homem. Terceira: liberdade de irem elas à casa do homem que desejem, como fazem na Turquia, visto que os aleitamentos e os convites puramente espirituais raras vezes têm bom êxito. Quarta, finalmente: os cartões podem expressar visitas amorosas ou de amizade com uma das palavras: amor, amizade... Ora, de que me havia eu de lembrar agora? Que todas as vezes que tenho feito algum presente, o entrego com palavras que claramente o patenteiam; ou o remeto com iguais expressões à pessoa a quem eu quero obsequiar. E penso que assim devem proceder todas as pessoas bem-educadas. (*Sai.*)

CENA TERCEIRA

C-S. (*voltando e logo depois mui devagar entrando duas mulheres*) — Levantei-me tarde, não saí à rua até as sete da noite? A essa hora, vesti-me e saí em busca de um objeto que me considero e me creio indispensável! Todo o dia o tive em mente. Em vez do que procurava, encontrei outro talvez melhor. Convidei-a a passear, ofereceu-me entrar; apareceu e desapareceu, jurando-me vir a esta minha habitação. Substituída por alguns minutos, entretanto, por uma velha impertinente com quem entretive o seguinte colóquio:

VELHA — O senhor queria alguma coisa?

C-S. — Não, senhora: passei, encontrei esta jovem na janela, perguntei-lhe onde morava.

VELHA — Pois, então, há de dar-me licença, que quero fechar a porta.

C-S. — Não; é cedo... Agora há de ouvir mais; escuta: perguntei-lhe como se chamava, não me respondeu; se era desta casa, disse-me que morava na Rua da Varzinha; se queria passear comigo, respondeu-me perguntando se eu queria ver a senhora Belisa... ou Elisa. Apareceram-me diversas mulatinhas, umas sérias, outras rindo-se de contentes, expressando: "Agora lhe referimos tudo; quando quiser pode fechar a sua porta...". Eu precisava, entretanto, certo anjo tão belo quanto singelo! Como este, milhares de outros fatos se têm dado, de modo que eu deveria renunciar à coroa de brancas, verdes, louras, azuis, etc. E assim me resolveria a proceder se o isolamento ou a vida assim me fosse agradável; ela o não é nem creio que jamais possa ser. É contrária à minha atual organização, e tanto basta; forçar-me a tal é forçar-me a uma pena! Além disso, é viver forçado, e, de conseguinte, contrário à natureza humana! E repetirei: tanto basta para ninguém a querer. Deus não aprova! O que lucrará a humanidade com meia dúzia de folhas escritas?! E o lucro em escrevendo-as!? Parece-me um tempo verdadeiramente perdido. Entretanto, tenho sido e ainda vou sendo forçado a essa pena ou perda! Qual será e quando se me dará a compensação desta perda?! Será amanhã, depois, passado um mês; quando? E qual? Só Deus o sabe!... Ah! Recordo agora a promessa que fiz em 1863: ilustrar meus semelhantes até completar um século de existência neste globo de argila! (*Aponta para o chão por dois minutos e cai o pano.*)

ATO SEGUNDO

CENA PRIMEIRA

(*C-S. e um Furriel.*)

C-S. — De que província é V.Mcê?

FURRIEL — Da Bahia.

C-S. — Está há muito nesta; e dá-se bem nela?

FURRIEL — Sou camarada do general Lobo.

C-S. — De onde vieram há pouco?

FURRIEL — Do Rio de Janeiro.

C-S. — Para onde seguem?

FURRIEL — Ainda não sabemos; ficava bem satisfeito se continuássemos aqui.

C-S. — Sim, tem razão; outrora haveria muita indisposição entre os filhos desta província e os do Norte; agora, porém, é ao contrário: amam-se todos como verdadeiros irmãos. Não haverá mais revoluções no Império, o sangue brasileiro não será jamais derramado pelos próprios filhos da mesma nação.

FURRIEL (*batendo-lhe num ombro*) — À saúde de nosso futuro e engrandecimento, paz e prosperidade interna e externa — vamos tomar um copo de magnífico, velho e superioríssimo champanha! (*Saem por uma porta e entram algumas senhoras por outra; sentam-se.*)

HIRCANO (*libertino, com vestes de padre, entrando*) — Boa noite, minhas muito amáveis, amabilíssimas e encantadoríssimas senhoras.

ELAS (*espantadas e sorrindo-se*) — O senhor que quer aqui? Quem é?

HIRCANO — Ora, o que quero e quem sou? Boa pergunta. Sou solteiro; vi aqui tantas moças..., quero casar-me; entrei para ver se alguma me agrada! Agora perguntarei também: as senhoras, quem são; e o que querem?

ELAS (*com vozes trêmulas*) — Nós somos... (*fugindo*) mulheres; e o senhor é homem... Apesar de suas vestes, temos medo; vamo-nos embora...

HIRCANO — Então já vão? Tão depressa? Esperem, ouçam, escutem, venham cá. Olhem! Trouxe-lhes um belíssimo, magnífico presente!... Não querem? Então, rejeitam!?

ELAS — Não, não! (*Safam-se espavoridas.*)

CENA SEGUNDA

PLANETA (*entrando com alguns livros e papéis na mão direita, um bengalão na esquerda e batendo no chão*) — Isto não vai bem! Não há certo encadeamento de ideias!... Para havê-lo, seria necessário também haver de mulheres velhas, meninas, moças e crianças! Outros dizem que é misteríssimo de comidas; outros que o é de bebidas! Eu, porém, nego os fatos. Parece-me mais exato que fosse necessário ou encadeamento ou relaxamento de mulheres para que qualquer produção possa ser boa... Se é uma só obra, deve ser uma só mulher; se diversas produções em um só livro, diversas mulheres ocupadas com um só homem! De cada uma se escreve um pouco; e assim se compõe uma obra... Outras reflexões: dois grandes poderes parece-me que se debatem, e muito se hão debatido. Um para tornar o homem que tomou o título Corpo-Santo impecável. O outro, ou parte dele, para destruir todas as leis da moral e da religião! Ora triunfa este, ora aquele! Parece, porém, agora, que ambos se ligam, se combinam e trabalham para o conseguimento de fazer com que as leis da Igreja ou de Deus, e as civis ou humanas, tenham o mais completo e brilhante triunfo sobre todos que as contrariam e que as querem inutilizar. Feliz será o povo que tal conseguir, glorificado o governo que tal determinar, que tal praticar. Já um governo inteiro caiu por não compreender que eram seus primeiros deveres respeitar e fazer respeitar os nossos direitos individuais como homens, os nossos direitos de propriedade, como senhores e possuidores, e os de chefes de nossas casas, como pais de família e de seus administrados! E todos quantos subirem que assim procederem cairão, até que reconheçam seus primeiros e mais sagrados deveres... Sem lei, sem moral, sem religião. Eu o juro: não há nação! É viver sem luz, sem vida e sem ação. Seríamos um rebanho de ovelhas, ou uma tropa de animais — estes nos campos, nós pastando no mundo! O que há de mais valor sobre a terra que a família de um homem!? Que devem fazer as autoridades quando sabem, por queixa ou pedido de um brasileiro distinto, que sua família foi-lhe roubada!? Cruzar os braços? Nunca! Providenciar desde logo para que imediatamente seja-lhe entregue ou posta à sua disposição. Ao contrário, em vez de edificação, só veríamos destruição! Leiam na *História Geral*, pátria e sagrada, os governos; e isto verão e disto se convencerão! É claro que quem comete os crimes é por eles responsável; são os únicos que devem sofrer as penas que os mesmos merecem. Jamais inocente algum deve pagar por pecadores. Deus não é nem pode ser bárbaro! Quando Jesus Cristo disse: "Eles julgarão conforme a carne", é porque nenhum pecado encontrou nos que adulteram ou comunicam-se com mulheres levados pela recíproca inclinação e força dos espíritos! Se, porém, forçamos a carne contra a vontade própria, ou da mulher que nos serve, é indubitável a existência do pecado. E nem podia ser de outro modo. Os fatos diários o provam. (*À parte.*) Esta doutrina é de comédia. Se a autoridade pratica um ato contrário à lei, ou com leve perda para a nação, em proveito de algum particular, saiba ou não saiba que há transgressão, esse fato é desculpável, e quiçá haja ocasiões em que possa ser louvável. Contudo, a autoridade, qualquer que ela seja, deve ter por norma, em primeiro lugar a lei, em segundo a razão, em terceiro a justiça. Com este procedimento, não há autoridade infeliz ou censurável. Acham-se escritos deste lado (*pondo a mão aberta do lado direito da cabeça*) pensamentos que devem ser escritos em outro lugar, entre as máximas ou mesmo reflexões, quer por sua natureza, quer pelo que exprimem. Muito tem influído para a prática de numerosos atos da minha vida as minhas filhas, especialmente a voz da mais velha, que a uns antecede, a alguns determina, a outros preside. É certo que todos os que vivem como Jesus Cristo e seus apóstolos, derramando ciência ou trabalhando em proveito público com a pena, com a palavra, jamais devem gastar dinheiro sem que recebam; tanto para alimentarem-se, como para vestirem-se; e mesmo para serem de um teto abrigados... Os incômodos que passam os que assim o gastam arraigam-me esta crença: tais entes nada deviam gastar, mas terem quem lhes apresentasse tudo que carecem! Assim foi sua vida e parecem destinados a assim viver todos os que o imitam, que assim vivem, por não terem mulheres, como Ele e seus apóstolos. Será que para termos ciência não devíamos tê-la? Ilusão! Tantos têm uma e outra coisa!... Logo, este mundo é incompreensível! E direi mais: é um enredo em que todos vivem e de que só a morte os safa! É um mistério que ninguém decifra para os que vivem sem ela! Parece indecente andar um homem honesto metido por bibocas; acho também irrisório. Mas também me parece que viver sem mulher é viver sem mulher; com a diferença que, quando elas cosem, bordam, crivam ou picam-os, os homens escrevem ou pensam! E a falta de seu contato muitas vezes os petrifica!... Vive certo indivíduo em Porto Alegre, como viveu um ano ou mais em uma das vilas desta província, sempre pensando em mulheres; em umas para se entreter, em uma para casar. Ora esta, ora aquela, era objeto de seu pensar. Devia desde logo tentar o casamento e, se o não realizasse, buscar então alguma com que se entreter. Note-se: procurava sempre mulheres desembaraçadas, isto é, que não viviam com seus maridos, por sua infidelidade, solteiras ou viúvas. E agora vive sempre a pensar com qual se há de entreter para não entristecer nas longas noites de luar. E assim há de passar longo tempo sem casar, quem sabe! E, se ele for casado, como há de ser?! Ai, nisso é que está a questão ou a dúvida. Quanto ao mais, seria nada. E se ele tiver filhos, filhas? Então, parece-me ainda mais difícil e intricado o negócio. Realmente, é mui recente o amigo que assim há tanto tempo vive! Ele tão célebre... e, finalmente, extraordinário! Mas não pode ter marcha certa ou regularidade em seu viver; é este, sem a menor dúvida, anômalo. E isto convirá? Parece que não. Ora não pode vestir certa calça (se ele é prudente); ora não pode comer pão; ora não pode beber chá; ora faz-lhe mal o sair à rua; ora incomoda-se porque está em casa; ora enjoa das mulheres; ora se aborrece da comida; ora pode escrever; ora o não pode fazer... Pergunto: isto convirá? Certo que não. E o que me parece pior é o tal indivíduo ter vontade de prender a seus amores quantas bonitas encontra: casadas, solteiras e viúvas! É um estado anormal do homem, que, entretanto, não praticando atos de escândalo, em nada o estorva da normalidade para por todos ser considerado em seu estado normal ou de perfeita saúde. E as razões mais fortes e poderosas para assim ser considerado é não haver em si má intenção nem ter culpa alguma desse viver! Ninguém, pois, o pode condenar; mas sim todos louvar. Algumas mulheres são ideias; outras, inteligência; muitas, ilusões; a maior parte, distrações! Se o pensar me faz penar! Em quê? (Pergunta-me alguém que não vejo, mas que ouço.) Em querer mulher ou mulheres; respondo. Com as comidas do hotel me emporcalho! E não dou... procuro certas mulheres, e não escrevo; e parece limpar-me com outras. É que as do hotel são ou serão prostitutas; e as outras não! Pelo menos é de supor isso. O que, porém, é verdade é que me sinto, às vezes, quase sempre nervoso e acanhado, comendo em casa, mas isto é às vezes; não sempre. Mas também o que é fora de contestação é que o gozo das mulheres me tem trazido numerosos incômodos; e a falta deles não pequeno, senão maior número! Agora pergunto: convém tê-las, gozá-las, ou desprezá-las? Eu queria pedir... ou dizer: responda-me Deus ou o diabo. A esse tempo ouvi, e ainda estou ouvindo: desprezá-las, desprezá-las, desprezá-las. Essa voz é quase sumida, quase extinta, mas é de homem ou de ente masculino. Todo o senhor deve ser obedecido! Se o não é, também não se pode considerar tal! Aqueles ou aquelas que querem ser seus, ou suas, devem satisfazer os seus pedidos, exigências ou determinações.

(*Revocata, mulher de oitenta anos, com d. Amélia, jovem de cinquenta, entram e cumprimentam Planeta.*)

PLANETA (*safando-se e à parte*) — Tenho mais medo destas velhas com presunções de moças, que de quanto raio e corisco existe lá pela eterna Glória!

CENA TERCEIRA

REVOCATA — Aproveitaremos, minha cara amiga, o dia chuvoso de hoje para conversarmos sobre o gosto dos homens. Os homens, minha menina, são tolos! Só querem meninas de quinze, de vinte, e quando muito de trinta anos. Desprezam as outras mulheres, muitas vezes mais apreciáveis que estas.

AMÉLIA — É verdade; eu também assim penso; pois até a mim, que tenho 35, que sempre brilhei (*enxugando uma lágrima*), estou hoje desprezada por d. Micaela, porque conto meus 35. Só por ela ser mais moça, quando eu, é certo, que sou mais bonita! Não é assim, minha cara amiga?

REVOCATA — Não tanto, minha boa Amélia. A senhora, segundo meus cálculos, já deve contar seus cinquenta e dois!

AMÉLIA — Cinquenta e dois?! Com efeito: a senhora então está esquerda. Seja como for, eu não era digna de ser desprezada. Ainda assim mesmo, com essa idade, ainda tenho qualidades de tão subida importância; de tanto valor social ou para a sociedade, que devia entrar no número das mais consideradas.

REVOCATA — Apoiado, minha amiga; eu digo o mesmo; e conto pouco menos que oitenta!

AMÉLIA — Mal sabem eles, minha amiga, que nós não passamos de casas; e que, assim como entram em uma casa velha, por outra nova, nelas param, saem, etc., assim também podiam entrar em nós, sair, estar o tempo que lhes aprouvesse.

REVOCATA — Ah! Ah! Ah! Que lembrança! Que comparação bem-feita, minha querida amiga. Só mesmo a sua capacidade e inteligência podia produzir tanto, e tão bom.

AMÉLIA — Pois o que somos mais nós, minha querida amiga?

REVOCATA — Não, menina (dispense-me tratá-la assim, visto que sou mais velha!), isso não é sempre assim; pelo menos...

AMÉLIA — E eu estou convencida que é!

REVOCATA — Pode ser! O mundo melhora todos os dias; novas coisas aparecem; assim como se renova quanto aos entes, também se renova quanto às coisas.

AMÉLIA — Não há que duvidar, minha querida amiga, o que digo é incontestável.

REVOCATA — Inda a senhora talvez não saiba de uma coisa, e é que bem poucos homens conhecem que os que mais adulam as mulheres são os que mais facilmente as gozam: sendo adulão, faz delas o que quer.

AMÉLIA — Sei, sei, minha amiga; mas não são todas, nem todos. Há algumas que querem antes desprezo para amá-los e respeitá-los.

REVOCATA — Pode ser!

AMÉLIA — É, é, minha querida amiga! E vou-me embora. Adeus; até logo!

RAPIVALHO (*entrando, para Revocata*) — Oh! Senhora condessa! V.Exa., a primeira geógrafa...

REVOCATA — Ah! Pensa que eu gosto de elogios? (*Sai.*)

RAPIVALHO (*olhando para o céu*) — Aqueles que vivem de janela são continuamente visitados. Passei ontem uma boa parte do dia doente; operou-se uma revolução em minha cabeça, como as que costuma haver na atmosfera. São coisas bem incômodas a falta de dinheiro, de mulher e de empregos; de bom emprego! Dinheiro em primeiro lugar; ocupação ou emprego em segundo; se for necessário; mulher... mulher... em terceiro. Estou querendo compor, escrever alguma coisa e não me lembro o que há de ser; ficará, portanto, para depois. Devia ter ido pagar o almoçar e o hotel. Que desarranjo... E o caso é que não sei quando este cessará. Que diabrura! Compus ontem alguns versos de que hoje me não lembro; e assim vamos... Onde, porém, chegaremos? A que ponto tocaremos?... É incrível... É bem esquisita a minha vida. Pergunto: o que é a razão no homem e na mulher? Entendo por razão o procedimento conforme ao do geral dos entes da espécie humana. Falta desta, ou do uso desta, os atos ou ações contrárias. Vamos tomar chá, e à mesa prosseguiremos.

(*Sai. Entra Helbaquínia, criada que quer fazer de ama; cálculos, projetos sozinha.*)

CENA QUARTA

HELBAQUÍNIA — Meu amo ordenou-me que viesse cedo; mas, se eu fizer assim, eu sou criada, e não ama! E eu que antes quero ser uma senhora que criada, hei de vir tarde! Assim fazia eu com o outro, e é como passava melhor; é preciso incomodá-lo, senão tenho que passar mal; quero passar meu bem...

BIPEDAL (*amo, ouvindo-a por trás de um bastidor*) — Vai preparar-me um banho, enquanto eu vou fazer a barba (*sai*).

(*Entra novamente, ora refletindo, ora passeando.*) Eu juro pelos céus que avistamos, pelos globos que distinguimos, que nunca mais esta escrava criada há de querer fazer de ama! (*Sai.*)

HELBAQUÍNIA (*entrando*) — Não vê mesmo que o tal meu amo, senhor, há de tomar banho todos os dias! Esta seria muito bonita... Eu não tomo banho senão de quinze em quinze dias e ele há de acostumar-se a asseiadíssimo viver do mesmo modo!

BIPEDAL — Já preparaste o que te mandei fazer? Puseste no meu gabinete?

HELBAQUÍNIA — Eu..., eu, tinha; mas não: lá não há bacia nem água.

BIPEDAL (*levantando a bengala e dando-lhe pela cabeça*) — Vê se achas água, criada senhora! Depressa, depressa; sim, sim, procura; vê a bacia! (*A criada corre, sacode os vestidos, agarra a bengala, etc., etc. e sai.*) Tomem, portanto, lição de exemplo todas as que tiverem iguais desejos de passar de escravas a senhoras, de criadas a amas. Há indivíduos a quem as contrariedades obrigam a suicidar-se, outros a embriagar-se, outros a mudar de lugar, outros a enlouquecer; a mim, às vezes, a rir-me; em outras, a espancar! Dizia certo indivíduo que, entretanto, gozava dos maiores respeitos, quando outros talvez gozassem de mulheres suas... Mas sempre prejudicado em seus direitos... Ninguém, devendo, pode gozar tranquilidade! Não convém tratar alheios negócios sem que hajamos antes conseguido os nossos. Não sendo os meus escritos um composto de mulheres, é preciso acabar com estas senhoras, pois receio ficar também mulher... (*Entra uma.*)

RIBALEDA — Oh! Senhor Bipedal! Que faz aqui? Esqueceu-se de nosso contrato?

BIPEDAL — Mulher! (*zangado*) Deixa-me viver tranquilo... Estou cansado, aborrecido, indignado contra tudo que veste saia e quer viver como homem!

RIBALEDA — Não levei a chave...

BIPEDAL — Que chave?

RIBALEDA — A de dentro.

BIPEDAL — Não continues a esquecer-te mais da chave; ao contrário, esquecer-me-ei de que tu tens cabeça. (*Toma de um prego uma chave, dando-lha.*) Pega, leva; abre e espera-me.

(*Entram alguns homens e senhoras.*)

FANIQUITO (*um dos concorrentes*) — Estou saudoso Exmas... (*para uma das senhoras, Ignota*) de ouvi-la tocar e cantar: faz-me agora graça, honra ou obséquio?

IGNOTA — Pois não, Exmo., se eu pudesse, com o maior gosto.

FANIQUITO — Então, por que não pode, minha estimada senhora?

IGNOTA — Porque estou realmente incomodada.

FANIQUITO — Também sou médico. Posso, portanto, saber sua enfermidade?

IGNOTA — O senhor não pode curar!

FANIQUITO — Então, que espécie de enfermidade é, e que sendo eu médico, a não posso curar?

IGNOTA — Ora, é uma enfermidade que eu só sei, é coisa nova; não lhe digo porque não quero que o senhor aprenda.

FANIQUITO — Com efeito, não esperava que V.Exa. fosse tão cruel.

IGNOTA — Cruel, eu? Em quê?

FANIQUITO — Ainda é mais que cruel: é tirana. É cruel porque, se o dissesse, poderia ser curada, ser mais útil às pessoas que a V.Exa. tivesse a fortuna de conhecer, e, com isso, poder-se-ia fazer alguma experiência que se aproveitaria com a descoberta de algum novo medicamento.

IGNOTA — Ora, senhor doutor, eu não quero, não posso, nem devo servir para provas.

FANIQUITO — Pois faz bem mal!

IGNOTA (*levantando-se muito zangada*) — Quer saber uma coisa? Não estou mais para o aturar (*levantando o braço e o lenço, dá com este pela cara do doutor em medicina*).

(*Ao mesmo tempo, conversava outro com outra senhora; com uma mui espirituosa menina d. Basilisca.*)

FANIQUITO (*para Basilisca*) — Minha senhora, acho-a tão parecida com certo amigo meu...

BASILISCA — Quem? Senhor!

FANIQUITO — O coronel...

BASILISCA — É verdade, Exmo., eu sou filha desse oficial do exército brasileiro.

FANIQUITO — E tem tido de seu pai notícias?

BASILISCA — Ainda há pouco algumas cartas.

FANIQUITO — Passa bem?

BASILISCA — Perfeitamente, senhor...

FANIQUITO — V.Exa. frequenta as aulas?

BASILISCA — Fui examinada em primeiras letras, desenho, música, geografia e história; e agora...

FANIQUITO — Agora deve ler ao menos filosofia e retórica a fim de fazer quase o curso completo de preparatórios.

BASILISCA — Esforçar-me-ei para consegui-lo.

FANIQUITO — Assim o creio; seu pai é uma espada distinta; V.Exa. igualá-lo-á pela pena!

CARANGUEJO (*para outro*) — Há ou não há baile hoje?

OSTRALÂMIO — Como há de haver se o Santo ainda não tem mulher?

CARANGUEJO — Oh! Pois é preciso que um homem tenha mulher para haver baile, presente ele!?

OSTRALÂMIO — Pois então; quem há de ser *visavi* dele?

CARANGUEJO — Esta é boa! Então os meninos que dançam têm mulher? Os velhos têm mulher?!

OSTRALÂMIO — Não sei; o que, porém, é verdade é que está introduzido o costume de não ir a baile quem não tem mulher, ou ao menos moça.

CARANGUEJO — Pois fique certo que é a maior asneira que se há introduzido! Tanto mais que os bailes devem ser dados para os que não têm escolher!

OSTRALÂMIO — Eu...

CARANGUEJO — Já sei: tenho razão, não é assim?! É o que o senhor quer dizer! Está feito. É melhor, portanto, em vez de dizer que é porque o Santo não tem mulher, dizer: "É porque eu não quero! O Santo não veio preparado com aquela dama com quem eu desejava que viesse, e por isso eu não quero que pessoa alguma dance".

OSTRALÂMIO — Apoiado! Muito bem!

RABALAIO (*para um coronel*) — Ilustríssimo! Veio passear à capital da província, como há pouco foi à capital do Império?

CORONEL — É verdade. Alguns afazeres, não passeio propriamente dito.

RABALAIO — Sim. V.Exa. é o pai do povo entre o qual habita. Não é fácil sair dentre seus filhos, senão por urgente necessidade!

CARANGUEJO (*levantando-se*) — Visto não haver baile, passemo-nos para a sala de jogo.

TODOS — Bem lembrado; vamos entreter-nos por duas horas com as cartas, gamão, etc. (*Passam-se.*)

RIDINGUÍNIO (*entrando, na qualidade de sócio*) — Ilustres cavalheiros do hábito ou Rosa! Como passam suas senhorias? (*Silêncio profundo.*) Ah! Ninguém fala? Jogarei o bilhar! Talvez que, como todos são mudos, sejam também sem braços para empurrar o taco e com ele a bola! Ninguém se levanta?! São piores que frades quando comem, estes senhores quando jogam as cartas. Pois jogarei só; sozinho... Ah! Já sei a razão: estiveram de baile masquê esta noite; por isso, estão ainda tão cansados que nem ao menos podem dizer: "Não queremos" ou "Não podemos". Continuem mudos, que eu farei todas as bolas. (*Depois da primeira carambolada.*) Convencido de que devo sair todos os dias de manhã, e mesmo tendo que fazer em casa, deixo muitas vezes de o fazer; e, depois, já se sabe, sempre me arranjando!... Já agora nos distraíamos com as bolas.

BÁRRIO (*criado da Exma. Baronesa d'Holdeudorfe para Ridinguínio*) — Eis esta carta que lhe envia minha ama.

RIDINGUÍNIO (*abre esta*) — "Tenho entre mãos certo trabalho, em que o espírito de V.Exa., muito bem influído, ou em cujo exercício o meu pensamento tem estado constantemente impregnado na pessoa de V.Exma. É por isso que, não havendo inconveniente, como creio, desejava eu ter o prazer de o praticar pessoalmente por alguns minutos. O que lhe aprazendo, ficar-lhe-ia totalmente grata, dignando-se mais marcar dia e hora para tal entrevista. Como sempre me assino de V.Exa. mais subida amiga: B. d'H." (*Para o público.*) Não há dúvida, comecei por comédia e acabo por romance! Representar-se-á, portanto, em todo o mundo habitado, pela primeira vez, uma novíssima peça teatral tríplice chamada "Comédia, romance e reflexões"! (*Bate nas palmas até cair o pano.*)

Porto Alegre, fevereiro de 1866

O MARINHEIRO ESCRITOR

Comédia em dois atos

Por José Joaquim de Campos Leão Qorpo-Santo

PERSONAGENS

Rapivalho
Malhada
Quinquinata
Mário
Manuel
Joanicota (mulher de Mário)
Uma vizinha
Isolino
Enciclopédio
Diamante (menina de 5 anos)
Formosíssima (menina de 4 anos)
Sapientíssima
Capivara (mulher de Enciclopédio)
Miguelítico
Marquinfálio
Findinga (criada)
Mitra
Lamúria
Lávio
Tito
Celso
Leão
Secretário da Presidência
Inspetor da Tesouraria
Chefe de Polícia
Presidente da Província
Alcaide
Juiz
Escrivão

ATO PRIMEIRO

CENA PRIMEIRA

RAPIVALHO (*refletindo*) — Preciso bem comprar uma carteira; não tenho tomado certos apontamentos, dos quais agora estou esquecido, e isto não convém por certo a um escritor da minha altura!... Mas deixem estar (*passeando*) que não me hei de esquecer: logo que venda as minhas abóboras e batatas e que a minha Joanitiquitoca arranje alguns cobres com as suas quitanditinhas, eu hei de comprar para tomar notas de todos os fatos mais importantes que ocorrem e eu sei, vejo ou adivinho. Deixa estar; não me hei de esquecer! Tenho uma memória de anjo, uma reminiscência tal, que talvez não haja igual. Prometo e pretendo cumprir o que acabo de expor, de afirmar, de assegurar, etc., etc. e etc.

MALHADA (*na porta dos fundos*) — Se o senhor não escritasse, ah!, não o enrolavam!...

RAPIVALHO — Sempre as senhoras (*virando o rosto para os fundos*), parece que pensam que eu sou massas! Enroladas ficarão as senhoras, e quantos pretenderem enrolar-me. Hei de fazer de cada um, um rolo, ou rola, ou rala! Ouviu, minha senhora?

QUINQUINATA (*entrando*) — Viva, senhor doutor!

RAPIVALHO — Senhora, já lhe disse mais de trinta mil vezes que eu não me chamo doutor; mas sim Rapivalho... Ouviu, minha senhora?

QUINQUINATA — Venho tomar-lhe contas; e foi ironicamente que lhe dei tão honroso título. O senhor já se esqueceu de que é meu hortelão? E que fugiu levando dois meses adiantados de seus salários!?

RAPIVALHO (*pondo as mãos na cabeça*) — Meu Deus! Estou perdido! Estas mulheres me matam! Eu queria ver se passava por escritor... e elas rasgaram-me o capote desde a gola até a barra! Estou, estou perdidíssimo. (*Para elas:*) Senhoras! Vão-se embora! Saiam daqui, desapareçam da minha presença! As senhoras mentem; e com suas mentiras me prejudicam. Eu nunca as vi, que mulheres impertinentes!

QUINQUINATA (*para Malhada*) — Olhem, olhem que impostor! Que figura! E que peça, Mana, é o tal sujeito querendo fazer-se desconhecido de nós?! Ah! Ah! Ah!

RAPIVALHO (*caminhando e movendo-se qual marinheiro; à parte*) — E que tal estas mulheres? Querem me crucificar como a um santo!...

MALHADA — Olha, Mana, ele quer ficar louco. Tu vês? Parece um marinheiro bêbado! Ora, ora, coitado. Vamos dar-lhe um cristel?

QUINQUINATA — Vamos; saiamos!

(*Entram rapidamente num quarto e voltam com uma seringa; metem-na no nariz dele. Ele faz mil trejeitos e caretas.*)

MALHADA — Tome este cheiro, senhor Rapivalho, que é de lã queimada, como se costuma aplicar aos cavalos arreganhados! Talvez sare.

RAPIVALHO — Cachorras! Tratarem-me de cavalo! Hei de pô-las em tronco de laço, como se faz com os bois para amansar. (*Apontando para elas e falando para a plateia:*) Que lhes parecem as sujeitinhas!? São bem amáveis! Hão de ser recompensadas.

MÁRIO (*entrando*) — Que é isto?! Que fazem aqui as senhoras e o senhor!?

ELAS — O senhor é bem atrevido! Que se importa (*com indiferença e desprezo*) com o que nós fazemos!? Somos suas criadas? Seria melhor que fosse ouvir missa! É bem audaz!

MÁRIO (*também com indiferença e desprezo*) — Quem são as senhoras para expressarem-se deste modo? O que são? O que foram? O que hão de ser? Estas mulheres não têm juízo, precisam bem de uma ajuda de sal e pimenta!

MALHADA — Fujamos, Mana, fujamos deste extravagante! Este homem é a oitava maravilha do mundo ou do inferno em audácia (*trançam os braços e saem*).

RAPIVALHO (*como um bêbado*) — Estou fatigadíssimo! Doente e não sei que mais. Estou (*fazendo muitas caretas e esfregando as pernas*) atacado de reumatismo, e... estas senhoras, estas mulheres me puseram... sim, puseram-me ainda pior. São piores que cobras! Envenenaram-me com suas palavras, com seu olhar e com sua voz... Estou como se tivesse tomado um copo de cicuta. Talvez Sócrates, ao tomar o seu, não ficasse qual eu me acho neste momento! (*Vai desfalecendo e cai.*)

MANUEL (*entrando pé ante pé*) — Um morto... um defunto... Quem será, coitado! Está caído... está... pobrezinho... que infeliz! Como o veneno daquelas duas cobras cascavéis o puseram! Suas faces estão negras! Seus olhos gotejam sangue, sua boca espuma! (*Olhando para as pernas.*) E ainda mais com as pernas inchadas!

RAPIVALHO (*o "defunto" indo pouco a pouco se levantando e, de repente, dando dois saltos, põe-se em pé:*) — Pensavas que eu tinha morrido, não!? Ainda estou vivo! (*Dá dois saltos, ameaça Manuel com os dedos e cai assentado.*)

(*Mário ao levantar-se o defunto, espanta-se, quer correr, não pode; treme e fica com os olhos arregalados, curvado e cheio de espanto, olhando para o defunto vivo por mais de cinco minutos.*)

JOANICOTA (*mulher de Mário, entrando*) — Oh! Ai! (*Também cai desfalecida e desce o pano. Ouve-se um grande barulho no cenário, gritos, vozerias, barulho no soalho por mais de cinco minutos; ergue-se repentinamente este e aparecem algumas figuras de homens e mulheres.*)

RAPIVALHO (*para Mário*) — Acabei, amigo, de voltar do mais profundo sono ou sonho. Estive ou pensei estar morto por mais de um quarto de hora. Vi-me nesses mundos em que só habitam deuses! Vi-me nesses lagos em que só se banham ninfas; nesses céus em que só se sentem gozos!

MANUEL — E a mim (*batendo-lhe no ombro*) sucedeu o mesmo: vi-me também nesses mundos em que só habitam feras, nesses lagos em que só vivem demônios e nesses infernos em que só se sentem dores!

JOANICOTA — Eu que pensava também ter morrido, agora reconheço que estava em vida, morta; e que, depois de tal morte, me acho agora viva! (*Dança, toca castanholas e canta.*) Estou tão bonitinha por dentro e por fora, como uma anjinha. (*Para os indivíduos.*) Que dizem os senhores!? Acham ou não acham!? (*Para e cruza os braços.*)

UMA VIZINHA (*entrando e fazendo grandes cortesias, abrindo os vestidos e dando passos, ora para trás, ora para os lados, saltos, pulinhos, etc.*) — Bravos! Bravos! Bravíssimo! Minha querida amiga, não a julgava tão adiantada! Olhe, eu (*dançando também*) sei também alguma coisa! Não? Agrada--lhe? Acha bem-feita esta piruleta? Já vês que não perdi o tempo!

JOANICOTA — Pois não! A senhora é a rainha das dançarinas. É a nomprozulta* dos bailes! É o encanto dos moços e muitas vezes até o entretenimento dos velhos! (*Pegando as mãos da outra.*) Dancemos juntas, minha bela amiga! Dancemos! Dancemos! (*Dão alguns saltos e sentam-se.*)

MÁRIO — Estou muito rico, muito feliz. Tenho uma mulher que, para sustentar-me, e toda a nossa família, bastava apresentar-se em público e dançar! Diga-me, minha senhora, V.Sa. deixou hoje os seus meninos entregues a seu marido para fazer este passeio!?

VIZINHA — Essa pergunta não tem resposta! Pois eu havia de deixar meus filhos entregues a meu marido!?

**Non plus ultra.*

MÁRIO — Pois a senhora admira-se? (*À parte.*) É porque lhe dei senhoria... há tantas que confessam fazerem isso... quando querem ir aos bailes, ao teatro, aos passeios públicos e aonde mais lhes apraz, deixam em casa os maridos, quais ótimos criados, e safam-se!

VIZINHA — Mas eu não sou dessas!

MÁRIO — Mas não deve fazer tão grande admiração. Como é a sua graça, minha senhora?

VIZINHA — Chamo-me... Para que o senhor quer saber?

MÁRIO — Para me entreter, digníssima!

VIZINHA — Pois fique sabendo que eu não posso servi-lhe de entretimento! (*Levanta-se, apertando a mão da amiga, abraçando-a e beijando-a.*) Adeus, minha cara amiga; até logo; eu não posso aturar mais seu marido!

JOANICOTA — Pois já vai? Espere, não vá ainda, olhe!

MÁRIO — Tu sabes ou queres saber de uma coisa? É de julgar que não. Eu digo-te: é que as mulheres todas..., concebi este pensamento, são minhas filhas!

JOANICOTA — Tens lembranças, meu caro Nestor, que parecem esquecimentos da minha trisavó!

MÁRIO — És muito graciosa, nem por isso... E, se eu fosse padre, que dúvida haveria?!

JOANICOTA — Nenhuma; mas também só nesse caso.

MÁRIO — Pois fique sabendo que hoje sou, e não (*com aspecto de convicção*), e não um simples padre mas um padre universal!

JOANICOTA — Se continuas com esses pensamentos, mando-te (*rindo-se*) pôr na Caridade!

MÁRIO — És muito ignorante! Pois não sabes que Deus faz hoje de um sapateiro um taberneiro; de um alfaiate um carpinteiro!? De um tambor um grão-doutor!?

JOANICOTA — Bem digo eu que o senhor está enfermo!

MÁRIO — E eu cada vez mais me convenço (*levantando-se muito bravo*) que a senhora é uma ignorantaça! Irra! A senhora dona Joanicota! A senhora, quer queira, quer não queira, há de ouvir-me, ao contrário hei de mostrar-lhe que isto (*pegando na calça*) é calça e não vestido!

JOANICOTA — Não sei o senhor o que me parece (*aproximando-se*). Venha um abraço, um beijo (*abraça e beija*). Ah! Que doce é a face de meu velho! Que macio é o seu corpinho... (*À parte.*) Ou as roupas, pois o corpo é pior que lixa. Agora ficamos bem, não é assim!? Ficamos, ficamos...

MÁRIO — Tu (*pegando-a*) és forte e serás sempre o encanto da minha imaginação, o prazer de meus dias: a minha vida, finalmente. Vem, queridinha, vem a meus braços. (*Abraça-a, beija-lhe, enfia-lhe o braço e passeia.*)

VIZINHA (*voltando, muito alegre*) — Boa tarde, comadre, como tem passado? E o nosso companheiro, não, o meu compadre Mário?

JOANICOTA (*voltando-se*) — Perfeitamente. Minha cara amiga, temos passado o melhor que é possível.

VIZINHA — Assim parece! Até os acho mais gordinhos. Não é isso, compadre?

MÁRIO (*furioso, largando o braço da mulher e investindo como um touro para a vizinha*) — Já vem, já vem me incomodar? Ora, não faltava mais nada! E até acha-nos gordos. (*Com espanto.*) Que tal a nossa vizinha? Mas o que ainda a torna mais célebre é tratar-me, não tendo ela filho algum, nem parido este ano (*a barriga deve representar prenhez de nove meses*) de compadre!

VIZINHA (*amimando-lhe a barriga e pegando-lhe no braço*) — Peço-lhe que não se zangue comigo, meu compadre; o senhor quer negar que foi comigo padrinho da criança da minha Calvintina?

MÁRIO — Bem digo eu (*virando-se para um lado*). Qual Calvintina, senhora? Está fora de si. (*À parte.*) Está no inferno esta mulher (*fazendo milhares de trejeitos*) e comeu com algum demônio...; por isso é que é a segunda vez que me dói, como o Adolfo boticário, sementes em almofariz! Mas eu hei de fazer-lhe pior.

VIZINHA (*continuando a apalpar-lhe a barriga*) — Meu compadre, ou meu amigo, se não quiser ser compadre, como também sou parteira, além de costureira, aviso-o que é necessário prevenir-se de enxoval, de óleo e do mais que se costuma usar em tais ocasiões para o seu bom sucesso! Não pode tardar. Não lhe dou quinze dias (*tornando a apalpar*). Está a parir! Pode ser que nestes três dias tenhamos gente nova; e é homem!

MÁRIO (*empurrando-a*) — Sai-te daqui, feiticeira! Este diabo (*dando algumas voltas, com os braços no ar*) é capaz de me fazer enlouquecer! Tem a audácia de dizer que estou prenho! (*À parte.*) Mas quem sabe? (*Em voz um tanto sumida:*) Quem sabe se é verdade! Eu, porém, não me lembro. Eu sei (*mexendo nas calças*); parece, mas quem sabe! É certo que há oito ou nove meses seguramente que a senhora (*apontando para a mulher*) dona Joanicota me disse que estava desconfiada de que eu estava pejado! Mas é de crer que se enganasse. (*Batem à porta.*)

JOANICOTA — Quem bate?

ISOLINO — Eu, minha cara senhora.

JOANICOTA — Queria alguma coisa?

ISOLINO — Tudo, minha senhora! Primeiramente (*depois de sentar-se*), o amor intrínseco de V.Exa.; depois, o contrato de casamento para ser celebrado na igreja mais próxima desta cidade; terceiro, que me convenço profundamente de que me guardará eterna fidelidade! Quarto, que jamais me dará a menor ocasião de desgosto! Quinto, finalmente, condição imprescindível, que jamais V.Exa. dormirá em outra cama que não seja a em que eu dormir; por ser o fato contrário, o que as mais das vezes concorre para a separação em certas ocasiões e tempos, em outras se torna eterna ou quase eterna dos mal casados corações! Se, pois, agradam a V.Exa. como a mim estas condições, estes três dias seremos esposos, maridos, consortes, amigos e tudo o mais que pode concorrer para que nossos corpos fiquem eternamente ligados, como se veem no firmamento as fulgurantes e belíssimas estrelas!

JOANICOTA (*espantada*) — Que é isto, senhor...!? Não sabe que sou casada aqui com o senhor Mário!?

ISOLINO — Ah! V.Exa. é casada aqui com o senhor Mário!? Eu não sabia, supus que era solteira viúva... Com quem está, é casada! E quando quer outro marido? Não está aborrecida, já, aqui, do senhor Mário?

JOANICOTA — Não o julgava tão ousado, senhor! Nem sei como me não conhecendo teve a audácia de entrar nesta casa! (*Para Mário:*) E tu toleras, marido, que este audaz te insulte!?

MÁRIO — Eu não sei o que ele diz, mulher! Parece-me até estar ébrio, se é que não é louco!

ISOLINO (*à parte*) — Ébrio, ébrio de amor também é ser louco!

MÁRIO (*para Joanicota*) — Pois tu não conheces este homem? Não te lembras que foi o teu primeiro namorado?!

JOANICOTA — Nem pela imaginação me passava!

ISOLINO — Estava enganado! Peço-lhe perdão; pensei que morava aqui a senhora com quem sonho há três dias, com quem vivo em pé, deitado, sentado, etc., etc., etc.; mas já vejo que não é V.Exa.; e, por isso, retiro-me. (*Pega o chapéu para sair, apareceu-lhe a vizinha; encontram-se; ficam estupefatos em frente um do outro. Atirando-lhe os braços e recebendo dela igual atenção.*) Minha querida! Minha amiga!

VIZINHA — Meu anjo! Meu Deus! Encontramo-nos depois de tanto tempo de ausência!

ISOLINO (*pegando-a pela mão*) — É verdade, minha querida, assim é! Assim foi! Viveremos, porém, agora eternamente um para o outro.

(*Dão todos as mãos e cantam:*)

São logrados, são roubados
Os que não têm paciência;
Sofrem sempre n'algibeira
E inda mais se têm ciência!

Miles de trabalhos passam
Os que não têm paciência;
São roubados, são logrados
Por sua louca impertinência!

ATO SEGUNDO

CENA PRIMEIRA

ENCICLOPÉDIO (*passeando, algum tanto apressadamente, e proferindo as seguintes palavras:*) — Quando terá esta cabeça um pensamento firme e invariável!? Por que razão hei de eu sair com a mais firme resolução agora e, passados alguns minutos, tomar uma resolução contrária?

DIAMANTE (*menina de cinco anos, entrando*) — Papai, o jantar está na mesa.

ENCICLOPÉDIO — Não, minha filha, não quero; diz à tua mãe que jante e que dê de jantar a vocês.

(*Entra outra.*)

FORMOSÍSSIMA (*menina de quatro anos*) — Vamos, papai (*batendo-lhe na perna*), vamos; depois esfria, e o papai não pode comer; faz-lhe mal.

ENCICLOPÉDIO — Não, meninas; não tenho vontade. Vão vocês jantar!

SAPIENTÍSSIMA — (*menina de três anos, encostando as mãos nos portais de uma porta, balançando um pé e sorrindo-se*) — Então, Formosíssima, o papai não vem? Então, vamos comer tudo!!

FORMOSÍSSIMA (*muito aflita*) — Venha, papai; venha!

DIAMANTE — Está bom. (*Pegando a mão de Formosíssima e falando apressadamente e com desenvoltura.*) Está bom. Formosíssima, o papai não quer vir, vamo-nos embora, vamos dizer à mamãe que ele não quer. Vamos, vamos (*para Sapientíssima*), vamos, Sapientíssima; o papai não quer.

FORMOSÍSSIMA (*para as irmãs*) — Melhor para nós; ele não quer; agora vamos comer tudo.

SAPIENTÍSSIMA — Então ele, pois não quer mesmo!? (*Voltando--se.*) Está bom, então (*muito desconsolada*), vamos. (*Saem.*)

CAPIVARA (*mulher de Enciclopédio, aproximando-se à porta e fazendo o mesmo que a filha menor, isto é, tocando as mãos nos portais*) — Enciclopédio, o jantar está na mesa; vem! (*Enciclopédio fica em silêncio.*) Vem ou não vem? Está bom; não responde; ainda não perdeu o costume antigo! (*Sai.*)

MIGUELÍTICO (*entrando, para Enciclopédio*) — Amigo, como passa?

ENCICLOPÉDIO — Bem; e o senhor como vai?

MIGUELÍTICO — Ora como hei de ir...; ora a chorar, ora a rir!

ENCICLOPÉDIO — Não o entendo.

MIGUELÍTICO — Eu me explico. Como sabe, sou viúvo de fato.

ENCICLOPÉDIO — Isso é coisa que ninguém ignora; e por que não se casa?

MIGUELÍTICO — Tenho procurado um cento de mulheres; outro de empregos, outro... de moedas; outro de... de...

ENCICLOPÉDIO — Ah! Já sei: és em extremo acanhado; e por isso não achaste ainda uma que te agradasse; é certo que há milhares que te querem e talvez inúmeras que desejam desposar-te.

MIGUELÍTICO — Não sei o que é: ora me alegro, ora me entristeço, ora sou filósofo, ora me fazem padre! Ora me torno bom, ora me sinto mau! É o diabo isto. É! É!

ENCICLOPÉDIO — Não te entendo. Dizes que queres isto; apresento-te isto, e não te serves disto. Dizes que queres aquilo; dão-te aquilo, e não te gozas daquilo. Dizes que queres aquele outro; metem-te nas mãos e não recebes aquele outro. És o diabo. És um homem incompreensível ou a volubilidade em ação.

MIGUELÍTICO — Ora, eu te conto o que ainda hoje me sucedeu: saí de casa na firme resolução de ir tratar casamento com certa moça... já viúva e, segundo me consta, com alguma fortuna; subo as escadas, bato palmas, ouço falar; e, em vez de entrar pelas portas abertas, como de propósito à minha espera, demoro-me alguns minutos, e concebo o pensamento... Isto é, um ar, ar... se infiltrou na minha cabeça que me fez resolver não entrar. E que te parece, amigo!? Refleti bem; é este o quadragésimo fato idêntico que me sucede quando trato tal negócio! De modo que... (*com raiva*) hei de casar-me! Hei de casar-me!

ENCICLOPÉDIO — Não sei o que te responda. Talvez fosse melhor te esqueceres disso, visto que ainda tens mulher viva e filhos... segundo me disseste.

MIGUELÍTICO — Sim, mas que de nada me servem pela distância em que se acham; e mesmo porque perto, em vez de servir-me, só têm tratado de destruir-me. Mas continuemos. Faço em casa milhares de projetos, converso espiritualmente (somente em minha imaginação) com todas as mulheres de que gosto e que me podem servir de esposas e também com alguns homens; espero-as, saio, busco-as... e nada ou coisa alguma hei realizado! As convicções as mais profundas de ser bem aceito que se abrigam em meu coração em casa desaparecem as mais das vezes, ora vendo, ora ouvindo a quem procuro! É extraordinário; é coisa tão rara como a descida de uma estrela sobre a Terra! Entretanto, não pouco e quase sempre isto me incomoda. Não sei como se abre esta minha cabeça, que está sempre pronta a tudo receber... Quisera vê-la fechada com um só pensamento, firme em uma só resolução, e não me tem sido possível. Ora a causa é moral, ora a razão é física. Quanto à segunda, porém, parece-me fraca, pois o que não se pode fazer hoje, faz-se amanhã; e quantas vezes com superioríssimas vantagens!

ENCICLOPÉDIO — Basta, amigo! Já sei; hás de conseguir tudo o que desejas; não te aflijas que é pior; não te incomodes, ouves? Tudo se há de arranjar. Hás de viver muito contente e satisfeito. Por que não tens tu feito com certas notabilidades que conheço!?

MIGUELÍTICO — O que têm feito elas, pergunto?

ENCICLOPÉDIO — Ora, o que têm feito! Não sabes? Entram em uma casa de mulheres, vão tirando a sobrecasaca, pondo-se à fresca e dizendo: "Hoje as senhoras são minhas. Aqui passarei, comerei, beberei, dormirei o tempo que me aprouver...". E elas, com muito prazer, os recebem, tratam, dormem, comem, bebem, etc., etc. Vai tu fazendo o mesmo e verás como passas bem! (*Falando e tirando a sobrecasaca e o colete.*) És tolo! Não conheces as mulheres; nem te lembras que há seis ou sete para cada homem! Tu não sentes desejo e necessidade delas? Sentes. Pois o mesmo acontece para com elas. E há algumas que o sentem ainda com maior força que todos os homens reunidos, entendes? Compreendes agora, não? Pois toma a lição e põe em prática o meu conselho, que é velho e experimentado.

MIGUELÍTICO — Tudo vejo e tudo conheço; mas acontece o que eu já te referi: eu não te escureço.

ENCICLOPÉDIO — Tens razão. Nenhum homem pode ter circunspecção sem sua família, sem ter família, sem ao menos ter uma verdadeira amiga; sempre anda buscando, sempre anda variando de desejos mudando. Ora é traído por esta, ora por aquela; ora tem de baixar de certa dignidade, ora é a sua cabeça um mundo de variedades. Fui há dias entreter-me com uma; sabes o que me aconteceu? Quando eu lhe rendia as maiores finezas..., fez-me assim (*dá uma bofetada — pufe*) e eu com a cara a arder (*fazendo trejeitos*). Fui saindo, pedindo-lhe milhares de desculpas e agradecendo-lhe o bom tratamento que me havia feito a honra de dar! Sabes o que me aconteceu com outra? Depois de me haver dito que sim, que estava às minhas ordens, que era minha criada, etc., etc., manda, sem eu saber, chamar soldados de polícia e, e..., por muito favor, não me fez ir à cadeia. Queres ouvir o que se passou com outra? Quantos mais benefícios lhe fazia, mais malefícios eu dela sofria; e, porque tornei a fazê-los, fez-me passar vinte e quatro horas em uma das salas da Caridade. E que te parece, amigo? Se eu fosse tu, não olhava mais para as pessoas do belo sexo, não é assim? Seguramente. Pois eu penso de modo contrário: quanto mais delas sofro, mais benefícios procuro fazer-lhes. Dirás: isso é ser tolo! E eu te responderei: isso é ser sábio! Assim as converto em amigas, inda que passados, para obter tal conversão, alguns anos! E, porque é melhor ter amigas que inimigas, prosseguirei sempre nesta minha linha de conduta, que estimarei que aproves e sigas.

MIGUELÍTICO — Qual linha de conduta; nem traços de araruta!

ENCICLOPÉDIO — Pois, se a não quiseres seguir, hás de te arrepender!

MIGUELÍTICO — Eu não me posso arrepender do que faço sem querer.

ENCICLOPÉDIO — Ó diabo! Pois tu não queres?

MIGUELÍTICO — O quê? Não te entendo.

ENCICLOPÉDIO — Ó Miguelítico, ouves o que te estou dizendo?

MIGUELÍTICO — O que me dizes entra (*apontando*) pelo esquerdo e sai pelo direito. É o mesmo que uma pitada de rapé que se sorve e logo depois sai, assoando-se ou destilando-se.

MARQUINFÁLIO (*entrando*) — Bravos, bravíssimo! (*Fazendo milhares de cortesias, de cumprimentos, voltando-se para um e para outro lado com os braços muito estendidos, algum tanto arcadas as pernas, chapéu na mão direita, bengala à esquerda, pondo a luneta de vez em quando.*) Oh! Como são formosos estes agradáveis, simpáticos e amáveis meninos! São as flores da mais bela sociedade! São os ornamentos das grandezas terrenas! São... o que mais... são... são... umas belas joias que mandei há dias compor por ordinárias e inúteis, e agora as vejo aqui quais... não direi tudo o que sei! Sempre é bom ocultar alguma coisa! (*Os outros arregalam os olhos e fazem sinais de indignação. Marquinfálio, à parte:*) Estou com medo deles! Têm cada olho que parece um repolho! Não; que parecem uns balões! E as caras estão mais feias que as de uns leões. Procurarei amansá-los (*aproximando-se deles*). Sinto o mais vivo prazer em vê-los, senhores; e fiquem certos que, se os meus diminutos préstimos de alguma utilidade lhes pudessem servir, com o maior gosto estarão ao dispor de Vossas Senhorias.

ENCICLOPÉDIO — Agradeço-lhe muito, senhor Marquinfálio; e retribuir-lhe-ei os numerosos cumprimentos que tão atenciosamente se há dignado para comigo dispensar!

MIGUELÍTICO — E eu não dispenso os seus numerosos oferecimentos! Preciso em primeiro lugar (*puxando a corrente*) desta corrente e seu competente relógio...

MARQUINFÁLIO — Amigo, pare! Isto não é serviço; e eu ofereci-lhe unicamente os meus serviços.

MIGUELÍTICO — Mas é coisa que os vale! E por isso, agora, quer queira quer não, há de ficar sem ela! (*Tirando-lhe a corrente e o relógio e pondo em si.*) Ah! Está ótimo! O relógio é patente, de primeira qualidade, e não é falsificado!

(*MARQUINFÁLIO quer sair, olha para todos os lados, vê tudo fechado e fica algum tanto aflito. Miguelítico aproxima-se dele, ele quer evitar o contato.*)

MIGUELÍTICO — Ainda não tinha reparado... que bonito anel de brilhantes... vamos a ele (*agarra-lhe na mão*).

MARQUINFÁLIO (*muito humilde*) — Senhor, por quem é! Não me tire o meu anel! Não me tire tudo! Eu quero retirar-me... Não, não, deixe-me este traste! É a lembrança de um meu amigo (*Miguelítico esforçando-se sempre para tirar*), é o presente que meu pai fez-me antes de me apartar dele. É... (*chorando*) o que me fazia feliz neste mundo! Eu que perdi pai, mãe, tios, padrinhos, amigos... e não sei que mais, eu que perdi todos os meus protetores! Meu Deus, o que há de ser de mim se fico sem o meu estimado anel! Fico infeliz. Fico... quem sabe... talvez... Oh! Que dor de barriga... Parece-me que estou prenho, Senhor! Senhor! Acuda-me (*apertando a barriga*), estou prenho! Quero parir! Acudam-me! Venha a parteira. Venha o médico! Eu caio, acudam-me! Eu morro! (*Miguelítico e Enciclopédio querem agarrá-lo; entra uma criada com uma xícara de chá, às carreiras.*)

FINDINGA (*criada*) — Ouvi gritar: "Parteira! Médico! Criada!". E, como sou tudo isto, eis-me aqui para partejar; e já um remédio que fará S.Sa. (*para o doutor*) pôr já e já o filho fora. Tome, tome! (*Pegando-lhe em um braço.*) É bom de tomar, é infalível para curar! (*O doente pega a xícara e toma um gole.*)

MARQUINFÁLIO — Ah! Que alívio! Estou melhor um bocadinho... (*Toma outro.*) Sinto (*correndo a mão pela barriga*) mais aliviada esta pança... Se eu tivesse uma cama mais macia que este assoalho aqui; estas tábuas são tão duras... eu sei... Enfim, que será de mim?

FINDINGA — Não se acobarde, senhor Marquinfálio. O que é um parto? Isto não é nada! (*Apalpando.*) Ainda o senhor tem a felicidade (*com convicção*) de ter um só filho. Eu tenho partejado de três e de quatro! Isso não é coisa alguma. O senhor verá.

MARQUINFÁLIO (*pouco a pouco se levantando e, quase de gatinhas, safa-se; e gritando*) — Eles roubaram-me! Quase me mataram! Mas não me estriparam! (*Correm todos para a porta e voltam.*)

ENCICLOPÉDIO — Que te parece, Miguelítico? O nosso amigo Marquinfálico?! Fingindo-se de prenho, doente... Nossa lição foi boa!

MIGUELÍTICO — O tal Marquinfálio é o diabo em figura humana!

FINDINGA (*com a xícara numa mão e o pires na outra; com uma colherinha na boca*) — E quem me paga o meu trabalho de partejar? Fico assim... não? Nunca mais acudirei a doente que não conheça. Podem chorar, gritar, berrar, morrer. Nunca mais serei criada nem parteira. (*Despedindo-se e retirando-se com as costas sempre viradas para a porta por onde tem de sair.*) Adeus, adeus, meus senhores! Passem bem! Desculpem-me se... (*Bate com a cabeça no portal, e vai a virar-se para um lado; bate com um braço nos objetos que estavam em cima de uma mesa, que caem; espantada, grita:*) Ai! Ai! Ai! Meu Deus do céu! Ai! (*E caindo desfalecida.*) Cortei-me toda! Toda! Toda! (*Continua a gemer.*) Ai! Ai! Ai! Meu Deus! Como o sangue corre! Acudam-me! (*Esforçando-se para levantar-se, e sem poder.*) Ai! Que dor eu sinto! Que aflição o meu coração padece! Sim, estou... estou morta!

(*Enciclopédio e Miguelítico aproximando-se dela para socorrê-la; procuram consolá-la, levantá-la; e, passado algum tempo, não podendo conseguir, porque ela estava com um histérico ou com os nervos duros; virando-se um para o outro:*)

ENCICLOPÉDIO — E o que lhe havemos de fazer?

MIGUELÍTICO (*com ar de resolução*) — Matá-la de uma vez; pois isto para que serve mais? Velha de mais de sessenta anos, feia e ainda impostora chamando-se médica e parteira... Vamos afogá-la!?

ENCICLOPÉDIO — Estás louco, homem, e depois?

MIGUELÍTICO — Depois, quem sabe?

ENCICLOPÉDIO — Não concordo.

MIGUELÍTICO — Pois és um tolo. Passávamos-lhe uma toalha ao pescoço, apertávamos-lhe; ninguém o sabia. Pegávamos nela e metíamos naquele buraco (*apontando para um lado*) cuja extensão vai ao mar... e ninguém saberia que tínhamos tido nós a conveniente lembrança de aliviar a Terra deste peso.

ENCICLOPÉDIO — Olha; ela já se vai levantando. Vamos ajudá-la (*pegam-lhe nas mãos*). Levanta-te, mulher, levanta-te!

FINDINGA — Eu não posso!...

AMBOS — Então te arrastamos!

FINDINGA — Paciência, eu não tenho forças... Só se se tomasse um caldo de galinha bem gorda, que é o que eu costumo tomar quando estou fraca.

MIGUELÍTICO — Está teimosa, arrastemos-a! Pega de lá que eu pego de cá. (*Puxam, correm, arrastam-na.*)

FINDINGA (*gritando*) — Ai! Ai! Ai! (*Até a porem fora e fecharem a porta.*)

MIGUELÍTICO — Custou-nos ficar livre desta sanguessuga! Irra!

ENCICLOPÉDIO — Coitada! Talvez fosse bem boa mulher.

MIGUELÍTICO — Qual boa (*caminhando; e com ar de desprezo*) nem boa! Pois tu já viste mulher boa!?

ENCICLOPÉDIO — Sabes o que eu vou fazer? Um passeio a cavalo. Queres ir? Vamos.

MIGUELÍTICO — Bem lembrado, mas eu gosto mais dos tílburis.

ENCICLOPÉDIO — A cavalo é melhor. Anda-se a passo, a galope, a trote, na disparada; e no tílburi não há tantos andares; portanto, é melhor a cavalo. Vamos, vamos!

MIGUELÍTICO — Não há remédio (*à parte*) senão o aturar e o acompanhar. Vamos! (*Enfia o braço e saem.*)

QUADRO PRIMEIRO

MITRA (*para Lamúria*) — Sabe dizer-me se já foi despachado o meu requerimento??

LAMÚRIA — Teve o seguinte despacho (*pegando e abrindo um livro*): "Não tem lugar o que requer o suplicante, em vista da informação da tesouraria".

MITRA — Pois é possível que tal fosse o despacho que teve o meu requerimento!?

LAMÚRIA — Está aqui escrito.

MITRA — Isso não obsta!

LAMÚRIA — Pois então faça outro requerimento.

LAMÚRIA — Não faço; este é o terceiro que submeti a despacho sobre o mesmo assunto. O primeiro teve um despacho inconveniente, por semelhante a este. O segundo não teve despacho. E o terceiro tem um despacho contrário a meu direito de propriedade e a leis escritas. Para que, pois, hei de eu mais pegar em pena para fazer requerimentos neste sentido!?

LAMÚRIA — Então...

MITRA — Sabe o senhor o que precisava fazer-se a meia dúzia de empregados públicos? Enforcá-los! Já tem sido o seu procedimento irregular ou contrário aos direitos dos outros homens, ou transgressões das Leis — a causa, e está sendo de milhares de desgraças, que estúpidos, observamos e lamentamos no Estado! E querem continuar, sabendo-o, proceder de igual modo para que tais infortúnios continuem a observar-se e lamentar-se! Deus vingará os inocentes e flagelará os criminosos, é quanto basta. Eu até penso que não está no lugar em que devia, pois da letra M se passa a N e de I a J...

LAMÚRIA — Pois é para ver; é o que está aqui escrito.

MITRA — Vou lavrar a sentença de morte ou de penas a todos os funcionários públicos que mal cumprem os seus deveres! E, se Deus quiser ouvir-me, não se queixem, será a punição que merecem, visto não quererem cumprir seus deveres. Com estas violências, puseram minha família a rolar; não podendo destruir-me, mataram uma pessoa, a minha queridíssima filha; e agora parece tentar-se nova destruição em alguma outra pessoa da mesma! Isto é crueldade inqualificável. Não serei eu brasileiro!? Não terei direito a viver do produto de meu trabalho? Não devem ser garantidas pelas autoridades, visto que o é pelas leis, a minha vida e propriedade!? Não será isto o que a nação inteira quer..., que cada qual goze o produto do que licitamente adquiriu e possui? Parece que sim. E por que se há de a mim querer tirar uma parte, que não devo e que não devem!? Hei de falar ao senhor presidente; e a ele perguntarei se meu procurador em Aljubarrota, se o ex-comandante da guarnição daquela cidade e se a tesouraria geral têm mais direito sobre uma casa que comprei, paguei e de cuja compra recebi as competentes escrituras que eu, visto que, por todos esses fatos, sou o seu legítimo e verdadeiro dono ou proprietário! (*Sai.*)

LÁVIO (*entrando*) — Faz-me o obséquio de dizer se o senhor Silvuplé está em casa? (*Senta-se, estende as pernas, alarga os braços, toma rapé, limpa o nariz.*) Diz ou não diz?

TITO — O senhor está enganado! Não vê aqui as Armas Imperiais? Acolá os reposteiros? Ali os editais? Em sua frente o livro-mestre ou da porta? Ou o senhor é da roça!?

LÁVIO — Ah! Isto é aquela coisa que se chama repartição pública?! Onde vim eu dar por engano!? Numa repartição pública! Té, té, té... quando eu havia de pensar. Eu que tive sempre medo destes bichos, como das jararacas da minha velha lavoura! (*Sai, benzendo-se, cuspindo e fazendo cruzes.*) Nunca mais pergunto pelo senhor Silvuplé.

CELSO (*entra, abre o livro dos despachos e encontra o seguinte:*) — "Ao Siar cumandante das fronteiras a informar". Como é interessante o despacho e quanto deve ser importante o empregado que... o escreveu. Vejamos este outro: "Em vista dos décumento, e informação apresentado pelas imprenhados desta repartição, não tem lugar o que quer o requerente. Sala das sessões preparatórias em 15 de maio de 1869". Oh! Este ainda é melhor. Até a data é do ano que ainda há de vir! Onde terão as cabeças os empregados que tal escreveram? Sem dúvida na barriga de algum animal quadrúpede. Vejamos este outro; parece-me ainda mais extraordinário. Vejamos o que diz. Oh! Oh! Oh! Este é o melhor de todos. Versa sobre coisas de maior interesse; leiamos com tento e reflexão: "Durante a vida e a morte dos seus avós, o cavalo de que fala o suplicante ainda existia no ventre purissíssimo da égua que o teve, e é de crer que... (o suplicante me entende... falo respectivamente ao pai do potrilho) ainda estivesse em embrião! Percebe? Por consequência, reconhece seu incontestável direito: não o mandando ainda assim entregar porque a parte contrária alega que a marca que o senhor diz pertencer-lhe está de pernas para o ar. Continue-o, entretanto, a tê-lo retido em uma estrebaria, até que o suplicante prove não lhe haver faltado com o pasto necessário; e que seus avós não costumaram marcar de pernas para o ar!". Estou realmente espantado do que ouço e do que vejo! Ou as minhas vistas me enganam ou isto não passa de uma interessante caçoada. (*Sai.*)

LEÃO (*entrando da rua e alguns empregados de dentro para a sala; apertando-se as mãos*) — Ando despedindo-me de diversas autoridades com quem entretenho relações de amizade. É diminuta a minha demora; necessito fazer uma viagem; venho por isso receber as ordens que a V.Exa. aprouver dar-me.

SECRETÁRIO DA PRESIDÊNCIA — Como! Pois, retira-se? Deixa-nos?

LEÃO — É-me indispensável! Preciso realizar certos negócios na Campanha e o não posso conseguir sem que lá vá.

SECRETÁRIO — Pois escrevendo não seria o mesmo?

LEÃO — Tenho escrito um cento de cartas, feito outros tantos pedidos a pessoas que para lá vão; já mandei de propósito uma para tal fim, e nada tenho podido conseguir. Sou, portanto, forçado por tais causas e por razões que considero ponderosas a deixá-los por algum tempo! Não, eu não os deixo, porque suas imagens vão retratadas em minha imaginação!

SECRETÁRIO — Farei votos para que seja muito feliz, já que não posso estorvá-lo de ir passar alguns incômodos.

LEÃO — Sou o primeiro a reconhecer seus bons desejos e os sentimentos dignos do maior louvor que animam seu coração; eu parto: adeus, até a volta!

QUADRO SEGUNDO

LEÃO (*sala do inspetor da tesouraria*) — Participo a V.Sa. que parto breve para Aljubarrota a fim de trazer os atestados que me são necessários para haver desta repartição quantias que me deve, cujo reembolso eu não posso prescindir.

INSPETOR — Por que não vai obter da presidência da província ordem para ser embolsado!?

LEÃO — Tenho requerido por vezes; e ainda anteontem o despacho que se me deu foi: "Não tem lugar, em vista da informação da tesouraria". Portanto, agora, cumpre-me para havê-las a apresentação dos documentos com que prove deverem-se-me.

INSPETOR — À vista disso, faça o que mais conveniente julgar.

LEÃO — É o que pretendo, o que mais me parece convir; e por isso porei em prática. Estimarei que V.Sa. continue a gozar perfeita saúde e a desempenhar como deseja e convém, aos interesses públicos, as importantes funções de seu cargo. (*Faz profunda referência e retira-se.*)

QUADRO TERCEIRO

LEÃO (*entrando na sala do chefe de polícia*) — V.Exa. dá licença?

CHEFE — Pois não, entre!

LEÃO (*apertando a mão*) — Já sei que me dará a satisfação de dizer que passa bem.

CHEFE — É verdade; andei alguns dias doente; agora, porém, passo divinamente.

LEÃO — Muito estimo! Assim, melhor policiada será a capital; e mesmo a província.

CHEFE — Faço a esse respeito o que posso, por dever, por amor à nação e por conveniência própria, pois, se assim não procedera, desacreditar-me-ia para com o governo geral e provincial e para com o povo, cuja opinião muito respeito e acato! E certamente não viveria com a minha consciência muito tranquila.

LEÃO — Assim, não pode V.Exa. deixar de ser feliz. Participo-lhe que me retiro por algum tempo da capital e pretendo voltar passado um mês pouco mais ou menos. Venho, portanto, despedir-me; e ofereço-lhe o meu pouco préstimo para a Campanha. E, se me não resolver a levar, desejo deixar junto aos seus baús um com alguns papéis a que dou muito valor e que realmente para mim são de grande importância.

CHEFE — Pois não! O que quiser. Esta casa está às suas ordens, e creio ficarem seguros.

LEÃO — Por conhecer isso mesmo é que peço licença para fazê-lo. Tenho numerosas coisas a tratar, por isso não me demoro. (*Levanta-se, despede-se e sai.*)

QUADRO QUARTO

LEÃO (*sala de palácio, a um capitão*) — O senhor presidente está?

CAPITÃO — Está, mas ocupado.

LEÃO — E eu lhe posso falar?

CAPITÃO — É com urgência?

LEÃO — Sim; pretendo retirar-me; vinha por isso me despedir de S.Exa.

CAPITÃO — Bem, eu vou participar-lhe.

LEÃO — Esperarei.

CAPITÃO (*voltando*) — Queira passar para esta sala; S.Exa. não tarda.

LEÃO — Pois não. (*Espera passeando; passados cinco minutos, entra S.Exa.*) — Exmo., muito me apraz vê-lo no gozo da mais perfeita saúde.

PRESIDENTE — Oh! Como passa?

LEÃO — Menos mal, senhor.

PRESIDENTE — Sente-se.

LEÃO — Hoje não venho como em outros dias acompanhar a V.Exa. durante horas; mas apenas por alguns minutos. É meu fim receber suas ordens para a cidade de Aljubarrota.

PRESIDENTE — E o que vai fazer lá?

LEÃO — Prevenir-me e providenciar para que, passado algum tempo, V.Exa. não tenha o desgosto de me ver aqui roto e esfrangalhado... senão nu.

PRESIDENTE — Pelo que ouço, está muito desgostoso...

LEÃO — Pois não hei de estar desgostoso, quando é certo que as maiores desgraças têm pesado sobre a minha pátria, pelas violências que há dois anos seguramente hei sofrido em meus direitos!? Três requerimentos hei apresentado para ter sempre dinheiro com que cubra as minhas despesas; e não tenho podido conseguir. Se eu pedisse por esmola, *transeat*: mas aluguéis de uma das minhas propriedades é espécie de crueldade! Pedi que se mandasse buscar minha família há tanto tempo, porque padecia todos os dias em razão de sua ausência! E o que tem feito o governo?... Nada! Visto que em dois dias estaria aqui, e este fato teve lugar há talvez quinze! Deixo de parte fatos anteriores, porque é desnecessário narrá-los para censurar o procedimento de quem há desprezado os meus mais sagrados direitos. E calar-me-ia; e nada diria se não tivesse consciência dos grandes e numerosos serviços que hei prestado à pátria, os quais não são ignorados nem pelo Governo, nem pela Nação, nem mesmo pelos estrangeiros; é um homem universal que em sua província, depois de como tal reconhecido, para com o qual se tem sido miserável e praticado as maiores vilanias! Quem crerá que, para fazer o presidente da província cumprir um contrato feito por um general comigo, em que nada há de despropósito, é preciso que eu faça uma viagem de setenta léguas, incômoda, mais que incômoda para mim, por minhas enfermidades! Quem que, no Governo estando, transgride seus deveres, e com tal transgressão faz, expõe a tal o seu maior e talvez o mais forte amigo!? Quem suporá que o mesmo governo arrancou dos braços deste homem o que tinha de mais caro — sua família — e que, em vez de atendê-lo, quando reclama e grita pela entrega da mesma, o compele de alguma maneira a viver dela separado, ocasionando-lhe assim perdas talvez irreparáveis!? Quando era seu primeiro dever, conhecendo o mal que lhe fazia, imediatamente mandá-la buscar, como pelo mesmo lhe foi pedido!? Se o Império, depois de haver perdido milhares de soldados, decair será a culpa de tais governos, aos quais o povo, com bastante razão, lançará eterna maldição! Despeço-me de V.Exa. (*Aperta a mão, faz as cortesias de costume e retira-se.*)

QUADRO QUINTO

ENCICLOPÉDIO (*só, passeando*) — Botei abaixo um ministério por causa muito simples: o desrespeito (*com gestos satíricos e graciosos*) aos meus direitos de pai! Lancei por terra um presidente de província! Também por razão muito insignificante (*com os mesmos gestos*), por coisa pouco menor, querem destruir-me por não me quererem reintegrar em meu emprego! Fiz voar um chefe de polícia, um juiz municipal, por causa também de nenhum valor por não me quererem despachar requerimentos fundados no mais sólido direito e nas mais sábias leis. Amordacei um outro; escrivães, por nada, por serem apenas vis instrumentos de autoridades despóticas! Tapei a boca de dois meirinhos com pontapés por fatos de nenhum valor por sua audácia e má-criação!

(*Entra um alcaide com muita humildade.*)

ALCAIDE — V.Sa. dá licença, inhô? (*À parte.*) Este não é aquele de outro tempo! V.Sa. dá licença (*querendo mover o pé, e com medo; fazendo trejeitos, endireitando os óculos; com papéis embaixo do braço; bengala*). Ah! Ele não fala. Já sei: é porque eu lhe dei senhoria. Não, que eu não tenho o necessário tratamento! Para (*à parte*) ele falar é preciso o tratamento de excelência. V.Exa. dá... (*com força*) dá licença?

ENCICLOPÉDIO (*virando-se para o lado do meirinho*) — Ainda não é o que... não te direi.

ALCAIDE (*à parte*) — Já sei o que ele quer dizer: é... é... é... já teve majestade, por ter sido Imperador do Brasil! Mas eu não tenho; portanto, contente-se com excelência — V.Exa. dá licença? (*À parte.*) Já estou quase sem goelas, e o diabo do homem não responde... (*Mirando-se todo, e com gestos de macaco.*) Dá... dá... ele dá (*aproxima-se e entrega-lhe um papel*).

ENCICLOPÉDIO — Que é isto? (*com o nariz muito franzido*) Heim? Não ouve? O que é? (*Levanta-se e agarra as abas do casaco do meirinho.*) Heim? Heim? Não fala! (*Sacode-o.*)

ALCAIDE — Isto é... (*gaguejando, quase sem poder falar, sufocado*) É... (*dá um espirro, outro, outro*) É... O juiz é quem sabe. Eu não sei. (*Atirando com um braço.*) Ele...

ENCICLOPÉDIO — Qual ele, nem ele, senhor cachorro! Pensa que ainda estamos naquele tempo de despotismo em que as autoridades andavam roubando e matando de casa em casa, seu patife! Seu ordinário! Já! (*apontando para a porta*) Já! Rua! Ao contrário, o farei voar depois de lhe imprimir as pernas desta cadeira na cara!

(*Entra o juiz que mandou fazer a diligência, e um escrivão.*)

JUIZ (*para o meirinho*) — Então, cumpriu a diligência?

ALCAIDE (*para o juiz*) — Não vê que agora é aquele tempo em que vocês quase em segredo mandavam roubar moças com papéis borrados!

ESCRIVÃO — Doutor, este meirinho sempre foi um cascas d'alhos! E você ainda caiu em mandá-lo cá.

ENCICLOPÉDIO (*desenrolando um chicote que tinha na cadeira em que estava sentado*) — Agora pagam com o lombo o que há tempos me fizeram com a pena! (*Dá uma chicotada no juiz, este corre, mas não acha a porta para sair; dá no escrivão, no meirinho; a estes acontece o mesmo, e andam em roda da sala gritando.*) Agora não é como antes. Não é. Não é. (*O chicote trabalha sempre, até que fica Enciclopédio sozinho.*) Eis o prêmio que tarde ou cedo esperar sempre devem os criminosos!... (*Corre o pano.*)

Porto Alegre, 16 de fevereiro de 1866.
Rua de Bragança, casa térrea de uma porta e duas janelas, n° 166.

DOIS IRMÃOS
Notas para uma comédia

Por José Joaquim de Campos Leão Corpo-Santo

PERSONAGENS

Antônio (Bacharel em Direito, advogado)
José
Manuel
Frederico (filho de Antônio)
Leva-Remos
Roscália
Leva-Arriba
Dois cangueiros
Um carroceiro
Algumas senhoras
Quadrado
Um senhor (dono do relógio)
Fernandinho de Noronha
Rumânica
Pulquéria
Duas filhas de Rumânica
Mateus
Gregório
José (irmão de Gregório)
Rivadália
Homens, mulheres e crianças

ATO PRIMEIRO

CENA PRIMEIRA

ANTÔNIO (*para José*) — Conheces Pedro, o Marinho?

JOSÉ — Não; quem é? Onde mora? É coisa que se coma, que se beba, que se vista?! Ou que se durma, se passeie, ou se dance!?

(*A cada palavra — coma, beba, etc. — faz todo sinal com a boca, lábios etc.*)

ANTÔNIO — Não, não é nada disso; é apenas um irmão de sangue que possuo (*aperta duas vezes os braços, movendo com os dedos*); possui e havia ainda de possuir se eu quisesse ir... Não! Se ele quisesse vir!

JOSÉ — Mas... dizes tanto... tantas coisas, que eu não sei o que deva responder! Perguntaste-me se eu conheço Pedro, o Marinho; e depois... não sei o que te responda! És, fui, sou e seria!

ANTÔNIO (*à parte*) — A resposta está conforme a pergunta. (*Para José:*) Mas diga-me (*agarrando-lhe no nariz*), conhece ou não conhece? (*Dá-lhe outro puxão que lhe sacode a cabeça.*) Diz ou não diz!?

JOSÉ (*dando um pulo para trás*) — Homem dos diabos! Deixa--me! Deixa-me! Já me puxaste o nariz! Vai puxar o queixo da tua avó torta! (*Antônio puxa-lhe o queixo.*)

ANTÔNIO (*à parte*) — Estava fazendo um benefício para ele (*apontando*) aumentando-lhe o nariz; e sua mercê não quis, não quer! Pois há de ficar sem nariz! (*Com raiva.*)

MANUEL (*pé ante pé, batendo nas palmas e entrando. Já se sabe — a figura mais esquisita que se pode fantasiar*) — Dá licença, senhor doutor? Heim? Heim? Dá? Eu quero entrar. Pois já sabe que sou todo seu! Que o quero, que o desejo, que o amo! Venha. Ah! Não, ele não pode vir; eu é que vou! (*Aproxima-se.*)

ANTÔNIO (*virando-se de repente e com uma mão no ouvido*) — Vozes! Quem são? Serão... é... Ali! É o meu célebre, senão celebérrimo amigo Rubicundo!

MANUEL — Não; não sou esse! Sou o seu velho, antigo, antiguíssimo amigo (*batendo-lhe nas costas*) Manuel das Choradadas! Sou, sou; não ouve?

ANTÔNIO (*virando-se muito devagar e estendendo-lhe a mão por cima do pescoço*) — Ah! (*arrastando os pés, a cabeça levantada como cego, a boca muito aberta*) Ah! És tu! (*apalpando*) Ah! Ainda sou feliz? Ainda achei o meu amigo Manuel? Não me falta nada! De onde vieste? Não viste por lá o meu irmão José? Heim? Estava... ora, ora, ora! Estava onde?! (*Pondo-lhe a mão nos peitos.*)

MANUEL — Eu não o conheço, não sei, o senhor inda tinha esse irmão?

ANTÔNIO — Ó diabo! Pois tu não te lembras do meu irmão, com quem brincavas, jogavas, comias e dormias!? Então... ou tu pensas que eu me honro mais que o que sou por dizer que tenho esse irmão!? (*Puxa-lhe um braço.*)

MANUEL — Não é isso o que eu digo; é que ele parece se ter esquecido de ti! Ah! Foi sonho, visão ou não sei que ilusão que me fez crer que ele não pensava em ti se não... não; que não escrevia a ti, senão de séculos em séculos!

FREDERICO (*entrando e descansando o chapéu sobre uma mesa*) — Venho hoje mais cedo que o diabo! Andei, fui a toda parte; estou banhado em lágrimas de suor..., ou em suor de lágrimas, que vem a ser tudo o mesmo! (*Caminhando.*) Tenho procurado, buscado, encontrado e nada achado! (*Pegando e atirando com chapéu.*) Isto é o diabo! E mais que o diabo! É o demônio, não é chapéu... Perguntei a este demônio o que havia de fazer (*apontando para o chapéu que se acha no chão*). Disse-me que ser ministro, que não recebesse nada e que antes desse! Que perdesse casa! Que perdesse tudo! E eu respondi-lhe que não fosse louco! Que para se exercerem cargos públicos não é necessário tudo se perder! E fui andando em busca do que de direito me pertence! Em certo lugar (*pega o chapéu e põe na cabeça*) perguntei à sobrecasaca (*olhando--se*) ou casa que também não sei bem o que é se sabia quantas promessas se me haviam feito impondo-me condições e a quantas me haviam faltado! (*Com ar gracioso:*) Que havia de responder?! Que fosse ao Tambicu! Perguntei-lhe: e quem é esse Tambicu?! Ficou em silêncio tão profundo como são as águas dos mares no fundo! Espantei-me; mas também me calei. A calça, que me viu mudo, que há de fazer? Belisca--me! Sinto a dor, e com ela ouço a voz: "Não me quer ouvir! Há de arrepender-se, ouve ou não ouve!? É surdo! Está bem; há de arrepender-se; deixe estar!". Não; é melhor ouvir e atender se quiser ter. Ó calça! (*Puxando esta.*) Que vêm fazer a teu discurso as palavras deixe estar?

ANTÔNIO — Sempre andas, rapaz, todo incomodado! Nada te apraz. Nada te satisfaz.

MANUEL (*para Antônio*) — Ah! Senhor doutor, este menino é seu filho?

ANTÔNIO — Não é meu filho; mas é mais que filho. Amo-o tanto!

FREDERICO (*para Manuel*) — E o senhor que se importa (*com maneiras mui grosseiras*), que se importa se eu sou filho, pai ou médico, aqui do meu avô!? Pertence-lhe a minha vida? O senhor é casado comigo?

MANUEL — Este teu filho é o diabo!

FREDERICO (*para o pai*) — Pois meu pai, eu não hei de me incomodar quando vejo tanto despropósito, tantas loucuras, tantas parvoíces hoje, amanhã tanta asneira, tanta tolice!?

ANTÔNIO — Rapaz, tu hoje estás diametralmente transtornado! Estou te desconhecendo.

FREDERICO — Bem, V.Sa. é formado em direito pátrio e estrangeiro, canônico e não sei que mais. Diga-me: um amigo meu alugou para a ocupação de objetos pertencentes à Fazenda Nacional uma de suas propriedades; houve preço marcado; houveram ordens para pagar-se; vieram documentos que o comprovaram; entretanto, aparecem todos os dias novos embaraços e há quase um ano ele não pode haver tais quantias. Ora novas e contrárias informações; depois, questões de preço; mais tarde, questões de atestados; amanhã, de direito de propriedade; em outro dia, de desconto de dívidas, como se a Tesouraria fosse juiz competente para conhecer estas questões comerciais; ou caixeiro deste ou daquele intitulado credor, para fazer descontos, aceita embargos ou coisa semelhante; quer seja, quer não, verdade o que alega, visto ser ouvida a parte contrária ou de quem se diz credor, é macarangana que ninguém se entende! Hoje temos um despacho, amanhã não passou de ilusão! Depois...

ANTÔNIO — Estás com tão grande aranzel, que não sei onde vais parar! Espera, tolo, e verás que serás feliz. Tu não queres esperar, és um apressado..., és um teimoso.

FREDERICO — Pois meu pai não sabe que já certo indivíduo quis instituir-se à força procurador de outros?

ANTÔNIO — Fala, fala, rapaz.

FREDERICO — Esqueci-me do melhor que lhe queria dizer e é que... mas... (*abanando com a mão por cima da cabeça*) parecendo-me... Sim. Não há quem não saiba que ele não procura receber quantias pertencentes a pessoa alguma, quer negociantes, quer empregados públicos, que não se envolve em negócios de pessoa alguma, entretanto, milhares de Procuradores procuram aquelas a que ele tem incontestável direito! E por consequência o fazem para si!

ANTÔNIO — Rapaz, não te aflijas; bem sei que ainda há poucos dias mentiram-te, mas a verdade há de brilhar, e em tempo; espera mais três dias.

FREDERICO — Suponha o meu pai que certo indivíduo que tem de passar um documento morreu, ou viajou, mas que há todas as participações necessárias na repartição competente para pagar e fazer a descarga; pode alguém estorvar ou opor quaisquer obstáculos? Certamente que não. (*Caminhando e dando com as mãos.*) Pois é o que tem acontecido para com o meu amigo.

ANTÔNIO — Sei, eu sei de tudo isso. É uma linda comédia! É... (*De repente:*) Quem o mandou ser advogado! Quem o mandou ser médico! Quem o mandou ser filósofo! Para que se fez político, frade, botânico e não sei que mais?

FREDERICO (*tomando posição bem séria*) — Respondo: Deus ou uma de suas partes... Não, Deus ou a natureza! Nos espíritos de todos os entes animados foram..., estes eram eu (ou seus corpos foram em geral por mim animados! Os inanimados parece haverem de mim recebido certa animação!). Assim me fez Deus — ou a natureza.

ANTÔNIO — Então, foste um tolo!

FREDERICO — Não, meu pai, fui, sou e serei o que esse mesmo Deus ou essa mesma natureza quis, quer e quiser que eu seja.

MANUEL (*à parte, rindo-se*) — E que tal o senhor Frederico! Falou agora que ninguém pode com ele! Nem o próprio senhor doutor pai dele pode responder-lhe. Está embatucado! (*Abanando ligeiramente a cabeça para diante, com um chapéu muito alto, mais largo em cima do que embaixo.*) Sim, sinhô; sim..., sinhô; é assim mesmo sim sinhô; tem razão; é como o sinhô Frederico diz! Agora hão de ver... e eu já vou... (*Mete a mão por entre as calças, colete, casaca, e não acha o que procura; fica muito sentido.*) Perdi, perdi tudo! Tudo! (*E põe-se a chorar como uma criança.*)

QUADRO SEGUNDO

CENA PRIMEIRA

LEVA-REMOS (*entrando em uma sala com aparência ou semelhança de loja; para o caixeiro*) — O senhor tem roupa feita?

ROSCÁLIA (*caixeiro*) — Sim, senhor. (*Sobe uma escada e apresenta no balcão algumas caixas, abrindo-as.*) Eis aqui da melhor que há.

LEVA-REMOS (*tirando, vestindo, despindo, mirando-se num espelho; para a caixeiro*) — Uma está larga, outra comprida, esta curta, aquela apertada... Finalmente: qual é o menor preço por que vende cada uma?

ROSCÁLIA — O senhor é bem falto de conhecimento. É bem impertinente! Pois não vê que esta calça (*pegando-a*) lhe está boa?! Que melhor quer? O colete, não há alfaiate que lhe possa fazer igual. Agora que mais quer? Leve este casaco (*pegando em uma peça da obra, que não era casaco, mas camisa*), isto lhe está bom! Muito bom! Ande e não paga nada!

LEVA-REMOS (*à parte*) — Que generosidade de amigo. Amanhã (*apontando com o dedo polegar*) mandar-me-á a conta à casa; e se eu não a pagar, no dia seguinte o meirinho! Pensa que ainda não o conheço! Para cá vem bem, de carro, sege ou carrinho!

ROSCÁLIA — Então não quer? Não servem?

LEVA-REMOS — Está tudo muito bom! Vou mudar. (*Despe-se e muda.*) Pronto! Fica essa que já está algum tanto enxovalhada e eu vou com esta (*voltando-se todo*). O meu chapéu! (*Procura e não acha.*) Hei de ir agora sem... com a calva (*muito desconsolado*) à mostra!? (*Passeando e virando-se para o caixeiro, de repente:*) O senhor não tem chapéus?

ROSCÁLIA — Tenho; tenho. Já o sirvo; é num pulo. (*Salta à escada e atira com três ou quatro caixas embaixo.*) Eis aqui um; este há de servir-lhe. (*Tudo muito apressadamente.*) Olhe, pegue, veja; é dos mais finos que se fabricam em Antuérpia, que são os de mais fama. (*O indivíduo pega num para experimentar e o caixeiro dá um salto e encaixa-lhe na cabeça.*)

LEVA-REMOS — Com efeito, este é grande demais (*atira-o na prateleira*). Vejamos outro. (*Pega em outro.*) Oh! Este talvez me sirva.

ROSCÁLIA (*tirando-o quando ele ia pôr na cabeça e atirando-o para dentro*) — Não vê que este é muito grande!? Pegue este outro. (*Agarra a caixa de um outro e quer ver se lhe serve, pondo-o na cabeça.*)

LEVA-REMOS (*pegando o chapéu e atirado-o à cara de Roscália*) — Fique com ele, seu brejeiro!

ROSCÁLIA — Ah! Não me quer; pois há de despir a roupa que lhe dei, ou há de ir nu, ou há de ir de roupa velha! Que marreco! Queria ir de roupa nova visitar... Oh! (*Bate com a mão na cabeça.*) Era... (*muito admirado*) uma, mais uma, depois de tantas experiências, que ia fazer: vestir roupa nova para beijar mulher nova. Muito bem! Muito bem, senhor doutor! Muito bem! Muito bem!

LEVA-REMOS — Nunca pensei que o senhor fosse tão ordinário. (*Tira ligeiramente a calça, veste a com que andava e atira na cara a que tirou, faz o mesmo ao colete, veste o seu e dá-lhe com ele no nariz.*) Come-o, bandalho! (*Tira a sobrecasaca ou paletó e soca-o na boca do caixeiro e esfrega-lhe nos ouvidos, nos olhos, dizendo:*) Ouve! Morde! Cheira!

(*Roscália conserva-se humilde, espantado, sofre calado e resignado. Leva-Remos sai.*)

ROSCÁLIA (*só e com as obras na mão*) — Meu Deus! Onde tinha eu esta cabeça! Onde estava o meu pouco juízo quando maltratei este homem! Eu não o conheci. (*Batendo nas faces.*) Perdoai-me, meu Deus! Perdoai-me! Ele me havia tratado sempre tão bem e eu fui tão cruel para com ele! Como eu sinto o efeito dos benefícios esparzidos por este Homem-Deus! Que alma grande! Como agora vejo que ele se espalha como o vento por toda a parte; como ele faz-se ouvir na Europa, na Ásia, na África e na Oceania! Já não falo na América, que tão perto fica..., que é onde vivemos! Mas nas mais longínquas partes dos dois hemisférios. Que grandeza de homem! É onipotente. (*Cai de joelhos, com as mãos postas.*) A ele imploro perdão (*batendo nos peitos*) de minhas culpas, de meus pecados! A ele imploro que por mim interceda... se algum outro tem de punir-me ou julgar-me! (*Cai de bruços, gritando:*) Ai!

LEVA-ARRIBA (*dono da loja, para o caixeiro*) — Que é isto, rapaz, homem, criança? (*À parte:*) Estará morto este diabo? (*Bate-lhe com um pé.*) Ó moleque! Judeu! (*À parte:*) Não fala! Isto está morto mesmo! É um monte de carne de boi que está aqui estendido. Ainda terei o trabalho de mandar pôr este maluco no cemitério!? Não! Vou mandá-lo pôr na praia! (*Chega a uma porta e chama cangueiros:*) Ó rapazes! Rapazes, venham cá.

CANGUEIROS — Prontos, senhor!

LEVA-ARRIBA — Vocês são capazes de botar na praia este boi morto?

CANGUEIROS — Não, senhor! Deus nos livre!... Ele é gente?

LEVA-ARRIBA — Qual gente?! Isto é um monte; é um monturo que está aqui (*dá-lhe pontapés e ele não se mexe*), vocês estão vendo? Está morto. Levem-no, levem-no. E pago bem o seu trabalho.

CANGUEIROS (*saindo*) — Não, senhor! Não, senhor! Nós não podemos não!

LEVA-ARRIBA — Ora, senhor (*ansiado*). Como me hei de eu ver livre deste diabo!? Por mais que pense, que cogite, não sei... Ah! (*Ouve-se o barulho de uma carroça.*) Vou chamar: ó carroceiro, vem cá!

CARROCEIRO — Não posso; estou com pressa.

LEVA-ARRIBA (*virando-se para dentro, muito zangado*) — Não sei que hei de fazer deste... Ah! Já sei! (*Agarra-o por uma perna e puxando-o.*) Pesa como todos os diabos! Mas há de ir. Há de sair. E fede. Morreu há uma hora, e já se o não pode aturar. Pois isto comia mais do que um boi roceiro. Amanhecia comendo, levantava-se comendo, trabalhava comendo, deitava-se comendo, dormia comendo! (*Torna a puxar e arrasta um bocadinho.*) Ah! Ele sempre vai saindo, e há de sair, quer queira, quer não, há de ir.

LEVA-REMOS (*chegando*) — Oh! Que vejo! Roscália morto! Estou estupefato!

LEVA-ARRIBA — Pega desse lado que eu pego deste. (*O caixeiro quer levantar-se, mas não pode.*) Agora quer levantar-se, que não, hei de pô-lo na rua! (*O caixeiro grita que lhe acudam.*) Nada! Nada! Há de ir quer queira, quer não! (*Sempre com o amigo, fazendo o maior esforço para pô-lo fora da porta.*)

LEVA-REMOS — Pesa mais que trezentas arroubas! Tenho visto pegar em pipas incomparavelmente mais levianas.

LEVA-ARRIBA — Coragem! Esforço; e ele há de sair.

ROSCÁLIA (*gritando*) — Ai! Quem me acode? Quem me acode?

LEVA-REMOS — Não lhe valem agora os gritos! Há de ir, há de ir. (*Tanto puxam e arrastam que chegam a pô-lo fora.*)

LEVA-ARRIBA — Graças a Deus! Estamos livres deste diabão! (*Cheira as mãos.*) Fum!... Como fede! Que porco! Ainda sujou-me nas mãos antes de sair! Safa com tal porcalhão! Custou-nos (*para o amigo*), mas vencemos!

QUADRO TERCEIRO

(Uma sala, algumas mulheres e alguns homens.)

CENA PRIMEIRA

UMA DELAS — Tenho o prazer de apresentar-lhes o senhor Quadrado, há pouco vindo da Europa... dos Estados Unidos, onde aprendeu a arte de tudo quebrar e nada endireitar! Quer fazer aqui algumas experiências. Quer divertir-nos por alguns minutos; será um pequeno espetáculo em uma das mais admiráveis artes.

QUADRADO — Pouco, minhas senhoras, sei fazer; pouco estudei (*arregaçando as mangas*); ainda assim farei o que puder, e do melhor modo possível, para entretê-las. (*Dirigindo-se a um dos circunstantes.*) Faz-me o obséquio do seu relógio?

UM DOS CIRCUNSTANTES (*tirando-lhe da algibeira*) — Pois não! Ei-lo! (*Apresenta-o.*)

QUADRADO (*tirando um martelinho da algibeira, bate no relógio e quebra-o, dizendo*) — Nunca fiz uma operação tão bem-feita! (*Põe os cacos em cima de uma mesa. Dirige-se a uma senhora e pede-lhe o leque com que se abanava. Seus pedidos são feitos com a maior urbanidade; tira do bolso outro instrumento e com ele põe o leque em um bolso, dizendo:*) Pode-se com este jogar a carambola! (*Pede a outra um lenço; com uma tesourinha pica-o e põe em cima de outra mesa, dizendo:*) Está ótimo o guisado! (*Bem como o leque, em cima de outra. Pega em uma manga de vidro, quebra e atira com os pedaços para cima da outra. Reina no salão o mais profundo silêncio. Apenas de vez em quando se ouve alguma voz de senhora:*) "Se ele não conserta, estamos bem servidas, principalmente a dona da casa, que nos fez a honra de apresentá-lo. Se não consertar, desonra-a! Se deixar tudo quebrado, embrulhado, picado..."

QUADRADO — Quebrei (*passeando*) relógios! Estraguei um leque, piquei um lenço, quebrei, pus em estilhaços uma manga de vidro!... E como agora há de ser!? Nada (*em voz baixa*) posso consertar, porque nada aprendi. E agora com que cara fico!? O que hei de fazer! Enlouqueço... não! Pedir desculpas... não devo! Compor não posso. Que hei de eu fazer!? (*Divisam-se sorrisos em todos os semblantes.*) Já sei! (*Com desdém:*) Tornar-me-ei estúrdio...

UNS PARA OUTROS — Querem ver que o Quadrado ainda é aquele gaiato! Aquele brejeiro! Aquele extravagante de outros tempos!?

OUTROS — Ele não faz senão passear... Parece que está a bordo de algum navio... Estamos perdidos!

OUTROS — Babou-nos!

UMA MULHER — O dono do relógio é que se há de ver em apuros!

OUTRA — Qual apuros. Ele que quebrou, é porque tem capacidade para compor. Esperem..., está estudando a matéria; logo mais há de pô-la em discussão!

A DONA DO LENÇO (*para uma amiga*) — Minha amiga, estou sem lenço! E que caro me custou! É do preço de 50$ rs., comprado na loja do Leite.

AMIGA — Isso não é nada! E o meu leque esmaltado das mais finas pérolas, com botões de ouro e algumas estrelinhas de brilhantes! Isso é que é. Sabes quanto me custou? Se estou bem lembrada, é do preço... Não direi, mas calcula pela qualidade o que devia valer!

A DONA DA CASA — Pois eu não faço caso das mangas que ele quebrou, conquanto também fossem de algum valor. Além disso, estão muito apurados! (*Espiam, olham, riem-se.*) Se ele não endireitar tudo..., nem eu! Fiquem bem certas disso!

UMA DELAS — Isso sabemos nós; pela minha parte, perdoo--lhe de bom grado qualquer prejuízo que me haja dado.

OUTRA — E eu faço o mesmo.

O DONO DO RELÓGIO (*muito desconsolado*) — E eu que hei de fazer, senão também lhe perdoar qualquer prejuízo que me dê? Agora está quebrado..., que lhe hei de fazer? Aproveitarei as peças e mandarei para o Rio compô-lo. Aqui os relojoeiros só têm o título de tais; mas, em verdade, não passam de atamancadores; se (*mexendo-se na cadeira*) não se puder endireitar, também a perda é pequena; custou-me... receber das mãos do amigo, que me fez o obséquio de o me presentear! A corrente é que foi um pouco mais cara..., entretanto, seja o que for, aconteça o que acontecer, calados devemos sofrer.

UMA VOZ — E ele não conserta coisa alguma: vocês hão de ver!

QUADRADO (*muito triste e pensativo*) — Que esperam os senhores e as senhoras!? Pode cada qual retirar-se para sua casa.

(*Há gargalhados gerais.*)

UMAS VOZES — Eu não dizia?

OUTRAS — É bem feito! Não o conheciam?

ALGUMAS — Pensávamos que ele já tivesse juízo! Pregou-nos a maior peça que se pode imaginar!

ALGUMAS OUTRAS — Não era de esperar outra coisa. O diabo do homem ainda não mudou!

OUTRAS — Vejam, vejam.

QUADRADO — Qual mudou nem mudou. Não sabem que os vidros quebrados só com a máquina e fogo se consertam? Que a fazenda cortada com agulha e linho se emenda!? Que eu não tenho máquina, nem fogo, agulha, nem linha? Que não sou relojoeiro? Heim? Heim?

A DONA DO LEQUE — O meu leque (*muito sentimentalmente*), senhor Quadrado, hem? hem? (*Aproximando-se dele.*) Não diz nada? Não fala?! Deixa estar (*muito triste*) que o senhor há de pagar. Nunca mais hei de olhar para a sua cara!

QUADRADO — Pois que querem que eu faça, meninas?! (*Põe-se a chorar e a pedir outro lenço para enxugar as lágrimas.*) Que hei de eu fazer para não ser odiado deste anjinho?

UMA DELAS — Sim; pois ainda quer outro!? É bem tolo.

QUADRADO — Meu Deus dos céus! Estou perdido! (*Pondo as mãos na cabeça.*) Perdido! Perdidíssimo. Minha querida! Minha queridinha! Me ame! Me minta ao menos para consolar-me! Diga que me perdoa, sim! Sim, seja religiosa, por obra de misericórdia... Sim, minha queridinha (*aproximando dela*), a senhora é tão bonitinha... (*Pondo-lhe a mão no rosto:*) Perdoa-me, sim? Perdoa-me, diga-me que sim; senão eu morro de paixão. Ai! (*Curvando-se.*) Que dor de cabeça eu sinto! Me acudam! (*Com uma mão na cabeça e outra no peito, corre pela casa toda, gritando:*) Me acudam, senão eu morro! Me acudam!

(*Todas levantam-se, querem agarrá-lo, não podem.*)

UMA PREJUDICADA (*para as outras*) — Ele está doido! Qual doente, está fazendo estas partes para inspirar compaixão... Vamos dar-lhe algum remédio! Vamos! Vamos!

OUTRA — Mas ele não deixa pessoa alguma chegar perto dele! E que se lhe há de fazer!?

ALGUMAS — O que lhe faz bem, senhor Quadrado, quando o senhor está atacado deste mal, a que estas senhoras chamam padecimento ou sofrimento em suas faculdades mentais!?

QUADRADO — Uma ajuda com pimenta! Uma ajuda com pimenta, sal ou pimentão. Um crister ou cristel em seringa ou cheringa de repuxos de pimenta! De pimenta! Sim! Sim! (*Até que cai.*)

(*Todos o cercam, buscam remédios, fazem-lhe fricções, lamentam seus sofrimentos, etc.*)

UM DOS CIRCUNSTANTES (*para a plateia*) — Aproveitamos a lição para não confiarmos em quem não conhecemos, nem crermos em impossíveis!

QUADRO QUARTO

CENA PRIMEIRA

(*Entram quatro senhoras, um homem as recebe muito carinhosamente e as faz sentar.*)

RUMÂNICA — Mora, meu senhor, nesta casa, o senhor...

FERNANDINHO — Fernardinho de Noronha; não, minha senhora?

RUMÂNICA — Creio que sim; casado com a Exma. senhora dona Pulquéria de...

FERNANDINHO — Sim, minha senhora; V.Sa. não se engana; é aqui mesmo. Deseja falar-lhe?

RUMÂNICA — Sim, senhor; é minha amiga de infância, a quem muito amo e estimo.

FERNANDINHO — Vossa... é a senhora dona Rumânica?

RUMÂNICA — A mais humilde de suas criadas!

FERNANDINHO — Queira demorar-se alguns instantes; entreter-se com o que há em cima desta mesa, se lhe aprouver, enquanto eu vou chamá-la.

(*O cenário deve ter sala em que fica dona Rumânica e quarto em que está d. Pulquéria.*)

FERNANDINHO (*entra no quarto e encontra a mulher deitada; para esta:*) — Pulquéria! (*Pondo-lhe a mão na cabeça, no ombro, corpo, etc.*) Pulquéria! Estás dormindo? Não ouves? Levanta-te! Está aí uma visita que te quer falar! É dona Rumânica, a tua amiga de infância. Anda! (*Pulquéria não fala.*) Ah! Tu não ouves! Não respondes! Estás dormindo! Pois bem, vou pregar-te uma peça que te há de escarmentar. (*À parte.*) Vou pôr-me a gritar, e ela há de se levantar. (*Com as mãos na cabeça.*) Pulquéria! Pulquéria! Roubaram a nossa querida filha! Levanta-te! Corre! Procura-a! (*A mulher salta em fraldas de camisa, cheia de espanto, procurando com a vista por todos os lados do quarto.*)

PULQUÉRIA — O que é que dizes, marido?! Onde está ela?... Foi... quem?... Alguém levou? Entrou neste quarto!? Meu Deus, a minha filha... A minha querida filha! Que crueldade, que horror!... Céus! Terra! Tudo morrerá se ela não aparecer (*com transporte*). Eu fujo, fujo destes aposentos..., busco-a..., mas aonde irei encontrá-la? (*Corre direito à porta da sala e nela entra em fraldas de camisa.*)

FERNANDINHO — Eu não disse que lhe havia de produzir bom efeito o que eu ia pôr em prática? Vejam que ela saltou e se apresenta em fraldas. (*Ao mesmo tempo, Rumânica a abraça e derrama lágrimas por vê-la naquele estado.*)

RUMÂNICA — Minha querida amiga do coração (*beijando-a*), que lhe sucedeu!? Que é isto? Que vejo!? A minha amiga como alucinada! Meu Deus! Que sofreu ela! Que males pesariam sobre sua família?

PULQUÉRIA — Foi... foi... (*Desprendendo-se da amiga.*) Minha querida, o desaparecimento daquela que eu mais prezava sobre a Terra! Do mimo feito pelo Criador! Da minha adorada... Ó Deus! Deus meu! Será possível que eu não a encontre!? Procurarei, sairei. Irei até a porta (*querendo sair*).

RUMÂNICA (*agarrando-a*) — Minha amiga, minha querida amiga! Não vê que seus trajes não são decentes para sair à rua? Aonde vai?

PULQUÉRIA (*olhando-se e dando uma gargalhada*) — Agora é que reparo! Estava nua e queria assim sair à rua. Veja, minha estimada amiga, o que é capaz de conduzir-nos o amor de mãe! Perdoe-me, minha amiga, o ter-lhe aparecido em trajes indecentes! Vou retirar-me e voltarei. (*Com ar cortês e voltada para a amiga, entra no quarto em que encontra o marido deitado e a filha do lado. Ao vê-los, dá o seguinte grito de alegria, pondo as mãos.*) Oh! Achei-a! E deitada com ele! (*Outra gargalhada.*) É pior, é mais brejeiro que o célebre... por seus feitos extravagantes. Que homem! Que homem mau!

(*Pegando a filha, abraça-a, beija-a.*) Minha querida filha, quanto te amo, quanto! Ah! Se eu te perdesse, que dor acerba sentiria! Que sentimento profundo o meu coração ralaria! Sim... não! Deus jamais permitirá que eu te perca. És minha... Serás sempre minha, criar-te-ei, farei tudo por ti! Sim! (*Beija-a; para ele:*) Meu amigo, nunca mais me faças padecer assim! Eu não poderia viver! (*Pega os vestidos e veste-se.*)

FERNANDINHO (*levanta-se e rindo*) — Preguei-te uma boa peça! Isto é para tu não mangares comigo. É para me ouvires... quando eu te chamar.

PULQUÉRIA (*olhando para ele com tristeza*) — Ingrato! Mau! (*Enquanto isto se passa, ouve-se na sala imediata:*)

RUMÂNICA — Muito padece quem tem amigas. (*Enxuga uma lágrima.*)

UMA FILHA DESTA — É verdade, minha mãe. Se eu pudesse esquecer-me das que tenho, talvez fosse mais feliz.

OUTRA FILHA (*sorrindo-se*) — Bem longe estava de presenciar hoje aqui, nesta casa, quadro tão interessante e ao mesmo tempo tão triste.

PULQUÉRIA (*entrando vestida na sala*) — Estou agora mais alegre; sou outra. Depois do susto, do temor, da dor moral e do padecimento físico, que aprouve de Deus, ou ao meu marido fazer-me experimentar, recobrei a tranquilidade e o desejo da vida!

RUMÂNICA — Estimamos muito. Nós agora pouco nos demoramos; tivemos o desgosto de a ver no mais deplorável estado que se pode imaginar; mas agora se acha restabelecida, e é quanto basta para que voltemos banhadas de alegria, como há pouco estivemos traspassadas de tristeza. (*Levantam-se para sair.*)

PULQUÉRIA — Pois já!?

RUMÂNICA — Já, minha cara amiga, vão sendo horas... (*Entra o marido com a filhinha nos braços.*)

FERNANDINHO — Eis (*mostrando-a*) a mola que faz girar, rodar, andar, mexer e revolver a cabeça da minha muito estimada e querida Pulquéria. (*Todos se riem.*)

PULQUÉRIA (*avançando-se para tirá-la dos braços do marido*) — Que admiração, minhas amigas? (*Ele afasta-se para a não dar, ela teimando, instando.*) O senhor é homem, e os homens não devem andar com crianças nos braços. (*Tira-a. Para as amigas:*) Que admiração serem as nossas filhas as principais causas da maior parte das nossas ações. Nós as concebemos, nós as temos, nós as criamos, nós as amamentamos (*abraçando e beijando*), nós as amamos, e tanto... que seria impossível não fazermos por elas mesmo os maiores sacrifícios. É uma dívida, minhas queridas amigas, que pagamos a nossos progenitores ou à natureza, dívida de dever, de honra, de gratidão e de amor. Nossos filhos pagarão a nossos netos... e assim será sempre o mundo em que habitamos.

ELAS — É verdade; nós o reconhecemos, e por isso mesmo a louvamos!

FERNANDINHO — Então eu não tenho também amor, amizade e todos esses elogios que vocês se estão fazendo!? Falam só das mulheres, das mães...

UMA DELAS — Os homens são para trabalhar e para dar às mulheres o que elas necessitam, nós para prestarmos-lhes serviços que lhes não são próprios. (*Despedem-se com as mais afáveis expressões, dizendo:*) — Rogamos a Deus e ao senhor seu marido para que não continue (*batendo-lhe no braço*), minha cara amiga, a sofrer tão grandes e penosos transtornos e desgostos!

PULQUÉRIA — Não é nada, minhas amigas; a mulher chora enquanto a dor a oprime; passada ela, ri-se e palra como se nada, se nenhum mal houvera sofrido. É esta a constituição, a índole e o caráter ou destino em geral de nós, mulheres.

RUMÂNICA (*em tom sentencioso*) — Tristes de nós se assim não fora! Muito mal teríamos de passar. (*Retirando-se.*)

QUADRO QUINTO

(*Um amigo pedindo a outro um aposento — Mateus e Gregório.*)

MATEUS — Amigo (*entrando*), aconteceu-me há pouco o fato mais desagradável para mim que sofro em minha vida: vejo-me pela primeira vez, e quando só deveria ter razões para em tudo abundar, corrido da necessidade, vexado e levado por isso a pedir-lhe um quarto se o houver desocupado em sua habitação.

GREGÓRIO — Amigo (*com muita civilidade e força*), sinto profundamente estar com a casa toda ocupada e não há, pois, infelizmente, nenhum em que o possa acomodar. Mas o senhor não estava tão bem onde tem morado!?

MATEUS — Estava; mas agora não estou.

GREGÓRIO — Conte-me, então, o que houve.

MATEUS — Ora o que havia de haver; ocorrências tão desagradáveis, que me enoja referi-las.

GREGÓRIO — Mas que de desagradável se deu que o fez assim desgostar?

MATEUS — Seria longa a história, amigo, mas direi: sempre tenho morado em casa de certo indivíduo, depois dos vexames que passei em hotéis por falta de dinheiro, conquanto muito fizesse em utilidade aos mesmos pela minha ciência e reputação, que me tratava como o mais íntimo de seu peito; falou-me por vezes em sociedades, fez-me milhares de oferecimentos, manifestou milhares de franquezas, em virtude do que o instituí meu procurador e, ultimamente, sem a menor razão plausível, despropositou comigo! A dureza, pois, de suas palavras, a grosseria de suas maneiras, a rudeza de suas expressões fazem com que eu me veja hoje nestas circunstâncias. (*Despedindo-se.*) Visto que aqui não há vaga, vou procurar para alugar alguma choupana, ainda que vivamos em uma não pequena cidade.

(*Entra um irmão de Gregório.*)

GREGÓRIO — Não sabes, José, quem há pouco saiu daqui e que muito me penalizou pelos fatos que me referiu?

JOSÉ — Quem? Vi sair há pouco daqui um desconhecido! Pareceu-me certo amigo, mas quem era?

GREGÓRIO — Enganas-te. É um dos nossos maiores amigos, principalmente teu. Homem sincero, de uma honestidade exemplar e de uma capacidade para as ciências como jamais se há visto sobre a terra!

JOSÉ (*aflito*) — Mas quem é? Quem é ele?

GREGÓRIO — É aquele grande amigo, aquele forte baluarte, aquele colosso, aquele caráter firme, inabalável, sem manha, aquele grande Garibaldi, grande Napoleão, grande César, grande Voltaire, que te acompanhou nas lides políticas em princípios da tua carreira e da dele. Lembras-te?

JOSÉ — Ah! Que dizes? É ele que saiu daqui? Vou procurá-lo.

GREGÓRIO — Não (*contendo-o*); não convém procurá-lo. Ele veio a esta casa pedir aquilo de que não precisa e por isso o neguei a ele; veio pedir um cômodo por alguns dias.

JOSÉ — É crível! O meu antigo, sincero, dedicado e fiel amigo, e tu lhe negaste.

GREGÓRIO — Sim; neguei-lhe porque entendi que ele não necessitava!

JOSÉ — Ainda que não necessitasse, fizeste mal! Teríamos, gozaríamos ao menos a sua companhia pelo tempo que lhe aprouvesse! Vou em busca dele. (*Quer sair, o irmão o detém.*)

GREGÓRIO — Olha, vem cá. Tu não o acharias e, se o encontrasses, é de supor que já estivesse acomodado em alguma parte, visto que em qualquer casa que pedisse um cômodo acharia dois.

JOSÉ — Fazes-me tranquilizar um pouco com tuas últimas palavras. É de crer que assim seja. Sua ilibada reputação a tudo lhe dá direito. Ainda assim, enquanto eu não tiver notícia de que passa e vive satisfeito e com prazer, não posso gozar da tranquilidade que preciso e apeteço.

RIVADÁLIA (*entrando*) — Senhor, meu amo acaba de alugar casa na rua dos Andradas e de contratar-me para seu serviço. É porque ainda tem em lembrança as relações de dez ou mais anos de amizade com as pessoas desta casa e do parentesco espiritual com algumas, senão todas, que me ordenou que lhe viesse oferecer e franquear sua habitação. É a de nº A ou B, se bem me lembro.

GREGÓRIO (*para o outro*) — E que te parece isto? Então, está bonito!?

JOSÉ — Que bofetada bem dada! Eu não te dizia que queria ir procurá-lo? E agora, que lhe havemos de responder!? Responde tu!

GREGÓRIO — Que resposta lhe hei de eu dar!? Neguei-lhe a insignificância que ele me pedia! Não, tu é que hás de responder, desculpa-te que não estavas em casa.

JOSÉ — Isto não tem desculpa. Façamo-nos de ignorantes.

RIVADÁLIA — Senhores, eu me retiro. Queiram dar-me as suas ordens!

JOSÉ — Diz a teu amo que em breve lá irei fazer-lhe uma visita.

RIVADÁLIA — Far-lhe-ei presente quanto me diz (*retira-se*).

GREGÓRIO (*passeando e de vez em quando olhando para José*) — Que te parece, irmão? Sabes como estou? (*Com ares de tresvariamento.*) Estou perdido e arruinado!

JOSÉ (*cuidadoso*) — Que tendes, Gregório? Tu não estás bem! Tuas faces exprimem...

GREGÓRIO — Não! Eu... tenho pensado na minha ingratidão para com o nosso antigo sincero amigo! Tenho sentido..., parece-me ter até perdido os miolos.

JOSÉ (*ainda com mais cuidado e segurando o irmão*) — Irmão! Amigo! Não te deixes abater. Não é coisa alguma! Não penses mais nisso. Eu hei de ir visitá-lo e desculpar-te-ei.

GREGÓRIO — Sinto uma dor no coração (*pondo a mão, retorcendo-se*). Ai! Ai!

JOSÉ (*voltando o rosto para dentro*) — Frederico! Pedro! Manuel! Antônio! Josefa! Carolina! (*Segurando com as duas mãos o irmão.*) É possível que não haja nenhuma só pessoa nesta casa que corra e vá chamar o doutor Corpo-Santo!?

(*Ouve-se grande barulho dentro; entram de repente homens, mulheres, crianças, gritando:*)

UNS — Papai! Papai!

OUTROS — O meu filho! O meu amigo!

MULHERES — O meu esposo... Onde!? Onde está?!

JOSÉ (*sentando-se, descansando o corpo de Gregório sobre suas coxas e segurando junto ao peito deste*) — Ainda é feliz! Ter desmaiado sobre os braços de seu mais extremoso irmão e íntimo amigo!...

FIM

Porto Alegre, 24 de fevereiro de 1866.

Julgamos, quando começamos a imprimir este livro, que não bastariam as comédias para preenchê-lo; e por isso escrevemos em seu princípio:

ROMANCES E COMÉDIAS

As pessoas que comprarem e quiserem levar à cena qualquer das minhas comédias podem bem como fazer quaisquer ligeiras alterações, corrigir alguns erros e algumas faltas, quer de composição, quer de impressão, que a mim por numerosos estorvos foi impossível.

Porto Alegre, terça-feira, 17 de julho de 1877.
O autor
José Joaquim de Qampos Leão Qorpo-Santo

DUAS PÁGINAS EM BRANCO

Apontamentos para uma comédia

Por José Joaquim de Campos Leão Qorpo-Santo

PERSONAGENS

Mancília
Esterquilínia
Espertalínio da Porciúncula
Cavalcanti e Melro (professor)
Rocalipsa (avó das moças)
Isolina (menina)
Pedro
Paulo
Lagartixa (soldado)
Um guarda
Tenente
Soldados

ATO PRIMEIRO

CENA PRIMEIRA

(*Aparecem duas moças, uma assentada sobre uma mesa, outra em uma cadeira; uma luz em cima daquela; e um moço em pé, ensinando a que está assentada.*
Chamaremos a uma de Mancília, à outra de Esterquilínia; ao moço, Espertalínio.)

ESPERTALÍNIO (*pegando na mão da discípula*) — Minha menina, pegue melhor na pena; a senhora não está bem assentada (*endireitando-lhe o corpo*), endireite mais o braço (*pegando neste*). Esta letra não está bem caracterizada; mais assim; esta haste saiu muito grossa; tome tinta; saiu muito bonita esta figura; agora, sim, já vai mostrando algum adiantamento.

MANCÍLIA — Ela sempre teve muito boa memória; é, é muito dócil; por isso, há de sempre fazer progressos; e assim tem sido!

ESPERTALÍNIO — Tem, porém, minha querida prima, esta nossa prima um grande defeito: sabe qual é?

MANCÍLIA (*descendo da mesa, sorrindo-se*) — Qual é?

ESPERTALÍNIO — Pois ainda não sabe?!

MANCÍLIA — Não.

ESPERTALÍNIO — É ter muito de formosa, muito de simpática, assaz de agradável e muitíssimo de amável.

(*As duas sorriem-se; Mancília com estrondo.*)

ESTERQUILÍNIA — Com tal mestre, ainda que eu não quisesse, havia de aprender muito e muito bem!

ESPERTALÍNIO — Estimo, e muito, que aprenda muito; e muito bem. Porém, parece-me uma parvoíce vir cá todos os dias, ou todas as noites, instruí-la, podendo prepará-la em nossa casa (*repetem-se as gargalhadas*).

ESTERQUILÍNIA — Cada vez o acho melhor; é muito difícil encontrar-se tanto e tão bom?

MANCÍLIA (*disfarçando*) — Estou hoje muito pouco disposta; sinto-me com as ideias algum tanto transtornadas... Não sei o que é que as ocupa... o que tenho.

ESTERQUILÍNIA — O que tu tens eu sei (*abanando a cabeça*); é... bem sei o quê.

ESPERTALÍNIO — Isso é próprio nas moças que estudam; há dias em que têm as ideias claríssimas; há outros em que estão algum tanto turbas ou obtusas; outros em que a lembrança dos apaixonados... as torna pensativas, alguns em que a vista deles as alegra! E assim como vivem para com eles pensam, escrevem bem e contam! O que realmente não deixa de ser algum tanto célebre.

ESTERQUILÍNIA — Apoiado; apoiado! É assim mesmo (*apontando para Mancília*); eu que a conheço, e bem de perto, é assim, priminho (*mostrando os dedos*): ela tem cinco namorados.

ESPERTALÍNIO — Pois logo cinco! Não se contenta com dois ou três, que é a conta das moças bonitas!? Com efeito, são muitos!

MANCÍLIA — Qual primo; é caçoada dela; eu não... tenho mais que um; e esse mesmo está longe e anda embarcado.

ESPERTALÍNIO — E o ama muito?

MANCÍLIA — Não; ele é meu primo; e por isso o estimo; quanto a amor... pode ser (*dando um suspiro*); mas não sei, este meu coração..., não sei o que tem; ele sente, ele padece... (*Larga a pena com que escreve e levanta a cabeça.*) Sonhei que meu pai havia habitado a casa de um parente e amigo por espaço de um ano; que nela se alimentou; que as forças então adquiridas me produziram; que pertenço ou devo pertencer a um filho desse homem... (*limpa os olhos*) que sou uma das salas de sua casa; que... (*Cai sobre uma das mãos.*)

ESPERTALÍNIO — Se eu pudesse, minha querida aluna, aliviá-la do pesar que sente em seu coração; se eu pudesse consolá-la da aflição que parece reinar em sua alma; se eu tivera forças para... (*Abraça-a e beija-a ou faz que a beija.*) Ah! Que doçura eu sentiria... Eu fruiria também aquela tranquilidade que tanto apeteço, careço e almejo.

ESTERQUILÍNIA — Muito bem; muito bem! (*Levanta-se da mesa e sai.*)

MANCÍLIA (*levantando-se*) — Ah! Que... (*espreguiçando-se*) que gozo eu sinto neste coração, nesta alma! Parece impossível que nesse Empíreo onde se diz tanto gozar-se possa haver maiores gozos que neste mundo em que habitamos! Prolongue-me, pois, Deus a existência por séculos! (*Abraçando o mestre.*) Meu querido, meu amigo! Eu sou tua, tu serás meu! Ainda me tocaste, e de tal modo, que de prazer quase mataste-me! Sim! Viveremos juntos; e para sempre!

ESPERTALÍNIO (*desprendendo-se de seus braços*) — Sim, Mancília, eu te amo também; eu te adoro..., eu te quero, eu te desejo e meu amor não é desses amores poéticos que aparecem hoje e, apenas escritos sobre um quarto de papel, desaparecem da imaginação e do coração daqueles que dizem consagrá-los às suas amantes! É grande, é extenso, é forte; e com sua densidade não há nuvem, não há céu que se compare por mais espesso que pareça!

ROCALIPSA (*mulher velha, entrando*) — Que é isto, meu Deus! Estas meninas... Primo Juquinha, primo Juquinha (*pondo as mãos na cabeça*). Ah! Não é o priminho, é o senhor Espertalínio. Eu pensei que era ele... Este mundo é sempre assim; sempre a gente anda se enganando! Cruzes; ave-maria com estas meninas!

MANCÍLIA (*ou neta*) — Que é, minha avó? Vovó, eu estava sonhando, em um sono (*botando a mão no ombro da avó*) tão gostoso! Estava tão satisfeita... Se a senhora soubesse!... Ai, que bom era meu sonho! Olhe, minha vovó, eu estava com o mais querido de meus amantes sobre os braços e no mais aprazível leito. O colchão, minha vovó, não eram cabelos, nem penas; sabe o que eram? Era feito de uma coisa mais macia que o arminho; era espécie de rede...; não, era espécie de fio de seda; era certa densidão, da matéria mais macia que se pode imaginar; era como estes vapores que no inverno se levantam das águas. E sabe com quem? A quem beijava? Em quem tocava? Com quem gozava? Com (*atirando-se-lhe nos braços*), com o meu..., com o Deus das mulheres, com o meu sobre todos escolhido, e por fim preferido, o meu querido... Não preciso dizer mais! A minha avó aprova, não? (*Batendo-lhe no ombro.*) Aprova, sim; eu sei que aprova!

ROCALIPSA (*a avó, retorcendo-se toda*) — Pois eu o que hei de fazer? Vocês querem, amam-se, gostam-se... Não há remédio senão concordar; contem com a minha aprovação. Tratem do enxoval, porque estas coisas não se demoram muito! Dito e feito, é melhor do que o melhor confeito! Conversado e demorado, é pior que o pior bocado!

ESPERTALÍNIO — A tua vó gosta tanto, Mancília, que até se fez hoje poeta! Que te parece?

MANCÍLIA — Ela sempre foi... Mas costuma esconder suas habilidades; e só nos momentos de entusiasmo é que as revela!

ESPERTALÍNIO — Tu sabes quem há de ficar algum tanto desgostoso com o que se acaba de passar; e com a nossa junção; é aquele velho Adão, que por ti morria de paixão!

MANCÍLIA — Qual! Eu já o fiz esquecer-se de mim! Já lhe fiz crer que era muito velho, que não podia servir; e parece que ele conformou-se, porque se retirou e nunca mais cá voltou.

ESPERTALÍNIO — Estas coisas trazem recordações; estas saudades...

MANCÍLIA — Era indiferente; eu seria sempre a sua querida Mancília! Ele, um indivíduo a quem há muito desprezei!

ROCALIPSA — Sejam felizes, meninas! Sejam felizes! Vou ver o meu antigo velho como vai das suas erisipelas, das suas dores de cabeça, enxaquecas da barrica e de tudo o mais que costuma sofrer, porque velhos-moços, isto, maridos novos, já não me é fácil encontrar... Adeus! Até logo.

AMBOS (*para ela*) — Até logo! (*Com cumprimentos muito profundos.*)

ISOLINA (*uma menina, entrando*) – Ui! Vocês estão aqui! O que estão fazendo?!

MANCÍLIA — Vai lá para onde está a vovó, menina.

ISOLINA — Eu não; quero ver o que vocês fazem; quero aprender a ser sábia.

MANCÍLIA — Tu és muito pequenina ainda para ser sábia. Tens muito pouca idade; não podes por isso já aprender conosco.

ISOLINA — Não faz mal. Eu vejo agora, aprendo e, quando for grande, faço (*gargalhadas, quer de Mancília, quer de Espertalínio*).

ESPERTALÍNIO — E que te parece a menina?! Que viva, que espirituosa, que desembaraçada e que fina é ela.

MANCÍLIA — É verdade, destas há poucas! O que mais interessante acho é ela querer aprender agora para quando for grande.

ESPERTALÍNIO — E pensa bem.

ISOLINA — Assim como se aprende a ler, a escrever, a contar, a costurar, a bordar, a picar, quando se é pequena, se deve aprender tudo o mais para quando se for grande saber fazer!

MANCÍLIA — O remédio que há para nos escaparmos dela é entrarmos para aquele quarto e mandarmos levar uma flor à minha avó (*tira uma flor de um jarro*); pega, Isolina, leva para a vovó. Dize-lhe que esta adália é das mais mimosas que me mandaram hoje do jardim do senhor Duque do Triunfo. (*A menina pega e põe-se a brincar com a flor.*)

MANCÍLIA (*para Espertalínio ou professor, enfiado o braço*) — Vamos e entremos. (*Seguem e entram.*)

ISOLINA — Pensam que eu sou tola! (*Abanando com a cabeça para diante.*) Eu bem sei (*apontando para o quarto*) o que eles foram fazer ali... Foram se casar! Pensavam que me enganavam... boas! Eu não levo a flor enquanto eles não saírem de lá. (*Passeando e cantando.*) Eu sou menina e muito bonitinha. Hei de me casar (*levantando a flor*) com esta florzinha! Não quero um menino, muito formosinho, porque é impertinente e muito demente. Prefiro esta flor, porque não causa dor! Só oferta prazer a quem a sabe ver. (*Repete estes versos e sai.*)

ATO SEGUNDO

CENA PRIMEIRA

(*Dois bilhares no cenário, cada um com o seu jogador: Pedro e Paulo.*)

PEDRO (*depois de algumas tacadas*) — Não há melhor modo de jogar! Trabalho há duas horas para fazer uma carambola! E ainda o parceiro não incomoda! Que diz, amigo? (*E continuando sempre se*) Não é assim!?

PAULO — Sem dúvida! Eu também me tenho divertido à grande, e o que é melhor é que nada se perde!

PEDRO — Oh! Isso é nada! Os jogadores se não incomodarem é que... que acho muito mais apreciável! (*Salta uma bola.*) Se pilha algum passante, era capaz de lhe furar a barriga! Que diz, amigo Paulo?

PAULO — É verdade, somos parceiros sem parceiros. (*Salta outra bola.*) Oh! Foi bola rara! Mas que vale é que encontrou uma forte parede mais que as muralhas de Sebastopol; não comparo com o Humaitá porque me parece inferior àquelas! Estou cansado. (*Atirando com o taco! Saem de um lado os novos esposos.*)

MANCÍLIA — Que te parece, Espertalínio? Durante o nosso consórcio, transformaram-nos a sala de visitas em casa de jogo de bilhar, de que eu tenho tanta quizila pelo barulho das bolas! Ora que graça tem isto? (*Pega num taco e atira numa bola.*)

ESPERTALÍNIO — E é mesmo; agora é que eu respiro! Senhores (*para os jogadores*), quem lhes permitiu entrar aqui, pôr bilhares e jogar?

PEDRO — Nós não sabemos! Entramos... Nós passamos, vimos aqui estes jogos, entramos, estávamos nos divertindo! E o senhor o que quer agora!?

MANCÍLIA — Quero que os senhores tirem isto daqui! (*Faz rodar um bilhar que quase alcança um dos jogadores.*)

PAULO — Ai! (*E dá um grande pulo.*) Quase que me mata!

PEDRO (*à parte*) — Antes que me atirem com o outro, vou-me safando! (*Dá três ou quatro pulos e sai.*)

PAULO — É bom ser prudente! E, quando se está contente, sair é conveniente! (*Sai fazendo piruletas e com os braços abertos.*)

MANCÍLIA (*muito zangada*) — Foi bom safarem-se; ao contrário, havia de converter-lhes os braços em tacos e as cabeças em bolas. Das pernas far-lhes-ia tripeças e dos couros... panos para estes bilhares. (*Ouve-se gritar: "Às armas! Às armas!".*) Espertalínio, estás ouvindo?! Ouves? Gritam: — "Às armas! Às armas!" Que é isto? (*Muito assustada.*) Heim? Que é o que ouço, Espertalínio!?

ESPERTALÍNIO — É verdade. Que diabo é isto? Onde será? Quem sofrerá? Serão inimigos!? Oh! Vou ver.

MANCÍLIA (*atacando*) — Não, não sairás daqui! Não quero que vás. Não hás de ir! Eu não posso ficar só.

ESPERTALÍNIO — E se alguém pena, padece, é atacado ou morre? Vou (*querendo desprender-se dos braços da mulher*), vou, Mancília, vou! Não posso, não posso ouvir gemer, gritar, podendo falar, correr, sem acudir.

MANCÍLIA — E eu (*chorando*), eu morro! Morro, morro se tu me deixas. Não (*ajoelha-se*) sairás daqui pelas chagas de Nosso Senhor Jesus Cristo! Espertalínio, não me deixes! Casamo-nos ontem e já hoje havia eu de perder-te!? E se te matassem! Queimassem! Fuzilassem! Que seria de mim!? Que seria do nosso filhinho, com que já conto!? Não! Não! (*Agarrando-o pelas pernas.*) Tu não vais (*levantando-se*). Sim, não vais (*com muita suavidade*), eu sei, tu me atendes. Não me deixarás só; e, quando há perigo, nem por cinco minutos! (*Abraçam-se e beijam-se.*) Vamos antes nos divertir nestes tabuleiros que aqui nos puseram.

SOLDADOS (*no ato de pegar nos tacos, entram soldados de espadas desembainhadas, que gritam:*) — Presos! À ordem do Ilmo. Senhor Sapientíssimo, Digníssimo e Eminentíssimo Senhor Doutor dos Chefes de Polícia desta muito leal cidade e valoroso consorte de Sua Majestade Imperial do Brasil, o senhor dom Quixote de las Tulherias!

ESPERTALÍNIO (*para Mancília*) — Foge para o quarto enquanto eu os entretenho!

MANCÍLIA (*safando-se com a maior cautela*) — Eh, eh... (*Arregalando os olhos, com a face virada para a plateia.*) Eh... é! A coisa não está boa não!

ESPERTALÍNIO (*para os soldados*) — Os senhores estão enganados! (*Muito assustado.*) A diligência não é para esta casa, senhores. Aqui não há gente revolucionária! Os senhores não veem? (*Abrindo os braços.*) Sou eu só e...

LAGARTIXA (*soldado*) — Já disse, está preso! Foi acusado de haver roubado estes bilhares hoje! Ontem, de haver furtado uma moça! E agora há de ser, de não ter furtado duas ou três em vez de uma só! Que pateta! Seu tolo! Agora (*muito zangado*), seu toleirão, há de ficar com essa bruxa que tem em casa. (*À parte:*) E ainda a mandou para o quarto pensando que nós a quereríamos! (*Para ele:*): Vamos! Vamos! (*Pegando-lhe no braço.*) Há de ir, quer sim, quer sopa, quer seja asneira, quer seja peneira! Está ouvindo bem? Fique sabendo que assim é! (*Arrastam-o e levam-o.*)

ESPERTALÍNIO (*arrastado e gritando*) — Eu estou inocente! Inocente! Deixem-me!

UM SOLDADO (*que vai na retaguarda, empurrando-o*) — Caminha, pateta, que vais comer coisa melhor!

CENA SEGUNDA

(*Aparece Mancília, cabelos desgrenhados, aspecto muito triste e lagrimosa.*)

MANCÍLIA — Meu Deus! Que é isto! Que vejo! Que sombras negras ante mim volteiam! Que horror! Meu marido chamado à polícia e perdido! Minha mãe ontem enterrada! Meu pai quase morto, senão morto! Minha avó talvez a esta hora nas mais horríveis agonias! Eu só..., sem amparo! Sem um encosto sobre a terra! (*Bate nas palmas e cai de joelhos.*) Deus de misericórdia, fazei descer sobre mim, ainda que sejam os mais leves vapores de vossa graça! Abençoai uma de vossas mais infelizes filhas! Tirai de sobre ela metade ao menos do peso que a mata, que a oprime! (*Com uma das mãos nas sobrancelhas e levantando-se com um movimento rápido.*) Ai! Que é isto, meu Deus! Não bastavam os meus sofrimentos morais (*com a mão na testa*), ainda esta horrível dor de cabeça que não sei como ainda vivo, como falo, como penso, como discorro! Ai! (*Querendo caminhar, dando alguns passos.*) Que sonho horrível é este mundo! A minha consciência me oprime! Sinto o remorso corroer-me o coração, como se fora um bicho! Vejo a morte diante de meus olhos! Tudo vejo! Aberto o sepulcro! Um cutelo sobre aquela mesa! Meu sangue derramado corre em jorros! Eu desfaleço! Eu caio! Meu marido! Meu querido esposo! Nunca mais o verei! Perdido! Perdido! Eu... eu que... isto é... não! Eu... onde estou!? O que faço!? Ia..., mas... Deus! Deus! Deus! (*Bate no chão com um pé.*) Não me acode!? Não me vale nesta aflição! Oh! Então não há esse Ente supremo! Sim! Não..., eu cria, mas agora... crerei ainda!? Fugi... vou (*levanta os braços, corre à porta e encontra o guarda que a vem buscar; dá um grito de dor e cai como morta; os soldados fogem espavoridos, passados alguns minutos entra um tenente*).

TENENTE — Que é isto?! A hoteleira aqui caída! Estará bêbada ou doente!? Levantemo-la (*pega-a pelos braços e levanta-a*).

MANCÍLIA (*levantando-se de um sono*) — Senhor, por quem é, diga-me: que foi isto!? Viu meu marido? O senhor quem é? Ele já foi solto? Ele ainda está preso? (*Com palavras muito macias e repassadas de dor.*)

TENENTE — A senhora não é aqui a hoteleira?

MANCÍLIA — Eu? Não, senhor; porém, se o senhor tem fome, sede..., poderei, já que me fez tão grande favor, aqui o satisfazer..., matar (*apontando para seu peito*) a fome que traz.

TENENTE — Pois não! Eu entrei supondo que era um hotel. (*Com certo ar de desdém.*) Seja ou não seja (*entrando e sentando-se*), já que me oferece, aqui comerei (*estendendo as pernas*) e também (*pondo uma perna por cima da outra e encostando a cabeça em uma mão*) e também dormirei! E mais alguma coisa farei, se a madama permitir! (*À parte*): É lindíssima! Assim ela quisesse esquecer-se do marido, principalmente agora que eu estou... casadinho, solteiro, solteirinho! Que (*cantando*) é melhor que casado, casadinho, casadinho; casadinho; ca-sa-di-nho! Ca-sa-di-nho! Ca-sa-di--nho! Nhô! Nhô, nhô, nhô, nhô!

CENA TERCEIRA

ESPERTALÍNIO (*entrando*) — Oh! O senhor por aqui!

TENENTE — Pois vossa, Vossa Exa. me conhece?!

ESPERTALÍNIO — Quando ontem aqui o vi, não o conheci; mas lembrei-me de que tinha visto há muito alguém na Campanha, com quem o achei parecido.

TENENTE — É verdade que habito em uma das vilas da Campanha, em Caçapava; e o senhor quem é?!

ESPERTALÍNIO — Chamo-me Espertalínio da Porciúncula Cavalcante e Melro; e lá tenho um irmão, que se chama Misantropo Mosquitos Rabiscaio.

TENENTE — É de não crer; com tal nome... o que lá existe tem o sobrenome de Carnaúba; Vossa Exa. tem o cognome de...

ESPERTALÍNIO — Pois fique sabendo que assim é!

TENENTE — Ainda duvido... Eu sei que ele tem um irmão; como é o seu nome de batismo?

ESPERTALÍNIO — José.

TENENTE — Então é verdade... Mas esse José (*espantado, abrindo as mãos, arregalando os olhos*) era gordo ou cheio de corpo; e o senhor está cadavérico!

ESPERTALÍNIO — Não se admire; porque o muito que hei sofrido em minha vida, os numerosos males que hei padecido, eram bastantes para matarem-me. Entretanto, eu ainda vivo! Também noto que o senhor não tem agora aquela face mimosa dos tempos em que eu pela primeira vez o vi; não é aquele Adônis de cútis macia..., de cetim ou de veludo, de faces nacaradas e de lábios rubicundos! É hoje um marcial algum tanto mais áspero no macilento rosto, nos gestos, nas maneiras! É o que fazem os anos e os trabalhos. Recordo, porém, ainda de sua baixinha e mui formosa esposa e de seus não menos de cinco filhinhos, talvez.

TENENTE — Reconheço que me conhece; negociava eu nesse tempo com um seu amigo e sócio.

ESPERTALÍNIO — É verdade que fui encarregado de fazer algumas cobranças da casa comercial de um amigo com quem havia tratado sociedade, mas que nunca realizamos. Pretende demorar-se aqui muito tempo?

TENENTE — Estou às ordens de Sua Exa., o senhor presidente da província.

ESPERTALÍNIO — Veio a negócio de importância?

TENENTE — Não.

ESPERTALÍNIO — Pretende continuar a vir a esta casa?

TENENTE — Entrei supondo ser hotel.

ESPERTALÍNIO — Não é; mas pode aqui vir jantar as vezes que quiser.

TENENTE — Agradeço-lhe muito e muito... Tenho algumas voltas a dar; e retiro-me.

ESPERTALÍNIO — Eu vou fazer outro tanto. (*Despedem-se; entra a mulher.*)

MANCÍLIA (*ou mulher de Espertalínio; ao vê-lo, corre e grita*) — Meu querido esposo! (*Abraça-o.*) Quanto foi para mim terrível tua ausência!

ESPERTALÍNIO — Sim, querida Mancília, também eu sofri os maiores tormentos durante nossa cruel ausência, embora tivesse a todos os instantes... Quase, quase morri de saudades tuas! Aprouve felizmente a Deus juntar-nos. (*Pausa.*) Quem era certo oficial que aqui encontrei, minha amiga?

MANCÍLIA — Não conheço; foi a primeira vez que o vi; entretanto, fez-me um grande obséquio: levantou-me nos braços, pois com tua ausência tive um desmaio.

ESPERTALÍNIO — Pois eu fiquei-o aborrecendo; achei-o tão impertinente...

MANCÍLIA — Eu ouvi tudo; ele não queria crer-te, nem te acreditar; mas falaste tão bem sobre os milagres que em vários tempos faz o Ente supremo aparecer entre nós; discutiste que era um milagre haver um só homem escrito mais de duzentos livros, como é o aparecimento de um grande poeta sem estudos de arte, de um político sem estudos de ciência, e assim sobre as grandes maravilhosas verdades, como sobre o que de vez em quando lhe apraz iluminar-nos! Também gostei muito de ouvir-te sobre os retratos... Isto é, o conhecimento do interior do indivíduo, pelas formas exteriores, pelas feições do rosto, conhecestes o moral de tuas amigas! Uma séria, sisuda e bela, ou de um coração assaz brando, ou magnânimo; outra com a expressão de uma jovem amiga: de brincar, caçoar, divertida ou velhaca, mas também dotada de sentimentos os mais nobres!

ESPERTALÍNIO — É verdade, minha querida amiga; tal qual as compreendi, as descrevi, assim elas são! Tu sabes, porém, do que eu não gostei? Foi dele dizer-me que gostava de ver as mulheres bem asseadas e de ir (*pega nos peitos, beija-a e vai-lhe levantando o vestido, não muito*) fazendo assim (*com ar gracioso*) como nós costumamos fazer... (*Beijando-a, pegando nos peitos e levantando os engomados vestidos, etc.*) Tu sabes, não?

MANCÍLIA — Pois deveras ele te disse isso? É um ladrão! Roubou os teus gostos e costumes! Não converses mais com ele, meu amigo; senão, ficas sem coisa alguma.

ESPERTALÍNIO — Oh! Esta é a melhor! Então por que ele gosta, já perco tudo, não?! Não o faça ele contigo... E o mais fica por minha conta.

MANCÍLIA (*admirada*) — Comigo? Não faças tal juízo a meu respeito se não me querer ver traspassada de dor.

ESPERTALÍNIO (*à parte*) — Assim dizem as mulheres todas, umas morrem de canelas, outras morrem de fivelas, outras não sei de que quando seus maridos lembram assim alguns desvarios..., não, alguns desenjoamentos! Entretanto, cada uma prega-lhes, cada trunfa! (*Abrindo os braços, comparando.*) Há alguns que trazem barris de quarto na cabeça; e outros... até pipas de 180 canadas! Perto, porém, dos maridos... Oh! São umas santinhas, juram, praguejam, embrabecem, e... coitado daquele que não faz crer que as acredita! São capazes de lhes pôr veneno até no ar que os deve refrescar e alimentar. (*Para Mancília:*) São horas, minha queridinha (*abraçando e beijando*), de tomarmos algum alimento.

MANCÍLIA — Que te hei de dar se nada tenho!?

ESPERTALÍNIO — Como?

MANCÍLIA — Noivos não comem, senão na cama (*dando alguns pulinhos*); não bebem, senão na cama. Portanto, vamos para ela e lá o fartarei.

ESPERTALÍNIO — Esta agora é melhor (*olhando para a plateia*). Estou feliz. Não preciso gastar dinheiro nem trabalhar; bebo na cama a mulher; visto também na cama a mulher; divirto-me na cama com a mulher. (*Dançando.*) Estou muito feliz! Estou muito feliz! Muito feliz! E muito feliz! (*Para a mulher:*) Então não me acompanhas?!

MANCÍLIA — Pois não! (*Pega-lhe nas mãos, dança e canta com ele.*)

AMBOS — E quem tiver inveja, faça o mesmo! Faça o mesmo! Em vez de gastar, é melhor casar. (*Podem repetir-se estas palavras, e assim parece dever terminar a comédia.*)

MANCÍLIA — Das duas páginas em branco, eu já fui hoje uma escritada; a outra o meu velhinho (*batendo-lhe no ombro*) há de escritar amanhã.

Porto Alegre, 5 de maio de 1866

MATEUS E MATEUSA

Pelo rio-grandense José Joaquim de Campos Leão,
Qorpo-Santo; aos 37 anos de idade.

PERSONAGENS

Mateus (velho de oitenta anos)
Mateusa (idem)
Catarina (filha)
Pêdra (filha)
Silvestra (filha)
Barriôs (criado)

ATO PRIMEIRO

CENA PRIMEIRA

MATEUS (*caminhando em roda da casa; e Mateusa assentada em uma cadeira*) — Que estão fazendo as meninas, que ainda as não vi hoje?!

MATEUSA (*balançando-se*) — E o senhor que se importa, senhor velho Mateus, com as suas filhas?!

MATEUS (*voltando-se para esta*) — Ora é boa esta! A senhora sempre foi, é e será uma (*atirando com a perna*) não só impertinente, como atrevida!

MATEUSA — Ora, veja lá, senhor Torto (*levantando-se*), se estamos no tempo em que o senhor a seu belo prazer me insultava! Agora eu tenho filhos que me hão de vingar!

MATEUS (*abraçando-a*) — Não; não, minha querida Mateusa; tu bem sabes que isto não passa de impertinências dos oitenta. Tem paciência. Vai-me aturando, que te hei de deixar minha universal herdeira (*atirando com uma perna*) do reumatismo que o demo do teu avô torto meteu-me nesta perna! (*Atirando com um braço.*) Das inchações que todas as primaveras arrebentam nestes braços! (*Abrindo a camisa.*) Das chagas que tua mãe com seus lábios de vênus imprimiu-me neste peito! E finalmente (*arrancando a cabeleira*): da calvície que tu me pregaste, arrancando-me ora os cabelos brancos, ora os pretos, conforme as mulheres com quem eu falava! Se elas (*virando-se para o público*) os tinham pretos, assim que a sujeitinha podia, arrancava-me os brancos, sob o frívolo pretexto de que me namoravam! Se elas os tinham brancos, fazia-me o mesmo, sob ainda o frivolíssimo pretexto de que eu as namorava (*batendo com as mãos e caminhando*). E assim é; e assim é, que calvo! Calvo, calvo, calvo, calvo, calvo (*algum tanto cantando*), calvô... calvô... calvô... ô... ô... ô!

MATEUSA (*pondo as mãos na cabeça*) — Meu Deus! Que homem mais mentiroso! Céus! Quem diria que ainda aos oitenta este judeu errante havia de proceder como aos quinze, quando roubava frutas do pai!

MATEUS (*com fala e voz muito rouquenha*) — Ora, senhora! Ora, senhora! Quem, quem lhe disse essa asneira?! (*Profere estas palavras querendo andar e quase sem poder. É este o todo do velho em todos os seus discursos.*)

MATEUSA (*empurrando-o*) — Então para que fala de mim a todas as moças que aqui vêm, senhor chino?! Para quê, heim? Se o senhor não fosse mais namorador que um macaco preso a um cepo, certamente não diria... que sou velha, feia e magra! Que sou doente de asma; que tenho uma perna mais curta que a outra; que... que..., finalmente, que já (*voltando-se com expressão de terror*) não lhe sirvo para os seus fins de (*pondo a mão em um olho*) de... O senhor bem sabe! (*Esfregando com as costas da mão o outro olho com voz de quem chora.*) Sim, se eu não fosse desde a minha mais tenra idade um espelho, tipo, ou sombra de vergonha e de acanhamento, eu diria (*virando-se para o público*): já não quer dormir comigo! Feio! (*Saindo da sala.*) Mau! Velho! Rabugento! Também não te quero mais, fedorento!

MATEUS — Mas (*voltando-se para o fundo*) e as meninas, onde estão!? Onde? Onde? (*Puxa a cabeleira.*) Pêdra! Catarina! Silvestra! (*Escuta um pouco.*) Nenhuma aparece! Cruéis! Fariam o mesmo que a mãe!? Fugiriam de mim!? Coitado! Pobre de quem é velho! As mulheres fogem, e as filhas desaparecem!

CENA SEGUNDA

PÊDRA (*entrando*) — O que é, papaizinho? O que é que quer? O que tem? Sucedeu-lhe alguma coisa? Não? (*Pegando-lhe no braço.*)

MATEUS (*como acordando de um sonho*) — Heim? (*Esfregando os olhos.*) Heim? O que é? Que é? Chegou alguém? Eu estava, aqui estava.

PÊDRA — Que tem, meu pai?

MATEUS (*assoando-se sem tocar no nariz, e olhando*) — Vejam o que é ser velho! Menina, menina, já que estás aqui, dá-me um lenço; anda (*pegando nos braços da filha*), anda, minha queridinha; vê um lenço para o vosso velho paizinho! Sim; sim; vai, vai, anda. (*Fazendo-a caminhar.*)

PÊDRA (*voltando-se*) — Também este meu pai cada vez fica mais porco! Por isso é que a minha mãe já enjoou dele tanto que nem o pode ver! (*Saindo.*) Eu já vou buscar! Espere um minuto (*com as mãos fazendo-o parar*), já venho, papai! Já venho, e vou buscar-lhe um dos mais lindos (*com ar gracioso*) que encontrar em meu guarda-roupa, ouviu, papai? Ouviu?

MATEUS — Sim, sim; já ouvi. Tu sempre foste o encanto dos meus olhos; o sonho de todos os meus momentos... (*Entra outra.*) Esta menina (*voltado para o povo*) é os encantos da imaginação desta cabeça (*batendo com as mãos, uma de cada lado da cabeça*) e objeto que, ao ver, me enche (*apalpando o coração*) este coração de alegria!

CATARINA — E eu, papai? E eu, então, não mereço alguma!?

MATEUS (*voltando-se e olhando para Catarina*) — Minha querida filha! Minha querida Catarina! (*Abraçando-a.*) És tu. Oh! Quanto me apraz ver-te! Se tu soubesses, queridíssima filha, quão grande é o prazer que banha (*inclinando-se e levando a mão ao peito*) este peito! Sim (*tornando a abraçá-la*), tu és um dos entes que fazem com que eu preze a velha existência ainda por alguns dias! Sim, sim, sim! Tu, tua sábia irmã Pêdra e... e aquela que ainda hoje não tive a fortuna de ver, a tua mais que simpática irmã Silvestra; são todas três os anjos que me amparam, que me alimentam o corpo e a alma, por quem e para quem vivo, e morreria, se fosse mister!

(*Entra Silvestra, aos pulinhos, e Pêdra, fazendo passos de dança.*)

SILVESTRA — Papaizinho do meu coração! (*Abraçando-o pelas pernas.*) Você é o meu tudo! Olhe, papaizinho: eu sonhei que o senhor queria um lenço e corri! Tomei este que a mana Pêdra lhe trazia e lhe truce (*sic*)!

MATEUS — Quanto sou feliz! (*Pega o lenço e enxuga os olhos.*)

CATARINA (*à parte e com expressão de dor*) — Ele disse que a outra era simpática; e de mim nem ao menos diz que sou formosa! Sempre é velho: não sabe agradar a todos!

PÊDRA — Papai! Eu não fui portadora do que me pediu, porque a Silvestra é muito velhaca e muito ligeira! Assim que me viu com o lenço na mão, tomou-o de mim e correu para trazer-lhe primeiro que eu!

SILVESTRA — É porque eu quero (*dando com a mão na irmã*) mais bem ao papai do que você; aí está!

PÊDRA — Pois não! Não vê que a senhora já pesou os graus de amor que em meu coração eu consagro a meu pai...

SILVESTRA — Não preciso pesar! Olhe: no seu coração, existe certa força ou quantidade de amor consagrado (*afagando com as mãos*) ao papaizinho! E, em mim, todo o meu coração é puro amor a ele tributado!

PÊDRA — Vejam só (*com aspecto impertinente, desgostoso; rosto franzido, pondo a cabeça de um lado, etc.*) como é retórica! Não pensei que a senhora estivesse tão adiantada! Não estudou; não se preparou hoje também em seus velhos alfarrábios de filosofia!? Se não se preparou, para outra vez, prepare-se e veja se ganha mais um afeto do papai!

CATARINA (*acomodando-as*) — Meninas! (*Pegando no braço de uma e de outra.*) Acomodem-se; vocês parecem nenês!

MATEUS — Meus anjos (*também querendo acomodá-las*). Minhas santas; minhas virgens..., não quero que briguem, porque isso me desgosta. Sabem que já sou velho e que os velhos são sempre mais sensíveis que os moços... Quero vê-las contentes; contentezinhas; ao contrário fico triste.

PÊDRA e CATARINA (*formando com as mãos pegadas umas nas outras um círculo em roda do pai*) — Nosso papaizinho! Não há de se desgostar; não há de se desgostar. Não há de chorar; não há de chorar (*dançando*). Nós havemos de amparar o nosso querido papai. (*Umas para as outras:*) Vamos, pulemos, dancemos e cantemos, todos! Todos a uma só voz. (*O pai vira-se ora para uma, ora para outra, cheio do maior contentamento; o sorriso não lhe sai dos lábios; os olhos são ternos; a face se franze de prazer; quer falar e apenas diz:*) Meu Deus! Eu sou; eu sou tão feliz! Que... Sim, sou; sou muito feliz!

(*As filhas cantam:*)

Nós somos três anjinhos;
E quatro éramos nós,
Que do céu descemos;
E o amor procuremos:
— Mataremos ao algoz
Destes dois nossos paizinhos!

Sempre fomos bem tratadas
Quer deste, quer daquela;
Não queremos que a maldade,
Para nossa felicidade,
Maltrate a ele ou a ela...
Mataremos tresloucadas!

Não somos só anjos
Que assim pensamos;
Que assim praticamos;
Também são os arcanjos!

De principados — exércitos
Temos também de virtudes!
De tronos! Não mudes,
Papai! Vivam as ordens!

— Para debelarmos facínoras!
— Para triunfarem direitos,
— As armas temos nos peitos!
— A força de milhões de espíritos!

(*Terminado o canto, abraçarão todas o pai, e este a elas, banhados todos na maior efusão de júbilo.*)

PÊDRA (*para o pai*) — Agora, papai, vamos coser, bordar, fiar, fazer renda. (*Para as irmãs:*) Vamos, meninas; a mamãe já há de ter a nossa tarefa pronta para nos dar trabalho!

CATARINA — Ainda é cedo; eu não ouvi dar oito horas; e o nosso trabalho sempre principia às nove.

SILVESTRA — Eu não sei o que fazer hoje: se bordar, se fiar ou se crivar!

PÊDRA — Por bem de Deus, você nunca sabe o que há de fazer!

SILVESTRA (*olhando-a com certo ar de indiferença*) — Se te parece, minha querida maninha, chama-me de preguiçosa!

PÊDRA — Não; isso eu não digo, porque a senhora deu as mais deslumbrantes provas de que há de vir a ser lá... (*elevando a mão*) para o futuro uma moça das mais trabalhadoras que eu conheço! E ainda hoje disso deu segurança no jardim do quintal, em que não ficava flor que não fosse pela senhora cultivada!

SILVESTRA — Inda bem que a senhora sabe e faz-me o obséquio de dizer! E, se eu o não fora ainda, não era de admirar, pois não conto mais de nove a dez anos de idade.

MATEUS (*voltando-se para Silvestra*) — Pois a senhora esteve no quintal?

SILVESTRA — Pois então, papai, eu não havia de ir cortar, arrancar todas as ervas perniciosas que, crescendo, destroem as plantas, as flores preciosas?

MATEUS (*com muita alegria, pegando a filha*) — Filha! Filha minha! Vem a meus braços! (*Abraça-a e beija-a muitas vezes.*) Fazes, minha muito amada Silvestra, o que Deus faz aos governos! O que os bons governos fazem aos governados! Prendem, castigam, melhoram ou inutilizam os maus para que não ofendam nem prejudiquem os bons! E vocês (*para as outras*), o que faziam durante o tempo em que a minha inteligente Silvestra procedia com tanto acerto, praticando uma tão meritória ação, e digna dos maiores elogios?

PÊDRA E CATARINA (*quase ao mesmo tempo*) — Eu regava as plantas e flores com a mais fresca e cristalina água a fim de que crescessem e desabrochassem — perfeitas e puras! (*Isto disse Catarina.*)

PÊDRA — Eu, papai, mudava algumas e plantava outras.

MATEUS — Já vejo que todas trabalharam muito! Hei de fazer a cada uma das senhoras o mais lindo presente! (*Movendo a cabeça, inclinando-a.*) Isto é, quando eu sair à rua! Pois bem sabem que eu aqui não tenho com que lhes presentear.

PÊDRA — Eu quero... quero: o que há de ser? (*Levantando algum tanto a cabeça.*) Uma boneca de cera, do tamanho da (*apontando*) Silvestra! E toda vestida de seda, ouviu, papai? Com brincos, adereço... O senhor sabe como se vestem as moças que se casam; assim é que eu quero! Não se esqueça; não se esqueça de comprar e me trazer assim. Olhe (*batendo-lhe a mão no braço*), se na loja do Pacífico não tiver, tem na do Leite, na do Rodolfo ou na do Paradeda.

SILVESTRA — Eu me contento com menos! Quero um vestido de seda, lavrada a barra, e as mangas a fio de ouro; com *blonds* e tudo o mais que se usar, do mesmo fio, ou daquilo que for mais moderno.

MATEUS (*para Silvestra*) — Contentas-te só com isso? Não queres sapatos de seda, botinhas de veludo também bordadas de ouro ou enfeite fino para a cabeça?

SILVESTRA — Não, papai; basta o vestido; o mais tudo eu tenho muito bom e em estado de poder servir com o lindo vestido que lhe peço. Sempre gostei da economia; e sempre aborreci a prodigalidade!

MATEUS — Estimo muito; é o mais fiel retrato da moral do velho Mateus! (*Para Catarina:*) E a senhora, que está tão calada! Então, não pede nada?

CATARINA — As manas já lhe pediram tanto, que eu não sei o que lhe hei de pedir; parece que tudo há de custar tanto dinheiro, que, se o senhor não tivesse ainda há pouco tirado a sorte grande na loteria do Rio de Janeiro, eu acreditaria que teria de vender a cabeleira para satisfazer tantos pedidos!

MATEUS — Não, não, menina! O que elas pedem custa pouco comparativamente aos meus e vossos rendimentos. Diga, diga, o que mais estimará que eu lhe traga, para comprar e trazer-lhe?!

CATARINA — Pois bem; eu vou dizer-lhe, mas V.Mcê não se há de zangar.

MATEUS — Não, não, peça o que quiser, que eu com muito prazer lhe trago!

CATARINA — Pois então, visto que tem gosto em me fazer um presente... Até se eu não tivesse de ir a um batizado à casa da minha amiga e comadre d. Leocádia das Neves Navarro e Souto, eu não diria o que mais preciso e quero que me dê... É um ramalhete das mais delicadas flores que se costumavam vender nas lojas das modistas francesas e alemãs.

MATEUS — E levou tanto tempo para pedir uma coisa de tão pouco valor!?

CATARINA — Não é de muito pequeno valor! O que eu quero é de uns muito mimosos, cujo preço sobe a dez ou doze mil réis!

MATEUS — Pois, então, isso é muito barato! Mas como é o que me pede, fique certa que há de ser servida, tanto mais que tem a intenção de se apresentar com ele em um baile, batizado ou não sei que festa!

CATARINA — É quanto basta; e com ele ficarei muito contente!

MATEUSA (*entra rengueando, revirando os olhos e fazendo mil trejeitos; as filhas, que a observam, dizem umas para as outras*) — Aí vem a mamãe! (*Quase em segredo, rapidamente:*) Olhem a mamãe! Vamos! Vamos! Já são nove horas! (*Para o pai:*) Papai! Não se esqueça das nossas encomendas, como nós não nos esquecemos de orar a Deus para que prolongue seus dias; e que estes sejam felizes! Até logo a hora do jantar (*e, fazendo uma profunda cortesia depois de lhes beijarem a mão, pegando nas saias dos vestidos*), que é quando poderemos ter o inexprimível prazer de passar alguns preciosos momentos em sua estimável companhia.

CENA TERCEIRA

MATEUSA (*aproximando-se às filhas*) — Vão, meninas, vão fazer a sua costura! Está tudo marchando! Cada uma das senhoras tem na sua almofada o pano, a linha, a agulha e tudo o mais que é necessário para trabalhar até as duas da tarde. O que é de abordar para a Pêdra, está desenhado a lápis; os picados para a Catarina estão alinhavados; e a costura lisa, a camisa deste velho feio (*batendo no ombro do marido*), está começada. Tenham cuidado: façam tudo muito bem feitinho.

CATARINA, PÊDRA e SILVESTRA — Como sabe, somos obedientes filhas; deve por isso contar que assim havemos de fazer. (*Saem.*)

MATEUSA (*para o marido, batendo-lhe no ombro*) — Já sei que está repassado de prazer! Esteve com suas queridas filhinhas mais de duas horas! E eu lá, sofrendo as maiores saudades!

MATEUS — É verdade, minha querida Mateusa (*batendo-lhe também no ombro*), mas, antes de te dizer o que pretendia, confessa-me: por que não quiseste tu o teu nome de batismo, que te foi posto por teus falecidos pais?

MATEUSA — Porque achei muito feio o nome Jônatas que me puseram; e então preferi o de Mateusa, que bem casa com o teu!

MATEUS — Sempre és mulher! E não sei o que me pareces depois que ficaste velha e rabugenta!

MATEUSA (*recuando um pouco*) — És bem atrevido! De repente, e quando não esperares, hei de tomar a mais justa vingança das grosserias, das duras afrontas com que costumas insultar-me!

(*Mateus aproximando-se e ela recuando.*)

MATEUSA — Não se chegue para mim (*pondo as mãos na cintura e arregaçando os punhos*) que eu não sou mais sua! Não o quero mais! Já tenho outro com quem pretendo viver mais felizes dias!

MATEUS (*correndo a abraçá-la apressadamente*) — Minha queridinha, minha velhinha! Minha companheirinha de mais de cinquenta anos (*agarrando-a*), por quem és, não fujas de mim, do vosso velhinho! E as nossas queridas filhinhas! Que seriam delas se nós nos separássemos; se tu buscasses, depois de velha e feia, outro marido, ainda que moço e bonito! Que seria de mim? Que seria de ti? Não! Não! Não! Tu jamais me deixarás. (*Tanto se abraçam, agarram, pegam, beijam-se, que cai um por cima do outro.*) Ai! Que quase quebrei uma perna! Esta velha é o diabo! Sempre mostra que é velha e renga! (*Querem erguer-se sem poder.*) Isto é o diabo!...

MATEUSA (*levantando-se, querendo fazê-lo apressadamente e sem poder, cobrindo as pernas que, com o tombo, ficaram algum tanto descobertas*) — É isto, este velho! Pois não querem ver só a cara dele? Parece-me o diabo em figura humana! Estou tonta. Nunca mais, nunca mais hei de aturar este carneiro velho e já sem guampas! (*Ambos levantaram-se muito devagar, a muito custo, e sempre praguejando um contra o outro. Mateusa, fazendo menção ou dando no ar ora com uma, ora com outra mão:*) Hei de ir-me embora; hei de ir; hei de ir!

MATEUS — Não há de ir; não há de ir; não há de ir, porque eu não quero que vá! Você é minha mulher; e pelas leis tanto civis como canônicas tem obrigação de me amar e de me aturar, de comigo viver até eu me aborrecer! (*Bate com um pé.*) Há de! Há de! Há de!

MATEUSA — Não hei de! Não hei de! Não hei de! Quem sabe se eu sou sua escrava!? É muito gracioso e até atrevido! Querer cercear a minha liberdade! E ainda me fala em leis da Igreja e civis, como se alguém fizesse caso de papéis borrados! Quem é que se importa hoje com leis (*atirando-lhe com o* Código Criminal), senhor banana! Bem mostra que é filho dum lavrador de Viana! Pegue lá o *Código Criminal*, traste velho em que os doutores cospem e escarram todos os dias, como se fosse uma nojenta escarradeira!

MATEUS (*espremendo-se todo, abaixa-se, levanta o livro e diz à mulher*) — Obrigado pelo presente; adivinhou ser coisa de que eu muito necessitava! (*Mete-o na algibeira. À parte:*) Ao menos servirá para algumas vezes me servir de suas folhas, uma em cada dia que estas tripas (*pondo a mão na barriga*) me revelarem a necessidade de ir à latrina.

MATEUSA — Ah! Já sabe que isso não vale coisa alguma; e principalmente para as autoridades — para quem tem dinheiro! Estimo muito, muito e muito! (*Pega em outro, a* Constituição do Império, *e atira-lhe na cara.*)

MATEUS (*gritando*) — Ai! Cuidado quando atirar, senhora d. Mateusa! Não continuo a aceitar seus presentes se com eles me quiser quebrar o nariz! (*Apalpa este e diz:*) Não partiu, não quebrou, não entortou! (*E como o nariz tem parte de cera, fica com ele assaz torto. Ainda não acaba de endireitá-lo, Mateusa atira-lhe com outro de* História Sagrada, *que lhe bate numa orelha postiça, que, por isso, com a pancada, cai, dizendo-lhe:*) Eis o terceiro e último que lhe dou para... os fins que o senhor quiser aplicar!

MATEUS (*ao sentir a pancada, grita*) — Ai que fiquei sem orelha! Ai! Ai! Ai! Onde cairia!? (*Atirando os livros na velha e com raiva.*) Por mais que recomendasse a esta endemoninhada que não queria presentes caros, este demônio havia de quebrar-me o nariz e pôr-me fora uma orelha! Oh! Mateusa do diabo! Com que partes desta casa sem eu ir amanhã ao baile masquê visitar as pavoas!? E...

MATEUSA (*batendo com o pé*) — Cachorro! Ainda me fala em pavoas e em baile masquê!? Traste! Ordinário! Já... rua, seu maroto!

MATEUS (*voltando-se para o público*) — Já se viu que escaler velho mais impertinente! Esperem que eu lhe boto cavernas novas! (*Procurando uma bengala.*) Achei! (*Com a bengala em punho.*) Já que a senhora não faz caso da lei escrita! Falada! E jurada! Há de fazer da lei cacetada! Paulada! Ou bengalada! (*Bate com a bengala no chão.*)

MATEUSA — Ah! Dessa lei, sim, tenho medo. (*À parte.*) Mas ele não pode comigo, porque eu sou mais leve que ele, tenho melhor vista e pulo mais. (*Pega em uma cadeira e dá--lhe com ela, dizendo:*) Ora tome lá! (*Ele apara a pancada com a bengala, encolhendo-se todo; enfia esta na cadeira; empurram para lá, empurram para cá.*)

CATARINA, PÊDRA E SILVESTRA (*aparecendo na porta dos fundos; umas para as outras*) — Vai lá! (*Empurrando. Outra:*) — Vai tu apartar! (*Outra:*) Eu, não; quando eles estão assim, eu tenho medo, porque sou pequenina!

MATEUS — Ai! Eu caio! Quem me acode! Perdi o queixo!

MATEUSA (*gritando e correndo*) — Ai! Eu esfolei um braço, mas deixo-lhe a cadeira enfiada na cabeça! (*Quer assim fazer e fugir, mas Mateus atira-lhe a cadeira às pernas; ela tropeça e cai, ele vai acudi-la; quer correr; as filhas convidam-se a fugir; ele cai aos pés da velha.*)

BARRIÔS (*o criado*) — Eis, senhores, as consequências funestas que aos administrados, ou como tais considerados, traz o desrespeito das autoridades aos direitos destes; e com tal proceder aos seus próprios direitos: a descrença das mais sábias instituições, em vez de só a terem nesta ou naquela autoridade que as não cumpre, nem faz cumprir! A luta do mais forte contra o mais fraco! Finalmente, a destruição em vez da edificação! O regresso, em vez do progresso!

FIM DA COMÉDIA

Porto Alegre, 12 de maio de 1866.
Beco do Rosário, sobrado de 3 janelas, n° 21.

AS RELAÇÕES NATURAIS

Comédia em quatro atos

Por José Joaquim de Campos Leão, Qorpo-Santo

PERSONAGENS

Impertinente
Consoladora
Intérpreta, (dezesseis anos)
Júlia (mulher da vida)
Marca (mulher da vida)
Mildona (mulher da vida)
Um indivíduo
Truquetruque
Mariposa
Inesperto (criado)
Malherbe
Rapazes

ATO PRIMEIRO

CENA PRIMEIRA

IMPERTINENTE — Já estava admirado; e, consultando a mim mesmo, já me parecia grande felicidade para esta freguesia o não dobrarem os sinos... E para eu mesmo não ouvir os tristes sons do fúnebre bronze! Estava querendo sair a passeio, fazer uma visita; e já que a minha ingrata e nojenta imaginação tirou-me um jantar, pretendia ao menos conversar com quem isso me havia oferecido. Entretanto não sei se o farei! Não sei, porém, o que me inspirou continuar no mais improfícuo trabalho! Vou levantar-me, continuá-lo, e talvez escrever em um morto: talvez nesse por quem agora os ecos que inspiram pranto e dor despertam nos corações dos que os ouvem, a oração pela alma desse a cujos dias Deus pôs termo com a sua Onipotente voz ou vontade! E será esta a comédia em quatro atos, a que denominarei: *As relações naturais*. (*Levanta-se; aproxima-se de uma mesa; pega uma pena, molha-a em tinta e começa a escrever:*) São hoje 14 de maio de 1866. Vivo na cidade de Porto Alegre, capital da Província de S. Pedro do Sul; e, para muitos, Império do Brasil... Já se vê, pois, que é isto uma verdadeira comédia! (*Atirando com a pena, grita:*) Leve o diabo esta vida de escritor! É melhor ser comediante! Estou só a escrever, a escrever; e sem nada ler; sem nada ver. (*Muito zangado*). Podendo estar em casa de alguma bela gozando, estou aqui me incomodando! Levem-me trinta milhões de diabos para o Céu da pureza se eu pegar mais em pena antes de ter... Sim! Sim! Antes de ter numerosas moças com quem passe agradavelmente as horas que eu quiser. (*Mais bravo ainda.*) Irra! Irra! Com todos os diabos! Vivo qual burro de carga a trabalhar! A trabalhar! Sempre a me incomodar! E sem nada gozar! Não quero mais! Não quero mais! E não quero mais! Já disse! Já disse! E hei de cumpri-lo! Cumpri-lo! Sim! Sim! Está dito! Aqui escrito. (*Pondo a mão na testa.*) Está feito; e dentro do peito! (*Pondo a mão neste.*) Vou portanto me vestir e sair para depois me rir; e concluir este meu útil trabalho! (*Caminha de um para outro lado; coça a cabeça; resmunga; toma tabaco ou rapé; e sai da sala para um quarto; veste-se, e sai o mais jocosamente que é possível.*) Estava (*ao aparecer*) eu já ficando ansiado de tanto escrever, e por não ver a pessoa que ontem me dirigiu as mais afetuosas palavras! (*Ao sair, encontra uma mulher ricamente vestida, chamada Consoladora.*)

CENA SEGUNDA

CONSOLADORA — Onde vai, meu caro senhor? Não lhe preveni eu de que hoje teria em seu palácio a mais bela das damas de São...

IMPERTINENTE — Ora, ora, senhora. Não vê que eu já estou aborrecido das mulheres! (*À parte:*) É preciso dizer-lhe o contrário do que penso! Como a senhora se abalança ainda a falar em damas na minha presença!? Só se são damas de folgar... São?

CONSOLADORA (*mostrando-se indignada e batendo um pé no assoalho*) — Bárbaro! Cruel! Não vives a pedir uma mulher jovem, formosa, asseada e bela para tua companhia?! Pensas que ignoro o que pensas; o que fazes!? Não vês; não sabes; não conheces que sou mágica!? Atrevido! Não te lembras que ainda ontem ou anteontem olhaste para mim e achaste que eu era no Céu o mais lindo, o mais belo e o mais agradável planeta que lá habitava? Não me pediste que eu guiasse teus passos, tuas ações, tuas palavras, Audaz! Pensas que não sei que ias atrás de mulheres! Para que queres mulher!? Não vives tão bem, não comes, não bebes, não dormes tão descansado?!

IMPERTINENTE (*virando-se para o público*) — Já se viu que sarna gálica me atormenta! Cruzes! (*Benzendo-a.*) Cruzes! Eu te desconjuro!

CONSOLADORA — Já disse: o senhor não sai daqui! (*Pega uma cadeira e põe perto da porta de sair.*)

IMPERTINENTE — Senhora, se continua deste modo, fique certa que me mato! É preciso ter juízo! Ao contrário, nem serei eu, nem a senhora minha!

CONSOLADORA — Ah! (*Levantando-se.*) Sim, quer ir! Pois vá; mas há de ir sem casaca! (*Avança-se a ele e tira-lhe a casaca, ficando ele de sobrecasaca.*)

IMPERTINENTE — Ah! Ainda me deixa a sobrecasaca! Pois irei com ela. (*Faz uma cortesia a ela e quer sair.*)

CONSOLADORA — Sim! Ficou ainda vestido! Pois há de ir sem chapéu. (*Avança-se a ele para o tirar e, depois de alguns saltos, consegue fazê-lo; fica-lhe um boné de forma piramidal. Olha e diz:*) Este homem é o diabo! Tiro-lhe as calças... (*Vai dirigir-se para tal fim; ele agarra com uma mão em cada perna e sai aos pulos dizendo:*) "Se és planeta, eu sou cometa!"

CONSOLADORA (*muito triste*) — E não foi o tal cometa brilhar noutro hemisfério! Nunca mais atendo petições de amparo, guia ou proteção a mais cometa algum.

CENA TERCEIRA

(*Entra ele com uma menina de dezesseis anos, a quem conhecemos por Intérpreta, pelo braço.*)

IMPERTINENTE (*para ela, ao transpor a porta*) — Cuidado! Não pise nestes tapetes, que já estão um tanto velhos! (*Para o público, andando passo a frente:*) Já se vê que a escolha que fiz hoje, e que pretendo fazer de uma em cada mês, é a... (*Para ela:*) Digo? Digo?

INTÉRPRETA — Se quiser, pode dizer!

IMPERTINENTE — É uma das melhores que se podia encontrar nos maiores rebanhos desta...

INTÉRPRETA — Pois chama rebanho às famílias que habitam esta cidade!?

IMPERTINENTE — Pois o que é mais triste que um grande rebanho de ovelhas merinas!?

INTÉRPRETA — Eu sempre considerei de outro modo: sempre entendo que a mulher como o homem é um ente que deve ser por todos respeitado, como a segunda primorosa obra do Criador; e que, assim não sendo, só milhares de males e transtornos serão observados na marcha geral da humanidade!

IMPERTINENTE — Hã! Hã! Hã! A menina está no mundo da lua! Ainda crê nas caraminholas que lhe encaixam na cabeça, de seu avô torto, visto que, segundo as últimas participações espirituais que tivemos, o direito há muito que é morto!

INTÉRPRETA (*à parte*) — Em que caí eu, acompanhando este mono! Isto é um monte de carne, sem lei, sem moral, sem religião! Mas ainda é tempo! Quando menos pensar, desapareço de sua presença, como a escuridão ao brilhar da lua! Não me logras, velho enjoado!

IMPERTINENTE (*para ela*) — Minha queridinha! Temos aqui um quarto cheio de roupas! (*Apontando*) Ali um outro repleto de comestíveis! Acolá um guarda-louça; naquele canto a cozinha.

INTÉRPRETA (*aproximando-se, olha; e nada vê; voltando--se para ele*) — Sabes que mais? Eu nunca me sustentei de palavras, e muito menos de mentiras! (*Sai.*)

IMPERTINENTE (*querendo pegá-la*) — Meu anjo! Minha deusa! Aonde vai! Venha cá!

INTÉRPRETA — Já lhe disse: vou-me embora; e aqui não entro mais. O senhor enganou-me, quis enganar-me; mas enganou--se a si próprio! (*Sai.*)

IMPERTINENTE (*voltando-se*) — É a trigésima, vigésima e décima vez que me prega estes carões! Diabo! Diabo! E diabo!

ATO SEGUNDO

CENA PRIMEIRA

TRUQUETRUQUE (*batendo em uma porta*) — Estará ou não em casa? A porta está fechada, não vejo (*vigia no buraco da chave*) se é por dentro, se é por fora que está a chave; o caso é (*dando com a cabeça*), e verdadeiro, que a senhora d. Gertrudes Guiomar da Costa Cabral Mota e Melo, se está, é às escuras! Sem dúvida, a esta hora, noite de teatro, noite de retreta, noite de novena, não é possível deixar de ter ido a alguns desses divertimentos; se à Igreja, já se sabe, por devoção! Se ao Templo, por oração! E, finalmente, se... não digo (*caminhando para o centro*). Para que hei de mostrar (*abrindo os braços*) que sou um grande dialeta, retórico, filósofo! Etc. Etc. Pode ser que ficassem depois com inveja; e, em vez de alimento para eu continuar a brilhar com o meu grande talento a todo o momento, dar-me-iam envenenamento! Com o qual eu, muito contra a minha vontade e vontade santíssima, possa ir fazer a viagem... eterna ao fundo de algum dos maiores infernos que lá por baixo da terra devem existir! Ainda se me metessem aqui, e eu saísse lá no ponto oposto onde habitam os nossos... também não sei se são nossos, ou se são só meus! (*Para o público:*) Como chamam estes cujos pés têm as solas dos sapatos, se não andam de botas, voltadas para a sala dos nossos? Heim? Anfíbios, não! Isto é coisa que anda no mar e em terra! Hermafroditos! Não; isto também é outra coisa, é o que é macho e fêmea! Cabrito não é. Não me posso lembrar. Enfim dizia eu que se lá fosse habitar quando entre na terra com esses cujos pés estão virados para os nossos, que teria muito prazer; mas, como é de se supor que a minha habitação por envenenamento seja a mais completa e trivial destruição, declaro que não aceito, que não quero, que não concordo!

CENA SEGUNDA

(*Abre-se de repente uma porta; aparecem por ela, e por diversas outras, três ou quatro mulheres, umas em saias, outras com os cabelos desgrenhados, pés no chão, etc.*)

UMA DELAS (*para um indivíduo*) — Que quer o senhor aqui?

OUTRA (*puxando-o por um braço*) — O que faz?

OUTRA — Quem o mandou cá?

OUTRA — Não sabe que sempre foi um homem honesto quanto a... e que nós somos todas prostitutas!? É um tolo! Safe-se daqui para fora, senhor maroto, senão, olhe (*mostrando-lhe o punho*), havemos de esmurrá-lo com esta mão de pilão!

ELE — Minhas santinhas; (*com muita humildade*) minhas santinhas, eu queria dormir com vocês esta noite.

ELAS (*dando uma grande gargalhada*) — Ah! Ah! Ah!

UMA (*para outra*) — Não queres ver, Mana, o desaforo, a petulância deste estúrdio!? Querer passar conosco a noite quando nós sabemos que ele é conde e tem filhos carnais!

OUTRA — Ah! Ah! Ah! Se fossem só os carnais era nada (*batendo no ombro da que primeiro fala*); os espirituais é que é; que não têm conta.

OUTRA — Ele já está esquecido que os discípulos o fizeram padre eterno e que por isso não deve tocar em carne.

TODAS (*apontando com o mostrador*) — Já, seu maroto, rua! Senão...

ELE — Isto é o diabo! Estas mulheres chamam-me com o espírito quando estou em casa; e, quando saio à rua, com as palavras, com as mãos, com os dedos, com a cabeça, com os olhos; e, se as encontro fora, então é até com seus remexidos! Mas, se lhes venho à casa, é isto que se vê! Cruzes! (*Cuspindo em todas elas.*) Abrenúncio! Eu as desconjuro para nunca mais as ver! Não olharei mais para estas tigras! (*Sai.*)

CENA TERCEIRA

UMA DELAS (*olhando-se*) — Ora, ora, ainda agora é que reparo! Estou quase em fraldas de camisa! Vejam este maluco como me pôs também maluca!

OUTRA (*alisando os cabelos*) — E eu com os cabelos todos desgrenhados! Se ele cair em vir cá outra vez, hei de enforcá-lo com uma destas tranças e pendurá-lo no vácuo deste salão.

OUTRA — E que bonito ele há de ficar, Mana, se qual lontra aqui o pusermos! Havemos de enchê-lo de livros; será... um centro! Como um sol que dardejará seus raios para todos os cantos desta casa, como o verdadeiro espalha para todos os cantos do hemisfério que alumia!

OUTRA — Mas isto é dar muita importância a esse Judas, fazê-lo centro de tudo.

AS PRIMEIRAS — O que tem? Esse diabo já o tem sido de luz espiritual, agora que o seja também de luz material!

UMA DELAS — Sabem o que mais? Vamos vestirmo-nos e pormo-nos às janelas à espera de vermos os nossos namorados!

TODAS — Apoiado! Não percamos nossos costumes por causa de um maluco! Vamos! Vamos! (*Entram todas para os quartos de onde saíram.*)

CENA QUARTA

VELHA MARIPOSA (*entrando toda cheia de dengosidade, pegando os vestidos como quem quer dançar, e comete outros numerosos atos, que indicam a pregoeira gaiata da presente época*) — Ainda há cinco minutos, era esta sala um teatro de moças quase nuas! Acompanhadas de certo indivíduo de meia-idade, que parece mais um velho bem doente que um homem são, valente e cheio de... certa coisa... certa força que eu não quero dizer, porque não é tão decente como convém a tão ilustre assembleia. (*Olhando para diversos lados.*) Onde estão essas meninas? Júlia! Júlia!

JÚLIA — Senhora? Senhora?

MARIPOSA — Vem cá, menina! Chama as tuas irmãs!

JÚLIA — Ora, mamãe, eu ainda não estou vestida!

MARIPOSA — Entra, chama uma das tuas irmãs!

JÚLIA — Está bom, mamãe, eu já vou.

MARIPOSA — Muito custa a criar filhas! Ainda mais acomodar; muito mais casar; e ainda pior aturá-las! Pilham-se moças, e o que querem é namorar!

JÚLIA (*entrando e sacudindo os vestidos*) — Acabava eu agora mesmo...

MARIPOSA — Já sei; acabas de... Basta; não prossigas! Tu és eu sei o quê!

JÚLIA (*pondo as mãos*) — Por piedade, minha querida mãe! Não faça de mim o menor mau juízo! Sabe que sempre fui uma de suas melhores filhas, obediente e respeitosa, e mais que tudo: amorosa!

MARCA (*irmã de Júlia, entrando muito ligeiramente ou fazendo alguns passos de dança até chegar perto da mãe; ao chegar, ajoelha-se, pega-lhe na mão e beija-a*) — Minha, mais que todas as mulheres, querida mãe! Eis-me prostrada a seus pés para pedir-lhe perdão de quantos pecados hei cometido ou guisados hei comido! Perdoa, mamãezinha, perdoa, sim?

MARIPOSA — Sim, sim. Está perdoada. Pode levantar-se. Mas não torne a cair em outra! Eu conheço seus crimes.

MARCA (*levantando-se*) — Sim, sim. Quanto sou feliz! A minha querida mãe quanto é boa! Ainda pela quinta vez quis perdoar à sua mais desobediente, cruel, ou mesmo... tirana filha!

MARCA — Eu não sei delas. Vossa Mercê bem sabe que moro sozinha no meu quarto; a Mana é que há de saber!

MARIPOSA — Onde estão? Não me diz? Ainda não me vieram tomar a bênção, sendo entretanto mais de oito horas! (*Entram as outras filhas.*)

ELAS (*estendendo as mãos*) — Sua bênção, minha mãe.

MARIPOSA (*fazendo sinal com a mão*) — Deus abençoe a todos, que eu o faço em particular a cada um. Sim, meninas, são horas de missa; vamos cobrir nossos véus, e sigamos a orar ao Senhor por nós e por nossos avós!

TODAS — Prontas a obedecê-la, a segui-la. (*Saem todos.*)

ATO TERCEIRO

CENA PRIMEIRA

INESPERTO (*criado*) — Por mais que arrume (*atirando com uma bota para um lado, um livro para outro, uma bandeja no chão, um espanador para um canto, e assim com tudo o mais que se achava arrumado*), sempre encontro esta sala, este quarto — ou como o quiserem chamar... câmara, dormitório, ou não sei que mais — desarrumado! Nada, nada, isto não pode continuar assim! Ou hei de deixar de ser criado desta casa, ou as coisas hão de conservar-se nos lugares em que eu arrumo! São honras que a ninguém eu cedo... O que porém é mais notável é que, além de me não respeitarem, nem obedecerem, não me pagam também nem a quinta parte dos salários comigo contratados! Mas nada me hão de ficar a dever! Quando me retirar, hei de levar o dobro do que houver licitamente ganho a fim de que me paguem os prêmios, pois não estou resolvido a perdê-los!

CENA SEGUNDA

MALHERBE (*amo muito espantado, entrando*) — Que é isto, Judas? Enlouqueceste, Inesperto? Onde está tua ama?

INESPERTO — Qual enlouqueci... Todos os dias arrumo esta casa; e em todos os dias nela acho que arrumar; e ainda me pergunta por minha ama, mulher feia, velha e má! Se há de ainda ir ver as moças, este tagarela, é isto todos os dias... Ainda mais mol, mais ruim que este meu amo. (*Para o amo, dando com a mão.*) Vá-se embora daqui para fora, senão... o matam, seu Judeu Errante!

MALHERBE — Este diabo está hoje com o demo nas tripas!... Ó Judas, dize-me: o que comeste hoje? Bebeste vinho? Champanha, vinagre, água-forte? Que diabo tens tu hoje? Estás bêbado?

INESPERTO — Qual bêbado, nem meio bêbado; nunca estive eu em meu tão perfeito estado de juízo ou de mais completa saúde!

MARIPOSA (*entrando*) — Ih!... Que espalhafato fez o Judeu hoje! (*Querendo arruinar tudo; para o marido:*) Senhor, tome juízo; despeça esse maldito, que não faz senão o que está vendo! O senhor parece-me cego. Embalde (*metendo os dedos nos olhos do marido*) tem dois fogões nesta cara; tu não enxergas...

MALHERBE — Tu, teu criado e tuas filhas não são entes da espécie humana. São malditas feras que aqui habitam para flagelar-me! (*Para ambos:*) Fora daqui! Se demoram, pego em tudo isto (*agarrando as mesas*) e penduro quais rosários nas cabeças de vocês dois!...

MARIPOSA (*para o criado*) — Sabes o que convém fazer: é safarmo-nos! O homem hoje está resoluto a matar, ou mostrar-nos que é senhor desta casa.

INESPERTO — Diz bem, minha ama; vamos nós saindo em boa paz! (*Enfia o braço na ama.*) É melhor velha, feia, má, que nenhuma! (*Abanando com a mão.*) Adeus, senhor estúrdio! Adeus, até mais ver! (*Saem.*)

CENA TERCEIRA

MALHERBE (*só*) — Estes diabos têm tentado devorar-me por todos os modos! Mas eu os hei de pôr no estado o mais deplorável que se pode imaginar! Deixemos, deixemos; eles para cá hão de vir. (*Dando alguns passeios, coçando a barba, compondo o cabelo, etc.*)

MILDONA (*entrando*) — Que saudades eu tinha de meu querido pai!

MALHERBE — Ah! És tu, minha querida Mildona? Quanto é doce vermos feitos de nossos trabalhos de longos anos! Um abraço, minha estimadíssima, minha mesmo queridíssima filha!

MILDONA — O senhor não reparou bem; eu não sou a sua encantadora filha; mas a jovem a quem o senhor em vez de amizade, sempre há confessado tributar amor!

MALHERBE — Ah! Onde estava eu!? Sonhava; pensava em ti; via e não te enxergava! Sim, sois minha; és minha; e serás sempre minha por todos os séculos dos séculos, Amém! (*Saem.*)

CENA QUARTA

INESPERTO (*entrando, pé ante pé*) — Amolei tudo! Não pensem que farão espadas, facas, punhais ou lanças! Mas os amáveis que, desprezando todos os direitos dos cidadãos brasileiros, matavam e roubavam a seu belo prazer! O tal meu amo entendia que cada botina que comprava, e que calçava, era uma mulher que condenava ao matadouro dos seus desejos! E a tal minha ama procedia do mesmo modo quanto ao xale que a cobria; dizia: (*pegando e pondo um xale*) isto é masculino, está portanto relacionado com um homem; é novo; e por isso, assim como eu me cubro com ele, também há de me cobrir esta noite um bom moço! E assim é que não havia pai, nem filho; mãe ou filha que pudesse, nem por cinco minutos, ter descanso e tranquilidade em suas habitações!

MALHERBE (*entrando de bengala*) — Ah! Ainda estás aqui! Toma! (*Dá-lhe com a bengala até que sai disparando por uma das portas, gritando:*)

INESPERTO — Não quero mais servi-lo! Não quero! Não quero! Já disse.

CENA QUINTA

(*A moça sai do quarto; e entra apressadamente na sala; para o amigo:*)

MILDONA — Que é isto, que é isto, senhor? Que é isto...! Entrou aqui algum ladrão! Algum assassino! O senhor, de bengala, gritando e dando pancada!

MALHERBE (*muito terno*) — Não é coisa alguma, menina; foi apenas uma lição que quis dar a este mariola que tem o título de meu criado: quis fazer-se de amo! Agora, porém, que já lecionei, podemos gozar tranquilos de uma existência feliz! (*Dão dois ou três passeios pela sala e sentam-se em um sofá; conversam sobre várias coisas; ouvem bater; levanta-se a moça; vai à porta e foge espavorida; entra assim para um dos quartos. Levanta-se ele cheio de espanto; chega também à porta, dá um grito de dor, diz:*) São eles! São eles! São eles! (*Cai desfalecido, e assim termina o segundo ato. Milhares de luzes descem e ocupam o espaço do cenário.*)

ATO QUARTO

CENA PRIMEIRA

(Tudo corre; tudo grita — mulher, filhos; marido; criado, que por um dia foi amo do amo: Incêndio! Incêndio! Incêndio! Venham bombas! Venha água! *É um labirinto em que ninguém se entende, mas o fogo, a fumaça que se observa, não passa, ou o incêndio não real, mas aparente. Pegam em barris d'água, em canecas em outros vasos, e todos atiram água para o ar; chega uma bomba pequena, e com ela também atiram água, por espaço de alguns minutos; mas o incêndio parece lavrar com mais força, até que se extingue ou desaparece.)*

MALHERBE (*depois de todos tranquilos*) — Sempre a desordem nas casas sem ordem! Sempre as perdas, os desgostos, os incômodos de todas as espécies! Santo Deus! Por que não crucificais aqueles que desrespeitam vossos santos preceitos!? Mas que digo? Se continuo, estas mulheres são capazes de pendurar-me naquela travessa e aqui me deixarem exposto, por não querer acompanhá-las em seus modos de pensar e de julgar! O melhor é retirar-me! Vou descansar por alguns minutos. (*Sai.*)

CENA SEGUNDA

ELAS (*umas para as outras*) — Preparemo-nos para pregar um susto neste mariola! Já que ele não quer obedecer aos nossos chamados espirituais e aos das outras mulheres, já que é preguiçoso, vaidoso, ou orgulhoso, ao menos lhe preguemos um susto!

TODAS — Apoiado! Apoiadíssimo! Ou ele há de ser obediente às Leis, ou havemos de enforcá-lo, ainda que seja só por alguns momentos e divertimento! Deixemos ele vir.

(*Preparam uma corda e tudo o mais que as pode auxiliar para tal fim; conversam sobre os resultados e consequências de sua empresa e o que farão depois. Entretanto, entra o criado com ele em figura forte de papelão, abraçado para poder acompanhá-lo; e é esta a terceira cena. Cumprimentam-se todos muito alegremente; e conversam.*)

UMA DELAS (*para o criado*) — Ora muito bem! Já se vê quanto é bom viver conforme as relações naturais. Eu gosto de mingau de araruta ou de sagu, por exemplo, como; e porque está relacionado com certo jovem a quem amo; ele aqui me aparece, e eu o gozo! Já se vê pois que, vivendo conforme elas, é em duplicata!

OUTRA — É verdade, Mana; eu, como a comida de que mais gosto é coco e porque este se relaciona com certo amigo de meu pai, ele aqui também virá, e o meu prazer não será só de paladar, mas também aquele que provém do amar!

OUTRA — Pois eu, como o que mais aprecio é chocolate, bebê-lo-ei, bebê-lo-ei; e por idênticas razões gozarei dele e de quem não quero dizer! Mas o diabo é que assim ficam sem coisa alguma!

MARIPOSA — Pois eu, como gosto muito do meu criado, e ele é mel de abelha, já se sabe o que eu de hoje em diante hei de sempre comer ou beber! (*Para o marido de papelão.*) E o senhor, senhor Tralhão, que não quis acompanhar-nos nas relações naturais, importando-se sempre com direitos, não vendo que o próprio direito autoriza, dizendo que cada um pode viver como quiser e com quem quiser, há de ficar aqui pendurado para eterna glória das mulheres e exemplo final dos homens malcriados! Contamos (*para o criado*) com teu auxílio.

INESPERTO — Não precisamos ter trabalho, porque ele está dormindo, com certa flor que lhe dei a cheirar!

ELAS — Oh! Então melhor! Venham as cordas! (*Para o criado:*) Vê uma escada; trepa lá; sobe naquela trave; leva esta corda, que nós cá o amarremos pelo pescoço, e depois tu o sungas.

INESPERTO — Sim; mas como diabo há de ser! Ah! É preciso a senhora pegar nele para não cair...

MARIPOSA — Eu seguro!

INESPERTO (*pega a escada, põe em lugar próprio, sobe, levando a corda, e depois desce. À parte:*) — Estas mulheres não veem que não se pode ainda andar com as relações naturais; que, se umas querem, outras não querem; que, se umas podem, outras não podem; que... enfim, são o diabo! Mas elas agora vão conhecer que eu sou homem e que por isso mesmo hei de defender e amparar aqueles a quem elas quiserem crucificar! (*Amarra a corda ao pescoço da figura e diz:*) Está bem atada! Agora vou sungá-lo! (*Sobe a escada, monta na trave e, puxando:*) Pesa como o diabo! Não terá dez arrobas? Mas quinze eu juro que pesa! Irra! (*Puxando.*) Irra! Arriba! Agora, agora já está seguro!

ELAS (*umas para as outras*) — Há de ficar pendurado! Ah! Ah! Ah! Há de, há de! (*Batem palmas.*) Que triunfo! Viva! Viva! Agora, Maninha, já enforcamos este, havemos de enforcar também certo grilo; e andar com as relações à vontade dos corações!

TODAS — Apoiado! Apoiado! Enforquemos tudo quanto é autoridade que nos quer estorvar de gozar, como se estivéssemos em um paraíso terreal!

INESPERTO (*depois de haver prendido o corpo da figura na trave*) — Pois não! Não vê que meu amo havia de ser enforcado para as senhoras fazeram quanto quisessem! Boas! Lá vai bala! Relações, metralha. (*Arranca um braço, atira numa delas.*)

MARCA — Ah! Traidor! (*Encolhe-se.*)

INESPERTO — Lá vai um estilhaço. Toma relação! (*Atira outro braço em outra.*)

JÚLIA — Bárbaro! Louco!

INESPERTO — Mais outro! (*Arranca a cabeça, ou o chapéu, e atira em outra, dizendo:*) Querem mais!? Se quiserem, venham buscar cá em cima, que eu vou juntar-me ao meu muito respeitável amo. (*Levanta-se em cima da trave e sai ou desaparece.*)

ELAS (*uma para as outras a enxugarem os olhos*) — Que tirano! Que cruel! Que bárbaro! Que assassino! De modo que, assim sendo, se pode ainda hoje fazer... Cantemos todas:

1º
— Não nos meteremos
Mais com relações;
Maridos procuremos,
Pois temos corações!

2º
A nenhum mais tentaremos
Destruir seus sentimentos!
A um só nós serviremos,
P'ra não ter duros tormentos!

3º
Com nenhum nos contentarmos,
Ou a todos não querermos;
É assim querer matar-nos,
Pondo todos quase enfermos.

4º
Tenhamos pois juízo!
Cada qual com seu esposo!
Se não, não há paraíso!
Tudo inferno! Nenhum gozo!

5º
Para comermos;
Para bebermos,
Não precisamos
De certos dramas!

6º
De andar,
Sempre a matar,
Os corações
Com as relações!

7º
Os que só querem
(Que desesperem!)
Por relações
São veros ladrões!

8º
Basta o trabalho,
Certo, não falho;
Para vivermos;
E mil gozos termos.

FIM DO QUARTO ATO E DA COMÉDIA ESCRITA

em 14 de maio de 1866, na cidade de Porto Alegre,
sala n° 21, no Beco do Rosário.

HOJE SOU UM; E AMANHÃ OUTRO

Por José Joaquim de Campos Leão Qorpo-Santo

PERSONAGENS

Dourado (rei de...)
Eleutério (seu ministro), denominado, posteriormente, Doutor Sá e Brito
Matildes (rainha)
Fernando e Carlos (guardas)
Eulália e Tibúrcia (damas do Paço)
Quatro oficiais
Criado
Soldado da Guarda Imperial

ATO PRIMEIRO

CENA PRIMEIRA

O REI (*para o ministro*) — Já deste as providências que te recomendei ontem sobre os indigitados para a nova conspiração que contra mim se forja!?

MINISTRO — Não me foi possível, senhor, pôr em prática vossas ordens.

O REI — Ludibrias das ordens de teu rei? Não sabes que te posso punir, com uma demissão, com baixa das honras e até com a prisão!?

MINISTRO — Se eu referir a V.M. as razões ponderosas que tive para assim proceder, estou certo, e mais que certo, que V.M. não hesitará em perdoar-me essa que julga uma grave falta; mas, em verdade, não passa de ilusão em V.M.

O REI — Ilusão! Quando deixas de cumprir ordens minhas?

MINISTRO — Pois bem, já que V.M. o ignora, eu lhe vou cientificar das coisas que me obrigaram a assim proceder.

O REI — Pois bem, refere-as; e muito estimarei que me convençam e persuadam de que assim devemos proceder.

MINISTRO — Primeiramente, saiba V.M. de uma grande descoberta no Império do Brasil, e que se tem espalhado por todo o mundo cristão, e mesmo não cristão! Direi mesmo, por todos os entes da espécie humana!

O REI (*muito admirado*) — Oh! Dizei, falai! Que descobriram, é erro!?

MINISTRO — É coisa tão simples quanto verdadeira. 1ª) Que os nossos corpos não são mais que os invólucros de espíritos, ora de uns, ora de outros; que o que hoje é rei como V.M. ontem não passava de um criado, ou vassalo meu, mesmo porque senti em meu corpo o vosso espírito e convenci-me, por esse fato, ser então eu o verdadeiro rei, e vós o meu ministro! Pelo procedimento do povo e desses a quem V.M. chama conspiradores, persuadi-me do que acabo de ponderar a V.M. 2ª) Que pelas observações filosóficas, este fato é tão verídico, que milhares de vezes vemos uma criança falar como um general; e este como uma criança. Vemos, por exemplo, um indivíduo colocado no cargo de presidente de uma província, velho, carregado de serviços, com títulos, dignidades e mesmo exercendo outros empregos de alta importância, ter medo, senhor; não poder abrir a boca diante de um homem considerado talvez pelo povo, sem um emprego pessoal, sem mulher, talvez mesmo sem o necessário para todas as suas despesas, finalmente um corpo habitado por uma alma. Que quer dizer isto, senhor? Que esse sobrecarregado de cargo e dignidades humanas é zero perante este protegido ou bafejado das dignas leis Divinas. Eu, pois, ontem estava tão acima de V.M., porque sentia em mim o dever de cumprir uma missão Divina, que me era impossível cumprir ordens humanas. Podeis fazer agora o que quiserdes!

O REI — Estou pasmo com a revelação que acabo de ouvir. Se isto se verifica, estou perdido!

MINISTRO — Não temais, senhor... Todo o povo vos ama e a nação vos estima; mas desejo que aprendais a conhecer--vos, e aos outros... homens. E o que é o corpo e a alma de um ente qualquer da espécie humana; isto é, que os corpos são verdadeiramente habitações daquelas almas que a Deus apraz fazer habitá-los, e que por isso mesmo todos são iguais perante Deus!

O REI — Mas quem foi no Império do Brasil o autor da descoberta, que tanto ilustra, moraliza e felicita, honrando!?

MINISTRO — Um homem, senhor, predestinado sem dúvida pelo Onipotente para derramar esta luz divina por todos os habitantes do Globo que habitamos.

O REI — Mas quais os seus princípios, ou os de sua vida?

MINISTRO — É filho de um professor de primeiras letras; seguiu por algum tempo o comércio; estudou depois e seguiu por alguns anos a profissão de seu pai, roubado-lhe pela morte, quando contava apenas de nove a dez anos de idade. Durante o tempo do seu magistério, empregou-se sempre no estudo da história universal, da geografia, da filosofia, da retórica e de todas as outras ciências e artes que o podiam ilustrar. Estudou também um pouco de francês e de inglês; não tendo podido estudar também latim, conquanto a isso desse começo, por causa de uma enfermidade que em seus princípios o assaltou. Lia constantemente as melhores produções dos poetas mais célebres de todos os tempos, dos oradores mais profundos, dos filósofos mais sábios e dos retóricos mais brilhantes ou distintos pela escolha de suas belezas, de suas figuras oratórias! Foi esta a sua vida até a idade de trinta anos.

O REI — E nessa idade o que aconteceu? Pelo que dizes, reconheço que não é um homem vulgar.

MINISTRO — Nessa idade, informam-me... isto é, deixou o exercício do magistério para começar a produzir de todos os modos; e a profetizar!

O REI — Então também foi ou é profeta!?

MINISTRO — Sim, senhor. Tudo quanto disse que havia de acontecer tem acontecido; e se espera que acontecerá!

O REI — Como se chama esse homem!?

MINISTRO — Ainda não vos disse, senhor, que esse homem viveu em um retiro por espaço de um ano ou mais, onde produziu numerosos trabalhos sobre todas as ciências, compondo uma obra de quatrocentas páginas em quarto, a que denomina E... ou E... de... E aí acrescentam que tomou o título de dr. C... S... por não poder usar o nome de que usava — Q... L..., ou J... J... de Q... L... — ao interpretar diversos tópicos do Novo Testamento de N.S. Jesus Cristo, que até aos próprios padres ou sacerdotes pareciam contraditórios!

O REI — Estou espantado de tão importante revelação!

MINISTRO — Ainda não é tudo, senhor. Esse homem era durante esse tempo de jejum, estudo e oração alimentado pelos Reis do Universo, com exceção dos de palha! A sua cabeça era como um centro, donde saíam pensamentos, que voavam às dos Reis de que se alimentava, e destes recebia outros. Era como o coração do mundo, espalhando sangue por todas as suas veias e, assim, alimentando-o e fortificando-o, e refluindo quando necessário a seu centro! Assim como acontece a respeito do coração humano e do corpo em que se acha. Assim é que tem podido levar a todo o mundo habitado sem auxílio de tipo tudo quanto há querido!

O REI — Cada vez fico mais espantado com o que ouço de teus lábios!

MINISTRO — É verdade quanto vos refiro! Não vos minto! E ainda não é tudo. Esse homem tem composto, e continua a compor, numerosas obras: tragédias, comédias, poesias sobre todo e qualquer assunto; finalmente, bem se pode dizer que é um desses raros talentos que só se admiram de séculos em séculos!

O REI — Poderíamos obter um retrato desse ente a meu ver tão grande ou maior que o próprio Jesus Cristo!?

MINISTRO — Eu não possuo algum; mas pode se encomendar ao nosso cônsul na cidade de Porto Alegre, capital da província de São Pedro do Sul, em que tem habitado, e creio que ainda vive.

O REI — Pois serás já quem fará essa encomenda!

MINISTRO — Aqui mesmo na presença de V.M. o farei. (*Chega-se a uma mesa, pega em uma pena e papel e escreve:*) "Sr. cônsul de... De ordem de Nosso Monarca, tenho a determinar a V.Sa. que no primeiro correio envie a esta corte um retrato do dr. Q... S..., do maior tamanho e mais perfeito que houver. Sendo indiferente o preço. O Primeiro Ministro DOUTOR SÁ E BRITO". Corte de..., maio 9 de 1866.

(*Fechou, depois de haver lido em voz alta; chama um criado e manda pôr no correio para seguir com toda a brevidade, recomendando.*)

ATO SEGUNDO

A RAINHA E SUAS DAMAS (*entrando*) — Não é esta, senhor (*para o rei*), a primeira vez que, sabendo haverdes querido encadear ou condenar à morte homens a quem julgo inocentes, venho perante vós impetrar o seu perdão! Chegou ao meu conhecimento que desconfiastes da fidelidade de vossos maiores e mais sábios amigos, Henrique e Gil Gonzaga! É por estes sábios vassalos, e que tantas vezes têm ocupado os mais importantes cargos do Estado, que vos venho pedir; é a liberdade, ou a não perseguição de suas pessoas que desejo!

O REI — Bem conheço, senhora, o interesse que tomais em tudo quanto diz respeito à minha, à vossa e à felicidade do Estado que por herança ou Vontade Divina governo, ora com sábios conselhos, ora com vossas felizes lembranças, ora com as mais justas — vossas reflexões! Estais, portanto, servida, senhora, em vosso pedido; mesmo que o não fizésseis, a conversação que acabo de ter com um dos nossos mais distintos políticos, e atualmente na primeira pasta do governo, seria bastante para perdoar a esses, de quem tive denúncia de que conspiram contra o nosso governo!

A RAINHA — Quanto me apraz, senhor, ouvir de vossos lábios, doces e salutares palavras! Estou tranquila e volto feliz aos trabalhos em que sempre me costumo ocupar! (*Para o ministro:*) Senhor ministro, continuai com vossos sábios conselhos a ilustrar vosso grande rei e contai sempre com a proteção de vossa assaz afetuosa rainha! (*Sai com as damas.*)

OS GUARDAS (*entrando*) — Senhor! Senhor! (*Fatigados e cheios de temor.*) Aproximam-se de nossas praias alguns vasos de guerra com bandeira de uma nação com que estamos em guerra! Houveram alguns tiros entre os de guerra nacionais e esses que se aproximam de nossa barra. É portanto mister pôr tudo em armas para repelir a audaz invasão! (*Entra o ministro.*)

O REI (*para o ministro*) — É preciso darem-se as mais terminantes ordens a fim de que não sofra a cidade o menor mal! Escrevei já as seguintes ordens para o general comandante da guarnição (*o ministro senta-se e escreve*): De ordem de S.M., nosso rei, determino a V.Exa. que imediatamente ponha em armas, e pronta para repelir qualquer tentativa estrangeira, toda a tropa que faz a guarnição desta cidade! Mande tocar tambores pelas ruas para que se reúna não só toda a Guarda Nacional ativa, como também a reserva, dividida toda a tropa em colunas por todo o litoral da cidade, principalmente por suas praias mais vulneráveis, ou despidas de fortalezas! (*O rei entrega o ofício a um, sai acompanhado de guardas e volta imediatamente.*)

O MINISTRO (*para outro*) — Parte imediatamente (*depois de haver feito outro ofício*), leva este à Fortaleza da Laje; dizei ao respectivo comandante que igual resolução comuniquei a todos os outros comandantes! (*Sai o guarda. Para o rei:*) Peço licença à V.M. para ir em pessoa dar as mais providências que em tão melindrosas circunstâncias são necessárias.

O REI — Vai e não te demores a vir dar-me parte do que ocorre; pois, se for necessário, quero ir eu mesmo em pessoa, com a minha presença, animar as tropas, exortar o povo e fazer, como me cumpre, quanto em mim cabe em proveito dele e da nação! (*O ministro parte.*)

O REI (*passeando*) — Por mais saber que se tenha; por mais previdente que seja um monarca, por mais benefícios que derrame sobre seus povos, e mesmo sobre os estrangeiros, com sua ciência e com seu exemplo, sempre lhe sobrevém males inevitáveis, que o dever, e a honra, e a dignidade obrigam a repelir! E às vezes com que dureza ele é obrigado a fazê-lo! Com que dor em seu coração ele prevê os numerosos cadáveres juncando os campos da batalha! Céus! Eu estremeço quando vejo diante de meus olhos o horrível espetáculo de um açougue de homens! E se fossem só estes os que perecem; mas quantas famílias desoladas! Quantas viúvas sem marido! Quantas filhas sem pai; quanta orfandade!... Quanto pesa o cetro na destra daquele que o empunha com os mais inocentes desejos, com as mais sãs intenções! (*Tomando um aspecto resoluto.*) Tudo isto é verdade; mas quando a pátria periga! Quando o inimigo audaz se atreve a insultá-la, quando pode tudo gemer, se o rei fraquear, não deve ele reflexionar sobre as consequências; tem uma única resolução a tomar: ligar-se ao povo, ao Estado ou à nação; identificar-se com eles, como se fosse um só ente, e debelar aquele, sem poupança de forças, dinheiro e tudo o mais que possa concorrer para o mais completo e glorioso triunfo! Vamos pois em pessoa dar todas as ordens, dispor tudo e expor se for necessário este peito às balas, este coração ao ferro insultante! Guarda! Prepara-me um dos melhores cavalos em que eu cinja esta espada.

O GUARDA — Pronto, senhor. (*Sai.*)

O REI (*veste a sua farda de general, depois de haver despido a capa com que se achava, e parte apressadamente. Ao sair, ouve um tiro de peça; desembainha a espada, dizendo:*) — São eles! (*E segue.*)

A RAINHA (*acompanhada das damas*) — Não sei que mau influxo, destino ou planeta acompanha, guia e muitas vezes transtorna as mais sábias administrações do Estado! Por quão pouco tempo gozam estes daquela paz que os tranquiliza e felicita! Daquele progresso que a todos eleva, que a todos anima, que a todos enche de bens e de venturas! Havia ainda tão pouco tempo que a Providência Divina nos havia dado o triunfo contra os inimigos internos que pretendiam debelar-nos; e, quando acaba de tranquilizar os nossos corações, envia-nos talvez a mais cruel guerra estrangeira! Enfim, como não há mal algum que não traga algum bem, devemos contar e esperar que este, como todos os outros, nos felicitará. (*Ouvem-se numerosos tiros de peça e de fuzilaria.*)

A RAINHA (*para as damas*) — Enquanto, damas, os nossos canhões marítimos destroem os nossos inimigos, vamos desta janela animar as nossas tropas de terra com nossa presença a fim de que, se houver algum desembarque, eles conheçam que seríamos capazes de os acompanhar com uma arma em punho! (*Aproximam-se de uma janela.*)

UMA DAS DAMAS — V.M. vê? Lá se incendeia um vaso inimigo! Lá caiu um mastro de uma galera!

A OUTRA — Ih!... Como a metralha varreu o convés daquela nau! Se continua assim, deste instante a duas horas, está o combate terminado, triunfando as nossas armas!

A RAINHA — Vocês veem as tropas que estão desembarcando lá naquela ponta de península anglicana?

AS DAMAS — Vemos, vemos! Que bicharia! Parecem corvos, ou nuvens de outros bichos! E quem sabe se as nossas ainda não viram esse desembarque!? Seria bom avisá-las! É lugar algum tanto escondido. Convém mandar saber!

A RAINHA — Dá cá o meu apito!

O CRIADO (*dando uma espécie de trombetinha*) — Eis, senhora.

A RAINHA (*apita; um soldado da guarda imperial ou real responde com um toque de corneta; ela torna a apitar; ela fala.*) — Corre, voa onde está o rei e dize-lhe que desembarcaram tropas inimigas na península! (*O guarda parte a todo o galope; a rainha, olhando por um óculo, e muito atentamente:*) Ainda agora é que reparo! A fumaça não me deixava ver bem! Os nossos vasos (dois) partem cheios de tropas para o lugar do desembarque! Numerosas lanchas os acompanham; daqui por cinco minutos, deve estar toda a tropa inimiga debelada! Embalde os traidores procuraram uma posição tão importante para destruir-nos... Serão destruídos e completamente aniquilados! Como saltam cabeças, pernas, braços pelos ares! Que carnificina horrível se observa!? Como se matam, como se destroem entes humanos!

UMA DAS DAMAS — V.M. vê? Lá vem o rei a galope! Seu cavalo vem banhado de suor, seu rosto é carmesim! Sua espada, ainda desembainhada, vem tinta de sangue! Céus! Quão grande deve ser o triunfo conquistado hoje por nossas felizes armas!

O REI (*entrando banhado em sangue e suores; para a rainha*) — Senhora, mandai-me vir outro fardamento limpo para mudar.

A RAINHA — Entremos nesta câmara. (*Entram e, passados alguns minutos, ele se apresenta com nova farda, calças, etc.*)

O REI — Adeus! Volto ao combate; e juro-vos que, antes de pôr-se o sol, não ficará um soldado inimigo em território nosso. (*Parte.*)

A RAINHA — Deus abençoe os nossos projetos; e proteja os nossos esforços! (*Acompanha-o até a porta; voltam à cena a rainha e as damas.*)

UMA DAS DAMAS — São horas, minha senhora e rainha, de tomar os alimentos de costume com que reparais as forças que gastais em minha e em utilidade de todos os vossos criados.

A OUTRA — Sim; até se não fora hoje um dia tão extraordinário, por certo teríamos faltado a um dos nossos mais importantes deveres. Pois o relógio marcou já uma hora da tarde, e o que agora oferecemos, devia ter sido apresentado a V.M. ao meio-dia!

A RAINHA — Eu não trato, nem tenho disposição, ainda, disso; vamos. (*Saem.*)

ATO TERCEIRO

O REI (*distribuindo prêmios aos numerosos guerreiros que o auxiliaram no triunfo dos combates conversando ora com um, ora com outro*) — Eis, senhores, a recompensa daqueles que sabem cumprir bem seus deveres, defendendo os interesses da pátria, e com eles suas próprias fortunas. Estes recebem o saboroso prêmio de suas fadigas, a recompensa de seus trabalhos. Assim como os usurpadores recebem a morte, e tudo o mais que os pode inutilizar e destruir, quando tentam roubar, matar ou de qualquer outro modo se apossar e fruir os bens que só a outrem pertencem, que só a outrem é permitido gozar! (*Pegando uma medalha e pendurando ao peito de um oficial-general:*) Eis como revelarei ao mundo a tua coragem e valentia. (*Pondo outra em outro:*) Eis com que despertarei no espírito de vossos concidadãos a lembrança de milhares de cadáveres com que a meu lado fizestes juncar o campo da batalha. (*Pondo em outro:*) Eis a prova mais evidente de meu amor por aqueles que me auxiliam no mais importante cargo que se pode exercer sobre a Terra: o de governar os povos, bem como o do reconhecimento de vossos raros merecimentos! (*Para outro:*) É quanto basta para que o mundo vos olhe com respeito; vossos irmãos de armas com prazer, se não com emulação. (*Pegando em umas caixinhas:*) As gratificações que dentro encontrardes (*dando a um dos oficiais*) deveis cada um de vós entregar aos oficiais superiores e subalternos, que debaixo do meu e do vosso comando praticaram atos da maior bravura e valor. Para os soldados, outras distinções serão feitas, que atestam por toda a sua vida seus meritórios serviços; a recompensa da pátria; e o afeto e gratidão do rei! Transmiti-lhe entretanto este apertado abraço que a todos vós dou. (*Abraça os quatro oficiais.*)

ELES (*beijando a mão*) — Gratos e reconhecidos aos altos, nobres e elevados sentimentos de V.M., protestamos perante Vós, Deus e as Leis, (*arrancando um pouco as espadas*) desembainharmos... (*arrancando todas*) estas espadas e, com elas, defender-vos e a nossa mais que toda virtuosa rainha, fazendo cair cadáveres quantos se lhes opuserem; ou cairmos por terra banhados em nosso próprio sangue. (*Fazem profunda reverência e saem.*)

A RAINHA (*e um pouco depois as damas, entrando apressadamente e atirando-se nos braços do rei*) — Meu querido esposo, quanto me fizeste pensar sobre a tua existência, sobre o teu futuro! Sobre a paz e felicidade do nosso reino! (*Desprendendo-se mui devagar de seus braços:*) Sim, caro amigo! Quando milhares de feras tentavam lançar-nos talvez fora de nossos territórios e deles se apossar, destruir nossos bens, aniquilar nossa pátria e fazerem destarte a desgraça geral, não era para menos que para sentir-se o maior receio por tantos males de que nos achávamos ameaçados. Felizmente houve um triunfo completo. Os mares repletos de cabeças, de corpos que boiavam dos nossos inimigos, como se uma peste houvesse destruído a vida de milhares de peixes, como algumas vezes havemos observado. Na península em que tentaram um desembarque, eram tantos, que bem se podia dizer que era um matadouro público de carneiros para alimentar uma grande cidade. Felizmente, viveremos, continuaremos a viver tranquilos e felizes!

O REI — É tudo isso verdade, minha muito querida esposa. Agora, porém, só nos cumpre continuar a velar sobre quanto diz respeito aos interesses públicos de outra ordem. Eu continuarei a pensar, a meditar, a estudar, a cogitar quanto possa fazer a felicidade dos homens. Tu, que és mulher, de igual modo procederás a respeito das de teu sexo. Combinaremos depois, e todos os dias por duas horas pelo menos de cada um, sobre tais assuntos; o que for julgado melhor, isso se porá em prática.

A RAINHA — Com muito prazer acompanhar-vos-ei em vosso modo de pensar e futura disposição. São horas de descanso, não quereis acompanhar-me?

O REI — Tenho ainda alguma coisa a fazer nesta sala. Não estou bem certo do que é; porém, sei que me falta não sei o quê.

A RAINHA — Vede o que é; e se eu vos posso auxiliar.

O REI — Não me recordo, iremos portanto dar um passeio ao jardim, e depois se me lembrar voltarei. Ah! Agora me lembro: o rascunho da participação que cumpre fazer a todos os governadores que nos auxiliam em nosso importante governo. (*Senta-se, pega a pena e escreve:*) "Meus muito amados súditos e governadores das diversas províncias do meu importante reino! Participo-vos, e sabei que quase inesperadamente fui surpreendido por numerosos traidores, ladrões e assassinos, mas que, em um dia, hoje cercado dos meus generais e dos mais valentes, denotados soldados, obtive o mais completo triunfo sobre eles. É sempre a Providência Divina que auxilia nossas Armas e que, se por alguns momentos, como para experimentar a nossa crença, nos envia alguns flagelos, estes desaparecem logo, como as sobras da noite aos raios da loura Aurora. Publicai esse fato glorioso de nossos concidadãos, de nossa fé, de nossa religião, de nossa moral e de nossa valentia. E conservai-vos, como sempre, no desempenho tão honroso, quão importante do governo que vos conferiu — O vosso Rei. Q... S, — m — Palácio das Mercês, abril 9 de 1866."

O REI E A RAINHA (*para o público*) — Sempre a Lei, a Razão e a Justiça triunfam da perfídia, da traição e da maldade!

(*Desce o pano e termina o terceiro ato e com ele a comédia.*)

Produzido em 15 de maio de 1866,
no Beco do Rosário, em Porto Alegre,
sobrado por cima do número 2125.

EU SOU VIDA;
EU NÃO SOU MORTE

Comédia em dois atos

Por José Joaquim de Campos Leão Qorpo-Santo

PERSONAGENS

Lindo
Linda
Japegão (marido de Linda)
Manuelinha (filha de Linda e Lindo)

ATO PRIMEIRO

(*Lindo, Linda e Japegão.*)

LINDA (*cantando*) — *Se não tiveres cuidado,*
Algum cão danado
Te há de matar,
Te há d'estraçalhar!

LINDO — *Eu sou vida;*
Eu não sou morte!
É esta minha sorte;
É esta minha lida!

LINDA — *Ind'assim, toma sentido!*
Vê que é tudo fingido;
Não creias algum louvor:
Sabei: — Te trará dor!

LINDO — *Se desrespeitará*
A vida minha?
A desse, asinha,
— Ao ar voará!

LINDA — *Não te fies, meu Lindinho,*
Dos que te fazem carinho,
Crê que te devoram
Os lobos; e não coram!

LINDO — *Sabei, oh, Lindinha:*
Os que me maltratam
A si se matam:
Tu ouves, Anjinha!

LINDA — Meu Lindo, tu sabes quanto te amo! Quanto te adoro! Sim, meu querido amigo, quem melhor conhece do que tu o amor que neste peito mortal, mas animado por esta alma (*pondo a mão na testa*) imortal, te consagro!? Ninguém, certamente. (*Pegando-lhe na mão.*) Adoças-me (*sic*) pois sempre com tuas palavras, com teus afetos, com teu amor ainda que fingido! Sim, meu querido amigo, bafeja-me sempre com o aroma de tuas palavras, com o perfume de tuas expressões! Sim, meu querido, lembra-te que hei sido baixel, sempre batido das tempestades, que por cinco ou seis vezes quase lá soçobrado; mas que por graça Divina ainda viaja nos mares tempestuosos da vida.

LINDO — Ah! Minha adorada prenda, tu que foste a oferenda que me fez o Criador em dias do mais belo amor, que pedes? Como pedes àquele que tanto te ama, mais que à própria cama?!

LINDA — Há! Há! Há! Meu queridinho, quanto me deste, quanto me felicitaste com as maviosas expressões desses teus bofes ou pulmões — envoltórios dos corações!

LINDO — Estimo muito. E eu não sabia que tu tinhas o dom de adivinhar que, sempre que vou apalpar, sinto bater neste peito pancadas de ambos os lados, isto é, do esquerdo e direito. O que por certo convence que neste vácuo estreito abrigo dois grãos corações.

LINDA — Há! Há! Há! Eu não digo (*à parte*) que este figo me foi enviado por cego danado? Quer me fazer crer que tem dois corações. (*A ele:*) Amiguinho, ainda não sabes de uma coisa. Queres saber? Eu vo-la digo. Heim? Não responde!

LINDO — O que é, o que é, então!!?

LINDA — Ora o que há de ser! É que tu tens dois corações dentro do peito, eu tenho duas cabeças por fora dos largos seios.

LINDO — Tu és o diabo! Ninguém pode contigo! És tripa que nunca se enche, por mais que dentro se lhe bote. És vasilha que não chocalha. És... o que eu não quero dizer, porque não quero que se saiba.

LINDA — Pois já que me fazes comparações tão sublimes, eu também vou te fazer uma de que muito te deves agradar. Sabes qual é, não? Pois eu te digo: és o diabo em figura de homem! És... és... (*atirando com as mãos e caminhando de um para outro lado*) És... és! És! E então que mais queres!? Quero comparações mais bonitas, mais finas, delicadas e elevadas; ao contrário, ficaremos figadais inimigos. Tem entendido, senhor Sultãozinho? Pois, se não tiver entendido, entenda!

LINDO — Bem. Vou fazer-lhe as mais mimosas que à minha imaginação abundante, crescente e algumas vezes até demente ocorrem! Lá vai uma: a senhora é pera que não se come!

LINDA — Essa não presta!

LINDO (*batendo na testa*) — E preciso arrancar desta cabeça, ainda que seja com algum gancho de ferro, uma comparação que satisfaça a esta mulher; ao contrário, é capaz de...

LINDA — E não se demore muito com as suas reflexões! Quero a comédia.

LINDO — Qual comédia, nem comédia! O que me comprometi a fazer-lhe foi comparação bonita; e não comédia. Espere, portanto. (*Torna a bater na cabeça, mais no crânio. À parte:*) Já que da testa não sai, vejamos se tiro do crânio! Ah! Sim; agora aparece uma; e que bela, que interessante, que agradável, que bonita, que delicada, que mimosa é a comparação que vou fazer da senhora d. Linda! É mesmo tão linda como ela! Tão formosa como a flor mais mimosa! Tão rica como a jorrosa bica! Tão fina como a ignota sina! Tão... tão... tão... Quer mais? Quer melhor? Não lhe dou, não lhe faço, não quero! (*A correr em roda dela:*) Não lhe dou, não lhe faço, não lhe dou, não lhe faço, não quero, não posso, já disse. (*Repete duas vezes esta última negativa.*)

LINDA — Este menino é o diabinho em figura humana! Dança, salta, pula, brinca... Faz o diabo! Sim, se não é o diabo em pessoa, há ocasiões em que parece o demônio; enfim, o que terá ele naquela cabeça!? (*Lindo medita em pé e com uma mão encostada no rosto.*) Pensa horas inteiras, e nada diz! Fala como o mais falador, e nada expressa! Come como um cavador, e nada obra! Enfim, é o ente mais extraordinário que meus olhos têm visto, que minhas mãos têm apalpado, que meu coração tem amado!

LINDO — Senhora: vou-me embora. (*Voltando-se rapidamente para ela, com aspecto muito triste e salpicado de indignação:*) Vou, vou sim! Não a quero mais ver, não sou mais seu!

LINDA (*com sentimento*) — Cruel! Tirano! Suíço! Lagarto! Bicho feio! Mau! Onde queres ir? Por que não te casas, inda que seja com uma negra quitandeira?

LINDO — Também eu direi. Cruel! Ingrata! Má! Feia!! Por que não te ligas, ainda que seja a um preto cangueiro?

(*Entra um rapaz, Japegão, todo paramentado: bengala, óculos, etc.*)

JAPEGÃO (*para um e depois para a outra*) — Vivam, madamas; mais que todos!

LINDO (*pondo-lhe as mãos e empurrando*) — O que quer pois aqui!? Não sabe que esta mulher é minha esposa!?

JAPEGÃO — Dispense, eu não sabia! (*Voltando-se para Linda:*) Mas senhora, parece-me...

LINDA — O que mais?! Não ouviu já ele dizer que sou mulher dele!? O que mais quer agora? Agora fique solteiro e vá casar com uma enxada! Não quer acreditar que não há direito, que ninguém faz caso de papéis borrados, que isso são letras mortas, que o que serve, o que vale, o que dá direito é a aquisição da mulher!? Que quem se pega com uma, essa tem, e tudo o que lhe pertence! Sofra agora o isolamento, e na obscuridade! Seja solitário! Viva para Deus. Ou meta-se num convento se quiser companhia. Não vá mais à reunião de outros homens.

JAPEGÃO (*muito admirado*) — Esta mulher está doida. Casou comigo o ano passado, foram padrinhos Trico e Trica, e agora fala esta linguagem! Está, está! Não tem dúvida!

LINDO — Já lhe disse (*muito formalizado*) que fiz esta conquista! Agora o que quer?! Conquistei é minha! Foi meu gosto, portanto, safe-se, senão o mato com este estoque! (*Pega em uma bengala e arranca um palmo de ferro.*)

LINDA — Não precisa tanto, Lindo! Deixai-o cá comigo... Eu basto para nos deixar tranquilos.

JAPEGÃO — O senhor tem estoque, pois eu tenho punhal e revólver! (*Mete a mão na algibeira da calça, puxa e aponta um revólver.*) Agora, de duas uma: ou Linda é minha, e triunfa o direito, a natureza, a religião ou é tua, e vence a barbaria, a natureza em seu estado brutal, a irreligião!

LINDA (*para o rapaz*) — Mas eu o não quero mais; já o mandei para o leilão três vezes! Já o vendi em particular — quinze! Já o aluguei — oito! E já o libertei, seguramente por dez vezes. Não quero nem o ver, quanto mais o ter!

(*Japegão, gaguejando, querendo falar e sem poder.*)

LINDA — Até a voz de sabiá lhe tiraram! Até o canto de gaturama lhe roubaram! E ainda quer se meter comigo!

JAPEGÃO (*fazendo trinta mil caretas para falar e sem poder; ultimamente, desprende as seguintes palavras*) — Ah! Mulher! Mulher! Diabo! Diabo! (*Atira-se a ela, o revólver cai no chão; passa a derramar lágrimas, com os braços nos ombros dela, por espaço de cinco minutos.*)

LINDO (*querendo levantar o revólver, que estava perto do pé do rapaz; este lhe dá um coice na cara*) — Safa! Pensei que a mulher já o tinha matado com o abraço, metendo-lhe nas entranhas todo o veneno da mais venenosa cascavel; e ele ainda dá ares de vida, e de força, pregando-me na cara a estampa de seus finos pés! É um morto que vive! Bem dizia certo médico que era capaz de conservar vivo um cavalo depois de morto, por espaço de oito meses, sempre a andar, e creio que até a rinchar! Demo! (*Atirando com a bengala.*) Não quero mais armas!

JAPEGÃO E LINDA (*desprendem-se dos braços um do outro, desce então uma espécie de véu, de nuvens, sobre os dois. Lindo quer abrigar-se também, e não pode: chora, lamenta, pragueja. Levanta-se rapidamente a nuvem, torna a descer sobre os três, mas separando aquele. Ouve-se de repente uma grande trovoada; veem-se relâmpagos; todos tremem, querem fugir, não podem. Gritam:*) — Punição Divina! (*E caem prostrados de joelhos.*)

ATO SEGUNDO

CENA PRIMEIRA

(*Uma jovem, Linda, vestida de negro com uma menina por diante. Atravessa um cavalheiro.*)

LINDA (*para este*) — Senhor! Senhor! Por quem sois, dizei-me onde está o meu marido, ou meu esposo, o meu amigo!

LINDO (*embuçado numa capa desembuçando-se*) — Esquecestes que ainda ontem aqui o assassinastes com os horrores de tuas crueldades!? Mulher! Tu me conheces! Sabes quem sou, ou não sabes? (*À parte:*) Pérfida, cruel, ingrata! Vê seu marido diante de si e apresenta-se a ele vestida de negro, luto que botou por sua morte.

LINDA (*afastando-o com as mãos, como querendo fugir*) — Quem sois vós, ingrato, que assim me falais!?

LINDO — Ainda perguntas. (*Sacudindo a cabeça.*) Ainda respondes. Quem sou eu? Desconheces o Lindo, teu afetuoso consorte, e ainda perguntas?!

LINDA — Tirano! Foge de minha presença! Desprezaste os meus conselhos, não quiseste ouvir-me e queixas-te. Bárbaro! Cruel! Eu não te disse que te não fiasses de pessoa alguma! Por que te fiaste!?

LINDO — E tu, Maga Circe, para que me iludiste! Para que me disseste que eras solteira quando é certo que eras casada com o mais belo rapaz!?

LINDA — Eu... eu... não disse: mas você... não ignorava; bem sabia que eu era mulher de seu primo! Ignorava? Penso que não! Para que me botou fora? Para que me procurou?

LINDO — Não sei onde estou, não sei onde me acho, não sei o que faça. Esta mulher (*atirando-se, como para agarrá-la*) é o demo em pessoa, é o ente mais admirável que eu tenho conhecido! É capaz de tudo! Já não digo de revolucionar uma província, de pôr em armas e mesmo de destruir um império! Mas de revolucionar o mundo, de fazer, de converter os grãos em terras e as terras em águas, de, se tal tentasse, fazer do Globo que habitamos peteca!

LINDA — É muito exagerado. Que atrevido conceito de mim forma! Que audácia! Nem ao menos quer ver que fala diante de uma filha de nove a dez anos!

LINDO — Que fazeis por estas paragens, onde não vos é mais dado vir, porque já vos não pertencem?!

LINDA (*com ar satírico e mordaz*) — Procuro-vos, cruel.

LINDO — Sim, procuras-me para de novo cravar-me o punhal da traição! És bem má... És muito má!

MANUELINHA — Papai! (*Aproximando-se dele.*) Que tem? Está doente? Me conte: o que lhe aconteceu? O que foi? Diga, papai, diga, diga! Eu o curo se estiver doente. E, se não estiver, a mamãe há de curar!

LINDO (*tomando a menina nos braços, abraçando-a e beijando-a*) — Minha querida filha! Quanto adoçam a minha existência tuas ternas e maravilhosas palavras! Quanto transformam os furores de meu coração, as doçuras de tuas meigas expressões. Quanto apraz-me ver-vos! (*Dirigindo-se a Manuelinha:*) Ah! Sim! Tu és o fruto de um amor... Sim, és! Tua mãe, sem que eu soubesse, depois casou; procurou juntar-se a mim... iludia-me! Mas, querida filha, sinto uma dor neste peito. (*Desprendendo-se da filha.*) Este coração parece traspassado de dor. Esta alma, repassada de amargura. Este corpo, um composto de martírios! Céus... (*arrancando os cabelos*) eu tremo! Vacilo!...

LINDA — Célebre coisa! Quem havia de supor que este pobre homem havia de ficar no mais deplorável estado! Seu juízo é nenhum! Sua vista... não tem; é cego! Seus ouvidos não têm tímpanos, já não são outra coisa mais que dois formidáveis buracos! Que hei de eu fazer dele!?

(*Entra o rapaz, Japegão, armado, vestido de militar e com a mão no punho da espada.*)

JAPEGÃO — Hoje decidiremos (*à parte*) quem é o marido desta mulher, embora esta filha fosse fabricada pelo meu rival. (*Desembainha a espada e pergunta para o rival:*) A quem pertence esta mulher? A ti que a roubaste..., que lhe deste esta filha? Ou a mim que depois com ela liguei-me pelo sangue, pelas leis civis e eclesiásticas, ou de Deus e dos homens!? Fala! Responde! Ao contrário, varo-te com esta espada!

LINDO — Ela quis; e, como a vontade é livre, não podeis ter sobre ela mais direito algum!

JAPEGÃO — Em tal caso..., e se ela amanhã disser que não quer? E se o mesmo fizer no dia seguinte para com outro? Onde está a ordem, a estabilidade em tudo que pode convir às famílias e aos Estados!? Onde iríamos parar com tais doutrinas!? O que seria de nós? De todos!?

LINDO — Não sei. O que sei é que as vontades são livres, e que por isso cada qual faz o que quer!

JAPEGÃO — Pois como as vontades são livres e cada qual faz o que quer; como não há leis, ordem, moral, religião!... Eu também farei o que quero! E porque esta mulher não me pode pertencer enquanto tu existires, varo-te com esta espada! (*Atravessando-o com a espada; há aparência de sangue.*) Jorra o teu sangue em borbotões. Exausto o corpo, exausta a vida! E com ela todas as tuas futuras pretensões e ambições! Morre (*gritando e arrancando a espada*), cruel! E a tua morte será um novo exemplo para os governos e para todos os que ignoram que as espadas se cingem, que as bandas se atam, que os galões se pregam, não para calcar, mas para defender a honra, o brio, a dignidade e o interesse das famílias! A honra, o brio, a dignidade, a integridade nacional!

(*Lindo cai sobre um cotovelo; a mulher cobre-se com um véu e fica como se estivesse morta; a menina olha admirada para tão triste espetáculo.*)

JAPEGÃO (*voltando-se para a mãe e a filha*) — De hoje em diante, senhora, quer queiras quer não, serás minha mulher, consorte, esposa! E tu, minha querida menina, continuarás a ser a mimosa dos meus olhos, a flor que aromatiza, a santa que me diviniza! Eis como Deus ajuda a quem trabalha! Depois de milhares de trabalhos, incômodos, perdas e perigos! Depois de centenas de furtos, roubos e as mais negras atrocidades! Depois de uma infinidade de insultos, penas, crueldades, o que não pude vencer ou fazer triunfar com a pena, razões, discursos, acabo de fazê-lo com a espada!

(*Estende esta; e assim deve terminar o segundo ato; e mesmo findar a comédia, que mais parece tragédia.*)

16 de maio de 1866.

Já se vê pois que a mulher era casada, foi antes desflorada, depois roubada ao marido pelo desflorador, etc.; que, passado algum tempo, encontrou-se e juntou-se a este; que o marido sentou praça como oficial; e finalmente que, para reaver sua legítima mulher, foi-lhe mister dar a morte física ao seu primeiro amigo, ou roubador. São portanto as figuras que nela entram: Lindo, roubador; Linda, mulher roubada; Japegão, legítimo marido; Manuelinha, filha.

A SEPARAÇÃO DE DOIS ESPOSOS

Comédia em três atos

Por José Joaquim de Campos Leão Qorpo-Santo

PERSONAGENS

Esculápio
Farmácia (mulher deste)
Três meninos de doze anos
Um menino de quatro anos
Idalina (filha de Esculápio e Farmácia)
Lídia (filha de Esculápio e Farmácia)
Plínia (filha de Esculápio e Farmácia)
Fidélis (namorado de Farmácia)
Tamanduá e Tatu (criados)

ATO PRIMEIRO

CENA PRIMEIRA

(*Marido e mulher.*)

ESCULÁPIO — Mulher! Que tanto arrumas esta casa! Mexes para aqui! Mexes para ali! Remexes-te para acolá! Ora de vassoura, ora de agulha, ora de tesoura! (*Deve o ator fazer todos os gestos que exprimirem tais remexidos.*) Sempre a arrumar! Sempre a desarrumar! Cruzes com semelhante mulher!

FARMÁCIA (*varrendo*) — Cruzes com semelhante indivíduo! Sempre a palrar! Sempre a ralhar. Ave-Maria! Os anjos do céu me deem paciência para aturá-lo, já que os da Terra não têm forças suficientes para aquietá-lo! (*Nesta ocasião, um filho de três a quatro anos passa do lado do pai para o da mãe com uma caixa de chapéu na mão a levar-lhe.*)

MENINO — Mamãe, mamãe; pegue, o papai não quer! Guarde.

FARMÁCIA — Para que eu quero isto?! Leva a teu pai e diz a ele que arrume.

ESCULÁPIO — É o dever das mulheres cuidarem de tudo quanto se acha das portas para dentro, inclusive os maridos.

FARMÁCIA — Também é dever dos maridos cuidarem de todos os interesses seus e de sua família das portas para fora de uma casa, entretanto o senhor está aqui metido dia e noite, sem tratar desses deveres.

ESCULÁPIO — Pelo que vejo quer a senhora censurar o meu procedimento; e dizer talvez que lhe estou usurpando um direito: o de governar a seu belo prazer filhos, escravos, etc.

FARMÁCIA — Isso não é coisa alguma! O senhor não querer ir à tesouraria receber seus vencimentos como funcionário público é que me causa estranheza. Em que é que o senhor se fia? Em mim? Não é trabalho próprio de uma senhora andar por repartições públicas recebendo honorários de seu marido. E o senhor melhor o sabe que eu! Não tem caixeiros, não tem criados; não sei, portanto, o que espera. Amanhã ou depois talvez não haja nem para pagar o pão; entretanto, o senhor anda aqui em roda de mim, como o ganoso peru da mais nova perua.

ESCULÁPIO — És muito ralhona! Sempre estás a ralhar, porque passeio pouco! Que impertinência de mulher! Não pode ver o marido em casa nem um só dia! Safa!

FARMÁCIA — Como hei de querer vê-lo? Você não come? Não bebe? Seus filhos não gastam? Eu não preciso? Tudo acontece, e o senhor se admira; e ainda tem a audácia de chamar-me ralhona! Depois, se falta, eu é que padeço! (*Empurrando-o:*) Vá! Vá à tesouraria buscar o que a Fazenda da Província lhe deve. (*Pondo o dedo no nariz:*) Olhe, se você não for hoje, eu não faço mais caso de você! (*Tocando com a direita nos dedos da esquerda:*) Não lhe hei de vestir! Não lhe hei de fazer a cama! Não hei de dormir com você! Não hei de passear! Não hei de fazer nada! Nada que você goste! Aqueles bolinhos da sua paixão, esses você não vê mais! Hei de fazer só para o meu namorado!

ESCULÁPIO — Oh! Oh! Oh! A senhora com namorado! Por isso é que (*apontando com o dedo polegar da mão direita*) a sujeitinha não me pode ver em casa nem cinco minutos! Chama-me peru de roda e não sei o que mais. Casada, com filhos, já de meia-idade, e ainda fala em namorados. Os namorados hão de pô-la em bom estado! Olhe, fique certa (*pondo o dedo no nariz*): o primeiro bem que eles lhe hão de fazer, ou primeiro elogio, é dizerem, e bom será que não digam em suas próprias faces ou bochechas, que a senhora não tem juízo. O segundo é que a senhora já é velha; e por isso que são preferíveis mesmo que sejam vinte para namorar, as de catorze, quinze e dezesseis anos. Terceiro, finalmente, que não estão para aturar, além da senhora, seus filhos! Quer mais claro? Bote-lhe água... Não, este pensamento é velho: bote-lhe luz.

FARMÁCIA — Tu és o diabo! Ainda não vi um homem mais ciumento! Tudo ele faz nascer, ou pender, do ou para o sentido, ou lado mau! Quase que ia dizendo: "Arre lá contigo!". Mas, como me parece não ser expressão portuguesa, ou ser um erro contra as regras de sintaxe... salvo se quiséssemos fazer dessas palavras um advérbio de aversão ou de espanto, não direi. Mas... estás hoje algum tanto insuportável!

ESCULÁPIO — Bravíssimos! A senhora hoje não só está a melhor governadora da casa, como da rua... é até gramática! Não nos diz alguma coisa sobre retórica? Filosofia? História e geografia!? Acho-a tão cheia de saber... que não posso deixar de lhe fazer uma tal pergunta. A senhora não se escandaliza, porque a faço!?

FARMÁCIA — O senhor é que está hoje muito gracioso, ou engraçado! Tenha paciência, faça o que lhe digo e deixe-me trabalhar na arrumação da minha casa!

ESCULÁPIO — Bem; eu me retiro (*pegà o chapéu para sair*). Adeus, meus amores, minha querida, minha vida, meu tudo! Adeus! Adeus! Até logo. Mande-me preparar algumas coisinhas boas para as duas horas, ou quando muito três da tarde.

FARMÁCIA — Estás bem servido! Não me canso mais contigo.

ESCULÁPIO — Então, não lhe trago dinheiro, esse metal precioso que tanto a encanta e a que tanto a senhora se compraz em adorar.

FARMÁCIA — Traga ou não traga, eu não me importo com coisinhas boas; já se foi o tempo, meu caro, em que a minha mãe (*põe-se a chorar*)... — Deus lhe fale na alma, e a tenha em bom lugar — se cansava em lhe preparar!... E sempre vou falar dela, essa é que é a graça! Pensas que agora hás de fazer o mesmo comigo? Estás enganado, e muito enganado! Eu tenho muita gente por mim.

ESCULÁPIO (*voltando*) — Ui! Que é isto? (*Mexendo-lhe com a mão no ombro.*) Enlouquecestes, menina?

FARMÁCIA — Não sei. Vá-se embora.

ESCULÁPIO (*à parte*) — O diabo que entenda esta mulher! Se não saio, incomoda-se porque estou em casa! Se saio, incomoda-se porque saio! De modo que é um mistério... e mistério incompreensível. Custa a crer! Se alguém te pudesse examinar, penso que encontraria em ti mais folhas que em uma árvore, mais tópicos que em um flor-santório (*sic*) ! É o ente mais extraordinário que eu tenho visto. (*Rapidamente.*) Só vendo, só vendo! Sempre é, foi e será mulher que não se pode comparar com um só objeto. E ainda eu não sei se a comparação que fiz acima está bem encaixada! (*Note-se, durante o tempo que o marido fala, ela afeta chorar; soluça, conserva o lenço branco nos olhos, etc. Para ela e de repente:*) Saio ou não saio!? Vou ou não vou!? Quer ou não quer!? Diga! Fale! Eu não hei de estar aqui quase pregado à porta por tantas horas!

FARMÁCIA — Não sei, faça o que quiser. (*Entram as filhas, brincando umas com as outras. Uma delas, cantando:*)

UMA FILHA — *Nós já viemos*
da nossa vizinha:
anda, irmãzinha,
a mamãe consolemos!

FARMÁCIA (*voltando o rosto para as filhas menores de doze anos, cheia de prazer, dá o seguinte grito:*) — Como elas são tão bonitinhas!

ESCULÁPIO — Muito bem! Muito bem! Agora já tem com quem se entreter; portanto, retiro-me até as três horas da tarde. (*Sai.*)

CENA SEGUNDA

FARMÁCIA — Sentem-se, minhas filhas. Vocês hão de estar muito cansadas, com fome, com saudades da mamãe, não é? Conta-me, Lídia, como está a tua camarada? E você, Idalina, há de me dizer como ficou o seu namorado; pois eu sei que já vai gostando do primo Pedrinho! Esta outra eu sei que não namora, nem é de muitas camaradagens, por isso eu nada pergunto a ela.

IDALINA — Ora esta, mamãe, parece criança! Vejam só, sendo eu uma menina de dez anos, já hei de ter namorados! Principalmente quando é certo, e eu sei, que papai não gosta de namorados, nem de me ver junta a brincar com rapazes.

LÍDIA — E eu que ainda sou pequenina, quem faz caso de mim? Que camaradas posso eu ter?

PLÍNIA — Tem as duas bonecas! (*Rindo-se.*) São bem boas, porque não se zangam, não choram, não incomodam a ninguém, nem pessoa alguma se incomoda com elas.

FARMÁCIA — Vocês hoje vieram muito tralhonas, muito espevitadas! Está bom, chega, não quero mais conversar!

ELAS — Esta mamãe é assim: se a gente não está, tem saudades; se está, zanga-se conosco! Está bom, está bom. Vamo-nos embora; vamos, Lídia, levanta-te, não sejas preguiçosa. Vamos cantando (*dão os braços e cantam*):

A mamãe consolar
Vieram as três filhinhas!
Mas ela tem zanguinhas
Que se não pode aturar

Assim vamos-nos embora,
À vizinha passear;
Vamos ver ela bordar,
Enquanto a mamãe chora!

(*Saem as três de braço como tinham entrado.*)

FARMÁCIA (*sozinha*) — Quando chegará o meu Jadeu? E como virá ele? Talvez alegre, talvez triste. Se lhe pagaram, há de vir contente; mas, se o não fizeram..., indignado! E que homem de gênio! É uma fúria quando o insultam! Bom como um Deus quando o respeitam! E eu que o conheço... Mas (*com um transporte da sisudez para a alegria e leviandade*) manguei hoje muito com ele! Ralhei, repreendi e fiz ele sair sem ter vontade; afetei tristeza, fingi choro..., fiz o diabo! Fiz-me de mulher muito respeitável; e fiz-me de criança muito leviana. (*Batem à porta.*) Batem?... (*escutando*) Quem estará aí? Deus sabe... o que quererá. Será velho ou velha; moço ou moça!? Eu ando tão aborrecida dos velhos e das velhas, que é coisa muita! Há momentos em que, ao vê-los, sinto o mais impertinente desejo de lançar! Na dúvida se será boa ou má comida que me vem, esperarei que batam mais outra vez. (*Trom; trom; trom:*) Oh! agora o fazem com mais força; é pancada de maçono! Suporão talvez que isto é algum Templo!? Ah! Se fosse Fidélis que me viesse visitar..., quanto eu estimaria!... E em que ocasião vinha ele consolar esta alma..., animar este coração! Verei. (*Aproxima-se da porta.*) Ah! É ele! Quem o trouxe a estas paragens, senhor Fidélis?

CENA TERCEIRA

FIDÉLIS (*entrando*) — Minha Marília! Minha adorada! Onde está o vosso aborrecido, insaciável marido?

FARMÁCIA (*que assim se chama a mulher*) — Passeia, meu amigo do coração!

FIDÉLIS — Então, podemos estar aqui tranquilos?

FARMÁCIA — Com toda a tranquilidade que pode gozar um espírito e prazer que pode fruir um coração!

(*Esculápio bate à porta, com duas fortes pancadas, como costuma.*)

FIDÉLIS — Não importa que saiba, menina; tu és muito timorata. Ainda não sabes de uma coisa: trago aqui uma carta; vai-lhe abrir a porta; é falsa; mas farei-o engoli-la como verdadeira!

FARMÁCIA — Tu és muito ardiloso! É o que nos vale, senão estávamos perdidos! Perdidíssimos!

FIDÉLIS — Não temas! Vai. Vai, porque ao contrário poderá ele desconfiar e isso será pior!

FARMÁCIA — Sim, tens razão. (*Aproxima-se à porta e abre:*) Meu... sim, és tu, já viestes; chegastes.

ESCULÁPIO (*entrando sem reparar para Fidélis*) — Então, minha Farmácia, como passastes as longas horas que ausente de ti...

FARMÁCIA — Já sei: ausente de mim, palpitou seu coração, enfraqueceu-se sua existência, etc., etc. Não é assim?

ESCULÁPIO (*percorrendo os olhos pela casa, dá com Fidélis; para este:*) — Oh! O senhor por aqui!? O que quer; o que faz? Perdeu alguma coisa nesta minha habitação!?

FIDÉLIS — Vim de propósito (*revelando certo receio em suas palavras e em seus gestos*) trazer-lhe uma carta de um de seus maiores amigos. Ei-la (*apresenta-lha a ele*).

ESCULÁPIO (*abrindo, e Fidélis escapando-se; aberta a carta, que nada tem escrito, Fidélis já se acha na rua*) — Que cachorro! Que audaz! Vir trazer-me uma carta branca! Quequererá dizer isto? Carta branca! Isto faz um rei a um presidente quando neste deposita toda a confiança! Esperemos ou refletiremos. O papel traz a coroa imperial. Querem ver que estou feito Presidente da Província?! E com carta branca. (*Para a mulher, que até então, como é seu costume, estava calada, arrumando a casa:*) Sabes, minha queridinha? (*Abraçando-a.*) Estou feito Presidente da Província; e com carta branca! (*Salta, pula, toca castanholas e faz o diabo de alegria.*)

FARMÁCIA (*à parte*) — Estou vingada! Ele sempre me chama de criança, nenê, e não sei que mais. E agora está como o mais inocente menino. (*Para o marido:*) Sim, estás muito contente. Estimo muito. Dinheiro pouco não terei. É só contos, pulos, danças, bailes, e nada mais! Com isso não fico satisfeita, nem o senhor feliz, se... seus filhos...

ESCULÁPIO — Oh! (*À parte:*) Que sarna gálica! Nada há que a contenha! (*Com certo desembaraço.*) Se estou sisudo, incomoda-se, porque estou sério; se brinco, zanga-se, porque brinco. Deus ou o diabo que a entenda. (*Para a mulher:*)

Senhora, já mandou preparar o que eu lhe disse que queria quando voltasse?

FARMÁCIA — Sabe que mais? Não estou resolvida a aturá-lo mais. Adeus! Adeus! (*Saindo.*)

ESCULÁPIO (*atrás*) — Vem cá! Vem cá, meu diabinho! Vem! Vem! (*Voltando.*) E foi-se (*com certo ar de tristeza*) embora o diabo! (*Mudando de tom.*) Esta mulher é ainda mais outras coisas além daquelas que eu já disse que era! A quinta maravilha do mundo! É a primeira graça do universo! É o pendão da liberdade arvorado em todos os pontos do globo que habitamos!

FARMÁCIA (*vigiando*) — Nhonhô! Está doente? Quer chá ou chocolate?

ESCULÁPIO (*espantado*) — Que ouço? Será a voz dela? Estou com uma fúria! Quero e não posso, desejo e não faço, busco e não pego. Tenho nesta cabeça, às vezes, uma legião de demônios, como em outras, neste coração, um milhão de deuses. Quando entrei, achei aqui um traidor; e quem sabe se um ladrão, se um assassino. Estou sempre em luta com estes malvados, sempre a mais perfeita moral está sendo a guia de meus passos! Os outros riem-se! Me indigno e nada faço. Parece que o que se quer é gozar, gozar e mais gozar. Ninguém quer saber do modo, se lhe é lícito, ou ilícito nem tampouco das consequências boas ou más que podem resultar! Vou (*desembainhando um punhal*), vou também ser um imoral! A primeira que encontrar de meu agrado, gozo-a; ou faço-a jurar ser amiga de quem eu quiser com este ferro! (*Dá uma volta com o punhal levantado e sai rapidamente.*)

SEGUNDO ATO

CENA PRIMEIRA

FARMÁCIA (*só e coberta com um longo véu*) — Meu Deus! Que será feito de meu marido! Ele saiu como um tigre capaz de devorar quantas presas encontrasse diante de si... Que homem cruel, meu Deus! O que farei para vê-lo feliz? Se o maltrato, ele se incomoda; em não lhe dando se não desgosta; se lhe revelo afeto, ele se aflige, porque se lembra de minhas repetidas infidelidades lendo-as em meu semblante. Já não sei, meu Deus, o que hei de fazer para dar-lhe um viver como o meu. Ele é audaz, é querido, é estimado, desde o primeiro Monarca do mundo até o mais ínfimo malvado. Não há classe alguma da sociedade que o não ame, que o não respeite. Entretanto, é (*mudando de tom*) esta vida sempre irregular de prazeres, de dor, de martírio. Estará ele condenado a viver sempre em um contínuo flagelo? E eu a acompanhá-lo em seus desgostos!? Que sina é a minha! E que destino é o dele! Como o Céu é às vezes cruel para com os entes que cria! Tenho observado que tudo quanto existe tem uma parte de celeste e outra de terrestre. Animais, plantas, árvores, flores; frutas: tudo! Tudo é celestial-terreno ou terreno-celestial! Como Deus há ligado o Céu à Terra, ou esta ao Céu! É por isso que vemos, quer quanto às nossas boas ações, quer quanto às más, uma punição infalível ou uma compensação generosa; e premia aquelas de suas partes que merecem prêmio, e castigo! Somos dela uma parte, tanto física como moral, ou espiritual e material; assim deve ser portanto. Sim, se os nossos pés marcham por caminhos firmes, limpos e seguros, nossos passos também são firmes, limpos e seguros! Mas se a estrada que pisamos é escabrosa, ora resvalamos, tropeçamos, cambaleamos e algumas vezes temos o infortúnio de cair! O bem nos conduz e nos conserva feliz! O mal ordinariamente nos faz desgraçados!

CENA SEGUNDA

(*Entra o marido banhado em sangue; a mulher, ao vê-lo, dá um grito de dor e quase cai desfalecida.*)

ESCULÁPIO — Eis as consequências más de teu procedimento; e daqueles que tiveram a desgraça de acompanhar-te em tuas ignorâncias! Vês? Estás satisfeita? O teu marido, ainda ontem um dos homens mais honestos, mais sábios, mais prudentes que se há conhecido, não passa hoje de um criminoso de morte! E sabes por quê? Pela necessidade de uma mulher-

-amiga. Fui, cruel, em busca, como por tantas vezes me tem sido exortado e por inúmeros amigos aconselhado! (*À parte.*) Mas o povo é sempre assim. Tem um homem vocação para um emprego, ele entende que lhe deve dar outro. Ainda que no outro dia o chão se alastre de cadáveres, é-lhe isso indiferente; ou ao menos não lhe serve de lição. Transtorna sempre os cálculos mais bem fundados daqueles que mais o podem felicitar! Faz, portanto, muitas vezes a sua própria infelicidade e a daqueles que mais útil lhe têm sido, e podem ser, atendendo-os. Em busca de uma amiga que me amasse, respeitasse e compreendesse, encontrei um obstáculo! Vês o que fiz? Minhas vestes assaz o revelam. (*Mostrando-as:*) Estão tintas; e de sangue de um parente teu.

FARMÁCIA — Deus! Deus! (*Embrulhando o rosto.*) Acudi-me! Socorrei-me.

ESCULÁPIO — É sempre assim: um crime traz outro crime, como uma virtude, outra virtude. Escapa-se às vezes dos tribunais humanos, mas ninguém o consegue dos tribunais divinos. Céus! Que ouço? Bombardeiam-me a casa!? Barulho de espadas!? (*Fica um tanto aflito e refletindo.*) Estou vendo o instante em que esta casa é varejada, entram nela soldados e me arrastam a alguma prisão. Como a ideia do crime rala e conserva o criminoso. E como a lembrança do bem que fazemos nos anima, fortalece e enche de alegria. Aquele conduz o homem ao inferno; esta, ao céu.

FARMÁCIA (*como despertando de um sono*) — Que é isto?! (*Cheia de espanto.*) Que vejo?! Meu marido irado? (*À parte.*) Que pensamento atroz ocupar-lhe-á a imaginação! Que cálculos de homem! E que mudanças se observam em seus procederes. Ora é um anjo, é mais: é um deus. Ora é o mais atrevido general. Ora parece o mais feroz ente que existe no mundo que habitamos. (*Aproximando-se dele.*) Senhor, que tens? A tua aflição me enlouquece, me desespera e me entristece.

ESCULÁPIO — Mulher! Se tu soubesses a indignação que de mim se apossa quando vejo praticar atos contrários ao dever!? Ah! Serias capaz de mandar levantar uma forca e, mesmo com essa mão de seda e com esses olhos de santa, lavrar sentença de morte e presenciar tão horrorosa execução!? (*Passeando meditabundo.*) Como considerarão, o que entenderão os homens por partido, facções, associação política? Entenderão quiçá a comunidade entre todos os bens ou entre os bens de todas as espécies? Ou os preceitos que mandam escrever para que haja direitos e deveres, ordem e moral? Vejo todos os princípios derrocados por aqueles mesmos que, em razão de tais princípios, empunham cetro da autoridade. Quererá o governo, ou a nação, mudar de princípios? Quererá o oposto àquilo que determinou que queria, e que mandou escrever? Será assim que o povo ficará satisfeito! Ou devem, entendem por... Há lados em todos os países constitucionais! Há homens, há preceitos a respeitar e a cumprir. E é isto o que entendo por partido político, o que nada tem com a comunidade de toda a espécie de bens! Todos os que pensam de um modo, fazem certa força, e, se esta é maior que aquela, coloca os seus companheiros no poder para que o que se julga mais conveniente a todos seja feito! E assim os que pensam de modo contrário. Tudo o mais parece-me absurdo! Por outra: ou todos gozam iguais liberdades, e então todos serão iguais, ainda que aparentemente distintos, ou haverá distinções, conforme os cargos e posições que ocupam!... (*Pondo a mão na cabeça:*) Sinto afrouxar-se tanto esta imaginação quando falo sobre moral ou quando penso em imprimir um tal sistema de administração pública, mesmo particular, que... às vezes não sei o que devo fazer! Parece que tem uns a liberdade de impunemente fazer quanto lhes pareça; outros de padecer e de sofrer... Um, trilhando a vereda da virtude, padece! Outro, seguindo o vício, enriquece! Às vezes, porém, se observa o contrário. Mas quem poderá viver sem regras ou sem preceitos que regulem seus direitos, seus deveres, seus poderes!? Seriam as sociedades um caos. Anarquizar-se-iam e, logo depois, destruir-se-iam.

FARMÁCIA (*levantando-se ou erguendo-se do sofá em que estava recostada*) — Ai! Estou tão cansada! Tão abatida que não posso mais!

ESCULÁPIO — E eu, indagando pelos milhares de perdas que hei sofrido!

FARMÁCIA — Pois então, abracemo-nos e morramos juntos.

ESCULÁPIO — Está dito (*abraçam-se e deixam-se ir caindo*).

AMBOS — Já que a Terra nos foi ingrata, procuraremos a felicidade no Céu!

ATO TERCEIRO

TATU (*cantarolando*) — Hão de morrer desgraçados! Hão de morrer desgraçados! Os que não quiserem ser decretados, hão de morrer desgraçados! (*Cantarolando e passeando.*)

TAMANDUÁ (*entrando e agarrando-o*) — Mas o que tem, senhor, o que tem?

TATU (*voltando-se*) — Ora, o que tenho! O diabo nestas tripas, e o demônio nesta barriga... E não te quero dizer (*caminhando para um lado*) que tenho uma diaba (*batendo na cabeça*) nesta cabeça!

TAMANDUÁ — Nada! Mas o que é verdade é que nossos amos vão hoje para o cemitério!

TATU — Como?! É possível isto?

TAMANDUÁ — É uma verdade! Entenderam certos esbirros de polícia que eles haviam de viver separados; diriam eles que a mulher é para eles, quem mais quisesse gozá-la, e o marido fizesse outro tanto com as mulheres que pudesse e que quisesse. O resultado foi padecerem ambos muito. O marido quase morreu por cinco ou seis vezes, e a mulher ficou de professora pública de cidade, uma simples cozinheira e lavadeira! Cheios ou ralados de desgosto, abraçaram-se ontem nesta sala, ou na sala imediata, e hoje lá vão para o barro vermelho com a firme resolução de gozar no outro mundo a felicidade que neste lhes foi negada.

TATU — Sabes o que mais? (*Batendo-lhe no ombro.*) Foi bem bom isso, porque agora mudaremo-nos de casa.

TAMANDUÁ — Ó estúpido! Pois tu querias melhor vida que a que tens? És um malvado. Não sabes agradecer a Deus e aos homens os favores que te fazem!

TATU — Qual malvado! Tu é que és um tolo! Ignoras ainda que é bom ser ingrato aparentemente para ser grato verdadeiramente! Ó senhor Tamanduá, explique-me melhor isso, ou como alguns costumam expressar-se, ponha a sua asserção com cores e em pedações que melhor se comam e apreciem.

TAMANDUÁ — Quer que eu seja seu mestre?

(*Note-se: estas figuras devem ser as mais exóticas que se pode imaginar.*)

TATU — Se quiser ser, não será o primeiro burro que berra.

TAMANDUÁ — Agradeço-lhe muito o elogio! Estimaria, entretanto...

TATU — Já sei o que estimaria que eu lhe dissesse: que a ingratidão é uma espécie de luta entre o agraciado ou favorecido e aquele que faz a graça ou favor; que as lutas, muitas vezes, não só fortalecem o espírito, ilustram ou esclarecem a inteligência, como até engordam e robustecem o corpo. E que, por consequência, os ingratos, quando assim são para com alguns, têm por fim ser-lhes úteis, senão necessários! Por exemplo: os homens científicos, como sabes, estão sempre em contínuas lutas! Os artistas, qual é o que com sua ferramenta não luta constantemente? Os filósofos, com suas descobertas; os retóricos, com a composição de magníficos discursos; os políticos, com o melhor sistema de governo ou com a melhor direção que devem dar aos negócios públicos; os magistrados, com a perseguição dos criminosos e com o emprego de todos os meios para que os crimes se não repitam, para que cada qual possua e goze aquilo que por direito lhe pertence! Finalmente, não há ente algum sobre a Terra que não lute no mister a que se dedica para poder viver! Portanto, são loucos aqueles que se assustam, fogem ou praguejam as lutas! E é delas, ficai certo, que nasce o progresso e a civilização dos povos a todos os respeitos.

TAMANDUÁ — Não pensei que V.Sa. sabia tanto e que era capaz de me dar tão grande e boa lição! Agradecido! Agradecido, senhor Tatu, eu sou todo seu. Venha de lá um abraço (*abraçam-se*).

TATU — Então, pelo que me diz, está assaz ou bastantemente convencido, ou ao menos deve ficar, de que os nossos amos fizeram a maior das asneiras em se transportarem, por desgostosos das lutas, a melhor vida!

TAMANDUÁ — Sem dúvida nenhuma! E que asneira deixar de comer doce para ir comer barro.

TATU — Mas vê, amigo! O trabalho que os homens e as mulheres tiveram para separar estes dois entes, em corpo e em espírito, e que nunca foram capazes de o conseguir de todo ou completamente. Pareciam entes celestes, ou auxiliados, ou protegidos da Divindade! Quando estavam longe os corpos, achavam-se os espíritos tão bem ligados, quase como se estivessem presas as cabeças por um fio elétrico! Sempre a conversarem, sempre a se entenderem... Uma coisa é dizer, outra é ver, e não se podia deixar de ver! De tempos em tempos, por mais esforços contrários que outros fizessem, lá ia o marido ou vinha a mulher; e uma bela noite passavam ambos juntos. Ainda que depois novas perseguições, novas atrocidades, fizessem do marido como se fora um réu de medonhos crimes! Nunca, pois, os puderam separar! Até que se juntaram em corpo e alma; foram ou vão ser enterrados, patenteando desta arte ao mundo, e aos homens: a impossibilidade do divórcio ou separação eterna de almas por Deus ligadas; abençoadas e protegidas ou amparadas! Sirva este fato de lição; e que aproveite a quantos pretenderem, ou tentarem, divorciar esposos.

TAMANDUÁ — Tu ainda não sabes a quarta parte da nossa! Oh! Se tu soubesses.

TATU (*agarrando-o e com muito empenho*) — Ora, amigo! Diz, anda, fala; eu quero ouvir-te.

TAMANDUÁ — Não! (*Com aspecto impertinente:*) Não digo nada. Não quero te fazer saltar ao teto de júbilo.

TATU — Mau! Ingrato! A gente quer tanto bem a ele, e ele ainda quer ter segredos. Quer ocultar-me coisas que me podem dar prazer.

TAMANDUÁ — Não digo! Não quero! (*Muito zangado e batendo com as mãos.*) Estou com raiva.

TATU — Por quê, meu queridinho? (*Afagando-o.*) Que te fizeram?

TAMADUÁ — Ora por quê! Inda pergunta? Não se lembra que por três vezes quis casar carnal e espiritualmente... com seu primo Eustaquinho; e depois (*empurrando-o*) até com você! E que nem ele, nem você têm querido!? Fazendo assim penar esta alma, este coração!... Esta cabeça!...

TATU — O diabo! Tu estás variando! Quanto ao espírito, nem todos os demônios que habitam por todas as regiões são capazes de nos divorciar; e, quanto ao parir..., mais devagar; eu sou homem, (*pondo-lhe a mão no ombro*) não sou mulher! E tu hás de saber que é o vício mais danoso que o homem pode praticar!

TAMANDUÁ — Mas que queres? (*Ainda com aspecto impertinente.*) Apaixonar-me por ti de todos os modos! Paixão da alma! Paixão do corpo! E, se tu não quiseres satisfazer este desejo ou loucura..., vou..., faço..., aconteço..., pego..., levo... (*atirando-lhe com as mãos*), faço o diabo! (*Gritando.*)

TATU — Pois, já que se não contenta com o nosso casamento espiritual somente, sendo ambos homens, já que quer o imundo e absurdo casamento carnal, declaro-lhe que não sou mais seu sócio (*empurrando-o*).

TAMANDUÁ (*empurrando-o também*) — Pois eu também não sou mais seu! (*Há a mais renhida luta entre eles, em que rompem chapéus, descalçam-se, rasgam casacos e findam a comédia saindo aos gritos:*) Fiquemos sem chapéu, sem botas, sem camisa! Mas estamos divorciados carnalmente e espiritualmente. Não! Não! Não! (*Perto das portas por onde tem de sair; e voltando o rosto para a cena, com os chapéus ou restos destes levantados:*) Viva!... Viva!... Viva!...

(*Deve descer o pano. Estes vivas algum tanto prolongados, como indicam os dois pontos, e com especialidade o último em que há numerosos.*)

Em 18 de maio de 1866
Porto Alegre

Nota do Editor: No primeiro ato o autor muitas vezes designa o Marido como Larápio, o que é um evidente erro pelo que conservamos sempre a designação de Esculápio.

O MARIDO EXTREMOSO
OU
O PAI CUIDADOSO

Comédia em cinco quadros

Por José Joaquim de Campos Leão, Qorpo-Santo

PERSONAGENS

Régulo
Remo
Sancho
Um convidado
Ana
Maneca
Benico
Mandunguinha
Esquisito
Diversos dançantes
Tocadores de viola
Duas escravas
Professor de esgrima
Estudantes
Dunga
Córneo
Júlio
Lanceiro
Perna de Galinha
Telivi
Mestre
Oficiais sapateiros
Pedro
Catinga
Presidente da província
Comandante
Chefe de polícia
Crianças

ATO PRIMEIRO

RÉGULO (*para Remo*) — Sejamos honestos quanto às mulheres! Mas, quanto ao mais, já que nos furtam, furtemos também! Se nos roubam, roubemos também. E assim seguimos o preceito do nosso grande Vieira, hábil pregador, profundo político, etc., etc.

REMO — Mas se nos roubarem as mulheres!?

RÉGULO — Ah! Então esse caso é mais melindroso.

REMO — Mas diga-me. O que havemos de fazer?

RÉGULO — Homem, isso tem seu quê... ou para quê. (*Depois de longa pausa, muito apressadamente e caminhando em roda para o lado de Remo:*) Sabes o que mais convém? Roubar também. Se é crime, fica compensado; ficamos indenizados sem ser preciso andar com a justiça às costas — da casa do escrivão para a do juiz; da do juiz para a do letrado, da deste para a do meirinho, etc., etc. Justiça de Barcelos, ou de Barcelona, por exemplo. Apanho com um pau, dou com um pau (*bate no ombro de Remo com uma bengala*).

REMO — Ai! Homem! Isso não tem lugar. Bem vês que não te dei ainda paulada alguma. Que diabo de graça. E arde como sal e pimenta em ferida recente. Não! Não! Não continues com essas graças!

RÉGULO — Ó homem! De pouco te zangas! Que faria se eu te desse às deveras? Foi apenas uma pequena experiência ou um exemplo que quis dar-te, e já te mostras tão zangado! Que faria se eu te desse às deveras (*bate com mais força*).

REMO — Ah! Você está teimoso! Pois eu também vou dar--lhe pancadas! Vou também fazer exemplo! (*Pega em uma cadeira e dá-lhe com ela.*) Ai! Ai! Este exemplo valeu por todos os que acabei de dar-te. Irra! Irra! Régulo, sempre mostras que és um verdadeiro Régulo, nome que bem diz com a pessoa.

SANCHO (*entrando*) — Oh! Vocês aqui! E a jogar o pau. Eu também entro. Vamos lá! (*Dá uma pancada em um.*)

(*Remo dá-lhe com a cadeira.*)

RÉGULO — Não vê que o jogo é só de dois? E que o senhor não foi convidado?

SANCHO — Mas eu quis também fazer as minhas experiências, visto que eu ouvi falar em experiências; e eu gosto muito de me experimentar...

REMO — Pois V.Exa. gosta de experiências? Lá vai. (*Dá-lhe outra bordoada.*)

SANCHO — Nada! Nada! Façamos as pazes! Acabemos com as experiências de pau. Agora passemos às experiências de pensamento? Agora, espere, ainda é cedo. Eu ainda não comecei. Depois que eu começar, os senhores não me hão de querer ver acabar! (*Batendo na testa com força.*) Sai ou não sai? Ah! Não quer sair; então há de sair do nariz (*põe os dedos e assoa com força*). Lá vai um!

RÉGULO — Estás muito adiantado, mas as tuas experiências não me agradam. Vai plantar batatas, meu estúrdio (*empurrando a Sancho*).

REMO — E teve a audácia de nos vir interromper, este quadrúpede!

SANCHO — Então não querem ver mais? Está bem, em tal caso, vou-me embora!

RÉGULO — Não vai daqui sem dar-me o chapéu para pagar-nos a maçada que nos deu! (*Tira-lhe o chapéu.*)

REMO (*para Régulo*) — Tu te contentas com o chapéu, e eu quero a bengala, que é melhor que a minha (*avança-se a ele e tira-a*). Agora, seu estúrdio (*apontando para a porta da rua*), suma-se já, já daqui para fora! (*Dá-lhe um pontapé, Sancho grita, Régulo o empurra; é um barulho imenso. Mas aos socos, pontapés, empurrões e gritos, põe Sancho na rua, ficando-lhe com o chapéu e a bengala.*)

RÉGULO (*para Remo, voltando ambos*) — Vamos! Vamos!... Tu te arranjaste de chapéu, e eu de bengala... ou... eu de bengala e tu de chapéu. Fujamos cada qual por sua porta, antes que por aqui chegue a polícia.

(*Safam-se ambos; um por uma porta, e outro por outra.*)

ATO SEGUNDO

Um baile na roça

UM DOS CONVIDADOS (*dirigindo-se a uma das dançantes*) — Ora, saia, senhora Ana! Não vê aqui o seu maior apreciador de chilenas e pelego para dançar, dona Ana?

ANA (*moça nova e assaz gorda*) — Bem vejo, senhor Maneca, que o senhor é o moço mais lindo que pisa neste baile; mas não o vejo de faca e de pistola para amendrontar os rivais e afugentar os iguais. Bem sabe que ninguém olha para mim que não me queira dar boquinhas, abraços e beijos!

MANECA — Já sei que tu és a mais adorada de toda esta patifada. Mas, para os fazer levantar a cola, a correr baguais, não preciso de pistola. Basta a faca e o poncho. Vamos, vamos para a sala! (*Pegando-a pela mão.*)

ANA — Eh! Pucha malaia! O tocador está sem viola.

MANECA — O que diz, sia Tagarela?

ANA — Olha aquela como levanta a saia! Parece que nunca dançou.

MANECA — Não é; foi o tocador que quase a matou com a pancada que lhe deu quando na viola bateu, quando a viola quebrou. (*Já se vê que o tocador, pouco antes, tem uma dúvida com outro... com um dançante; dá-lhe com a viola e quebra-a.*)

BENICO (*para seu par, Mandunguinha*) — Abaixa a saia, Mandunguinha!

MANDUNGUINHA — Não quero! Hei de levantar até o joelho; levantar para mostrar que tenho umas pernas bonitas como as lindas estrelas, grossas como os fortes engenhos!

ESQUISITO (*para um dos tocadores, empurrando-o e depois fazendo uma volta, arrastando a chilena, levantando um braço e deitando o outro, etc.*) — Que diabo tem essa rebeca, que não toca nada que se dance! (*Entretanto, outros bailam, fazendo cada qual as maiores asneiras e esquisitices que pode, proferindo gracejos, grosserias e praticando-as de toda a espécie.*)

BENICO — Agora, sim; já se ouve tocar.

UM DOS DANÇANTES (*a quem se oferece um mate*) — Ora venha de lá esse chimarrão! (*Tomando.*) Está mesmo como uma língua de chimango.

OUTRO — Eu quando me abraço com uma gorducha como esta! (*Abraçando-a.*) Não me lembro de mais nada neste mundo!

OUTRO — É puca mano Juca! Se ele não andasse recolhendo as vacas do gado manso, quantos esporaços não daria aqui na tia Tubina, arrastando-lhe a roseta pela saia!

OUTRO — E o Antônio ainda não chegaria com a eguada do Potreiro Velho? Eh, puta diabo! Faz-me uma falta pras embigadas! Mas, já que ele não veio, dou na tia Maria (*bate com os pés; arrasta as chilenas e dá uma embigada em uma das mulheres que fica em frente*).

OUTRO — Toca bem essa viola, seu diabo! Quase não se ouve quando se bate com as palmas ou com os pés. (*Batem palmas, fazem rodas, batem com os pés; de repente, um grito:*) Fez pelego! (*Há grandes gargalhadas.*)

OUTRO — Vai de roda! (*Puxando um lenço do pescoço de uma das moças.*) Para que quer lenço se é tão bonito este pescoço? (*Tira e assoa-se. Atirando com este em outro:*) Lá vai! Aguarde-se!

UM — Já estou cansado como o diabo!

OUTRO — Pois vamos dormir que já são horas, para amanhã parar rodeio cedo, que nestas já nós paremos!

OUTRO — Pois cá vou com a minha! (*Pega uma pelo braço e mete-se em um quarto.*)

OUTRO — Eu também já vou. Não toque mais esse instrumento, seu tocador! (*Pega em outra e sai dizendo:*) Foi meu par dançando; há de sê-lo também camando!

OS OUTROS — Pois vamos todos! Ah, ah, ah! (*Arrastam as chilenas; sapateiam caminhando, fazem valas, rodas; abraçam as moças; e desaparecem, terminando assim o baile.*)

OS TOCADORES — Sempre nós somos os que mais trabalhamos e os que menos gozamos. Os dançantes bailam, abraçam, falam, beijam; e nós? Apenas bebemos algum copo de cachaça ou de vinho que eles nos querem dar! Ainda é bom quando não nos quebram a cabeça com os instrumentos! Pois não toquemos mais (*atirando com as violas*). Vão-te, diabos! Que de agora em diante não queremos mais tocar. Nós queremos só dançar (*e saem*).

UMA ESCRAVA — É assim que esta cambada faz! Comem. Bebem. Sujam tudo como porcos no chiqueiro e depois está a gente aqui tendo trabalho para arrumar e limpar isto (*com um pano limpam os mochos*). Olhem como eles deixaram as camas! Parecem ninhos de galinha choca. Cruzes! Cruzes como semelhantes demônios. (*Põe um pelego às costas e sai.*)

OUTRA ESCRAVA (*cuspindo-se*) — Tem! Tem! Está fedendo a chulé! Ih!... Vou-me embora; alguma outra que venha cá aturar este fedor! (*Sai.*)

(*A mobília da sala não passa de uma cama de guascas, uma rede de couro, alguns tamboretes e um ou dois bancos de quatro a seis palmos de comprimento, uma até duas mesas de quinze a seis palmos.*)

ATO TERCEIRO

A lição de florete

(*Lições de florete; espadão; espada; pistola e lança. Um professor e alguns discípulos; pistolas; espadas de pau; floretes, lanças. Dois estudantes, entrando, um de espada, outro de florete.*)

O DA ESPADA — Guarde-se deste talho!

O DO FLORETE — Não se aflija, espere; quero pegar arma igual!

DUNGA — Nada! Quero medir a minha espada com o seu florete... Defenda-se, portanto!

CÓRNEO — Defendo-me; mas não é próprio de estudantes (*esbarra a espada no florete*).

DUNGA — O bom jogador com qualquer arma se defende!

CÓRNEO — É verdade, mas não é próprio de estudantes. Entretanto, livre-se desta estocada (*dá-lhe um pontaço com o florete*).

DUNGA (*rebatendo*) — Se não atira melhor, faço-lhe voar o florete pelos ares!

CÓRNEO — Descansemos um pouco; o meu florete está doente (*querendo examiná-lo*).

DUNGA — Quando se luta, não se dá tempo ao contrário para preparar as armas. Lá vai! (*Atira-lhe um pontaço, ele defende-se.*)

JÚLIO (*entrando de pistola em punho*) — Pois também, quando os estudantes não são cavalheiros, encontram outros que lhes tiram a proa, pondo-se ao lado do cavalheirismo! (*Engatilha a pistola.*) Ou há de jogar de florete, ou há de esperar que o meu amigo se prepare de espada! Escolha! Se nem uma, nem outra coisa, então a luta é comigo! Ao menor movimento, um tiro de pistola no peito ou na cabeça!

DUNGA — Em vista disso, não jogo mais, nem de florete, nem de espada, nem de pistola. Queria mostrar que, quando se briga, não se escolhem armas! Que se ataca ou se defende com a que temos! Não querem, não ensinarei mais! (*Atira com a espada na bainha e sai.*)

JÚLIO (*para Córneo*) — Vamos nos entreter por cinco minutos! (*Toma um florete:*) Livre-se desta na barriga! (*Atira-lhe o florete, Córneo se defende.*) Na cabeça!

CÓRNEO — No peito!

JÚLIO — No ombro direito!

CÓRNEO — No braço! (*Depois de diversos tiros em que ambos saem perfeitamente bem.*)

UM LANCEIRO (*entrando*) — Agora há de ser de lança!

ELES — Nada, nada! Já estamos cansados! (*Embainhando os floretes.*) Agora vem Perna de Galinha jogar contigo a lança! Espera um pouco. (*Entra um indivíduo alto, magro, com uma lança.*)

PERNA DE GALINHA — É agora, amigos! Veremos aqui quem é o valente. (*Faz alguns manejos com a lança:*) Eh! Puxa malaia! Quem não é toco não se meta, senão enfio-lhe a reta! Lá vai um lançaço pela esquerda!

TELIVI — Não atire, senão eu morro! Cuidado! (*Batem e entrelaçam as armas.*)

(*Entram outros, pegam espadas; os de florete desembainham estes; e jogam quatro: lança, espada, florete e pistola. Depois de alguns exercícios, entra o mestre, homem feio e de aspecto assustador; bate palmas.*) — Bravos! Vivam os nossos discípulos! Estão prontos, prontos e mais prontos! Já podem dentro, fora do Império, debelar os inimigos da Pátria!

(*Descem todos as armas, apontam para o chão.*)

UM DELES — Em presença de nosso Mestre, desce tudo e saia gente, que aprendeu de um grão-tenente!

ATO QUARTO

(*Casa de sapataria e alfaiataria.*)

CERTO INDIVÍDUO (*que entra, para um dos oficiais que parece mestre*) — O senhor tem sapatos?

O MESTRE — De todas as qualidades.

O INDIVÍDUO — Vejamos. (*O mestre mostra-lhe alguns pares; ele escolhe; calça; mexe e remexe; e não acha algum que lhe sirva.*) Nada! Nada! Este é grande, aquele pequeno, este outro apertado! Nenhum serve.

UM OFICIAL (*para os outros*) — Este diabo deste homem é o mais difícil de contentar que eu tenho conhecido.

O MESTRE — Pois é dos que temos.

INDIVÍDUO — Vejamos as botinas.

O MESTRE — Eis aqui algumas. (*Apresenta-lhe.*)

INDIVÍDUO (*examinando-as*) — Está larga; e tem o bico torto. (*Experimenta outra.*) Oh! Esta tem o salto às avessas! (*Vê outra.*) Que diabo! Até os puxadores são diferentes!

O MESTRE — Olhe que não são gavetas! Isto não tem puxadores. São alças.

INDIVÍDUO — Não! Nada. Não me servem! Vejamos as botas.

O MESTRE — É preciso muita paciência para aturá-lo. Enfim, aqui tem mais alguns pares (*dá-lhe*).

INDIVÍDUO (*pegando em uma, examinando e não achando boa*) — Que diabo! (*Pegando em outra:*) Esta está um pouco melhor; mas ainda assim... não sei que lhe diga! (*Calça outra e acha boa:*) Esta serve; mas eu não pago a este diabo! (*Depois de calçar, agarra uma das outras em cada mão, e para o mestre:*) A você eu perdoo, mas os discípulos levam com esta porcaria pela cara (*atira com uma na cara de um, com outra na cara de outro, saindo*). Isto é para outra vez fazerem obra melhor. (*Sai pisando mui fortemente.*)

(*O mestre apita; os discípulos querem correr atrás dele; pegam em tirapés; levantam-se; fazem um barulho imenso; mas ele safa-se.*)

CATINGA — O senhor tem calças de marroquim?

O MESTRE — Onde viu o senhor calças de marroquim?

CATINGA — Ah! Não são de marroquim, são de alfinim, ou de toquim.

MESTRE — De toquim, não tem. Mesmo dessa qualidade, penso que só para xales!

CATINGA — Vejamos das que tem.

O MESTRE (*tirando alguns pares*) — Ora, Deus queira o senhor não venha aqui especular, como o que daqui saiu há pouco. Estou com bem receio de o aturar! Enfim, quem tem casa de negócio dispõe-se a tudo. (*Mostra-lhe alguns pares que tirou da prateleira.*)

CATINGA (*tirando alguns pares, examina; acha um que lhe serve*) — Ora, Deus queira. (*Para o mestre:*) Está boa. Quanto custa?

MESTRE — O metro, vinte francos.

CATINGA — É barato; e como vende por tão pouco dinheiro as suas obras. Vejamos um paletó. (*O mestre mostra-lhe alguns.*)

CATINGA (*veste, acha um que lhe agrada*) — Está ótimo para o inverno. Serve-me. O preço?

MESTRE — Isto é obra muito mais fina; é para 100$000.

AQUELE — Ainda não é caro. Serve-me. Coletes, tem? Quero casimira da mais fina que tiver.

(*O mestre mostra-lhe alguns.*)

CATINGA (*vestindo um e achando ótimo*) — Ficarei com este. Pode tirar a conta de tudo e mandar à casa de sobrado nº 250, 2º andar, à rua dos Preguiçosos. (*Quer sair; o mestre bota-lhe a mão.*)

MESTRE — Mas eu não o conheço!

CATINGA — Já lhe disse que mande a tal rua, a tal casa; o que mais quer!?

MESTRE — Não sei. Quem o senhor é?

CATINGA — Saiba, ou não saiba, faça o que lhe digo; e, quanto ao mais, fica à minha conta!

MESTRE — Não, filho! Não posso, não tenho quem vá lá!

CATINGA — Ah! Não tenho quem vá; pois eu tenho cá (*puxa por um punhal*): eu só não é que hei de ser roubado, e matado, como as senhoras autoridades me roubam e assassinam; é porque querem também que eu roube e assassine! A época será de roubo e assassinato. (*Puxa de todo o punhal, crava-o no peito do mestre, dizendo:*) Eis a paga! (*Safa-se.*)

(*Os discípulos procuram curar o mestre; cercam-o; amarram a ferida; depois de preparado, este:*)

MESTRE — Eis as consequências de um país mal policiado, ou onde as autoridades, como também alguns outros, dão o mau exemplo do roubo, da violência e da rapina! O cidadão tranquilo, trabalhador, honesto, é em sua casa apunhalado e roubado do que tem! O adúltero, o ladrão, o assassino, protegido, amparado e quiçá louvado e elevado! Por isso tantas guerras! Tantas pestes! Tantas mortes! Tantos males!

OS DISCÍPULOS (*uns para os outros*) — Agora é preciso cada um de nós ter a nossa faca afiada e pronta para quando alguém entrar mesmo de pé e, ao primeiro movimento, lançar algum rico por terra; e ir haver à polícia o prêmio de nosso grande feito de armas!?

TODOS — Apoiado! Apoiado! Faremos da oficina um baluarte ou...

O MESTRE — É pouco um baluarte. Será uma fortaleza contra todos os nossos fregueses. Matá-lo-e-mos logo à entrada a fim de roubarmos quanto dinheiro tiverem, muito à nossa vontade! E assim não precisamos mais trabalhos de sapateiro ou mesmo de alfaiate!

TODOS — Juremos!

(*O mestre dá as ditas mãos aos discípulos, estes se ligam assim todos; formam uma cadeia; em voz bem alta, dizem:*)

TODOS — Unidos pela força e pelo segredo! Mataremos, roubaremos e enriqueceremos.

ATO QUINTO

(*Pedro, preso pela polícia por falsas acusações, ou calúnias, ou simples más intenções desta, em presença de um presidente, chefe de polícia, um comandante de um corpo e mais alguns indivíduos.*)

CHEFE DE POLÍCIA (*queixando-se ao presidente*) — Venho, senhor, perante V.Exa., reclamar por um doente! Tendo eu dado ordens que certo soldado fosse à polícia apresentar-se para dela ser praça, soube entretanto com o maior desprazer ter o mesmo ido apresentar-se ao corpo da Guarda Nacional desta cidade. Acho neste fato um escárnio à autoridade, às leis e ao governo!

O PRESIDENTE — Eu não autorizo tais atos. E, todas as vezes que deles tiver conhecimento, fique certo que hei de dar as providências necessárias para que nada sofra a justiça; e seja a ofensa reparada, como para que se não repitam.

CHEFE — É isso mesmo o que todos desejam! E é a causa da minha representação a V.Exa., por saber de suas boas disposições a respeito!

O PRESIDENTE (*para o comandante*) — É preciso pôr à disposição do senhor doutor Chefe de Polícia o soldado de quem ele fala, visto que lhe tinha dado outro destino.

O COMANDANTE — Não ponho a menor dúvida! E, se ele é hoje praça do meu corpo, não é isso devido a procederes meus. Houve apenas um engano entre os soldados, e por esse motivo se deu tal fato! Eis um bilhete que recebi, em razão do qual o admiti como praça. (*Lê.*)

O PRESIDENTE — Pois bem, então não há dúvida alguma. Foi um engano de nome, e o senhor Chefe de Polícia providenciará a respeito, como mais convier.

CHEFE — Eu entendo que era um mal para o serviço público, pois podia trazer outros ainda maiores, como o desprestígio à autoridade; e é por isso que venho fazer esta reclamação.

Mas estou satisfeito, e pode o soldado continuar como praça do seu corpo.

O COMANDANTE — Obrigado! Obrigado!

PEDRO — Já que se tratou de direitos, de reparação de ofensas a estes feitas, eu perguntarei a V.Exa. (*dirigindo-se ao doutor Chefe de Polícia*): o que pretende respectivamente a objetos de minha propriedade, que me foram tirados por violências e que se acham ainda na polícia, conquanto três vezes eu os haja requerido?

O CHEFE — O senhor... (*gaguejando e querendo dirigir-se ao presidente*).

PEDRO — Não há nada a ponderar; porém, a narrar: que eu estava em uma de minhas propriedades, e no seio de minha família que os objetos de que trato existiam em um dos quartos de minha casa, como existem nas prateleiras das lojas de ferragens, numerosas de tal qualidade; que, estando eu descansando um pouco das fadigas da manhã, e apenas nessa ocasião com um criado, entra força armada e, roubando-me a doce liberdade, o maior dos bens que se pode gozar sobre a Terra, com ela roubaram-me também tais objetos!

CHEFE — Mas eu não tenho culpa; a culpa é do delegado!

PRESIDENTE — V.Sa. tem culpa, porque o não demitiu logo que soube desse atentado contra o direito de propriedade e de liberdade de um seu concidadão! Tem culpa, porque ainda está coonestando esse ato indigno desse seu delegado, conservando em seu poder objetos que ele mesmo roubou desse seu concidadão!

CHEFE — Mas o que quer que eu lhe faça!? Sua mulher é que teve a culpa. Ao menos ele diz que ela foi se queixar. Agora é ir lá sem armas.

PEDRO (*com indignação*) — V.Exa. pensa que eu sou alguma criança? Pode dar os seus conselhos àquela criança (*apontando para a criança, cujo choro se ouve*), eu os desprezo e nem desejo ouvi-los. Tem sido esta a desgraçada marcha seguida pela polícia de dois anos para cá! E não sei por que fatal coincidência quantos crimes se têm perpetrado para comigo e para com minha inocente e particular família; outras tantas desgraças tem experimentado o Império, nesta ou naquela de suas partes. Qual é o dever de um bom governo, e com especialidade de uma boa polícia, esse poderoso auxílio do Ministério Público!? Qual é, pergunto, um de seus primeiros deveres, senão procurar dar boa educação à juventude!? Qual o segundo, senão a amparar da prostituição, da fome, da nudez e de milhares de outros males, dando-lhe o trabalho, ocupação ou o amparo de seu país!? Não vê a polícia que, continuando a destruir em vez de edificar, não poderá trazer senão a ruína do Estado!? Não vê que está traindo a si própria, àqueles que a nomearam e aos quais sustentam os impostos que pagam!? Não conhece que, se não respeita os direitos de todos, sejam quais forem as suas espécies, os seus também serão menosprezados, quer como cidadãos, quer como autoridades, pois que uns e outros nascem das mesmas fontes, das Leis que as criou e pelas quais eles se mantêm!?

UM DOS CIRCUNSTANTES — Muito apoiado! Apoiadíssimo!

OUTRO (*retirando-se, pegando o chapéu e despedindo-se*) — Não se incomode, senhor Pedro. Tudo o que o senhor quer há de conseguir.

PRESIDENTE (*levantando-se*) — Eu pretendo ir ver os fogos e creio que já vão sendo horas.

(*Todos levantam-se, despedem-se e saem com um major e o Chefe de Polícia.*)

PEDRO (*logo depois para o presidente*) — Retiro-me, também, e muito estimarei que V.Exa. tenha uma bela noite.

PRESIDENTE (*só, para um filho*) — Não querem ver que este homem pode ser muito mais útil em companhia de sua família que só. É tirania! Parece que estamos em um país de bárbaros. Entretanto, ninguém pode negar que, apesar dos maiores sofrimentos, ainda é: o marido extremoso ou o pai cuidadoso!

(*Diversos senhores entram na sala, e mais pessoas da família. Algumas crianças cantando e dançando em roda do pai:*) — Vamos, vamos aos fogos! Vamos passear. Vamos ao teatro. Vamos!

O PRESIDENTE — Estão todos prontos?

TODOS — Estamos, e só às suas ordens.

PRESIDENTE (*voltando para o público*) — Quanto é doce o ser pai de família, e com ela viver harmoniosamente — só pode conhecer quem como eu neste momento se enche de prazer, de júbilo!

FIM DO QUINTO E ÚLTIMO ATO E DA COMÉDIA

Maio de 1865
Porto Alegre, Beco do Rosário, Sobrado

NOTA

Não tendo eu jamais lido o que escrevi há mais de onze anos, e só agora corrigindo as provas, não podia saber que esta comédia encerrava cinco quadros, lendo-se na página primeira quatro, senão nas últimas.

Porto Alegre, 11 de junho de 1877

UM CREDOR DA FAZENDA NACIONAL

Por José Joaquim de Campos Leão Qorpo-Santo

PERSONAGENS

Credor (Qorpo-Santo)
Porteiro
Um major
Um contínuo
Empregados da repartição
Outro credor
Leopoldino (contador)
Chefe de seção
Senhor Barbosa

ATO PRIMEIRO

UM CREDOR (*entrando em uma repartição pública; para o porteiro*) — Está o senhor inspetor?

PORTEIRO — Está; mas não se lhe pode agora falar.

CREDOR — Por quê?

PORTEIRO — Está muito ocupado!

CREDOR — Em quê?

PORTEIRO — Tem gente aí com ele.

CREDOR — Quem é?

PORTEIRO — Um major!

CREDOR — Demorar-se-á muito?

PORTEIRO — Ignoro.

CREDOR — Pois diga-lhe que lhe quero falar!

PORTEIRO — Não posso ir lá agora.

CREDOR — Quantas horas estarei eu aqui à espera que o senhor major saia para que eu entre! (*Passeia.*)

(*O major, saindo e encontrando-se com o credor.*)

CREDOR (*para o major*) — Oh! O senhor por aqui! Julgava-o quem sabe onde! Disseram-me que tinha ido para Rio Pardo há dias!

MAJOR — Tenho tido aqui numerosos afazeres, por isso não sei quando irei.

CREDOR — Fique certo que sinto o mais vivo prazer em vê-lo no gozo da mais perfeita saúde.

MAJOR — Onde é aqui a tesouraria?

CREDOR — Na tesouraria estamos; mas o tesoureiro está lá embaixo.

PORTEIRO — Lá não; lá está o pagador!

CREDOR — Ah! Então é cá em cima; porém nos fundos; creio que na última sala.

MAJOR — Então para lá vou. (*Segue.*)

CREDOR — Agora entro eu. (*Dirigindo-se à repartição.*)

PORTEIRO — Está lá o senhor Leopoldino contador!

CREDOR — É célebre! Então vou à seção respectiva saber se foi informado o meu requerimento! (*Caminha e entra.*)

PORTEIRO — Que diabo de homem este! Tem vindo mais de um cento de vezes à repartição... se há de...

CONTÍNUO — Faz ele muito bem vir cá! Deve-se-lhe, por que não se lhe há de pagar?

PORTEIRO — Homem; isso é verdade! Qual a razão por que esta repartição há de paliar meses e anos!? Custa a crer a retardação de pagamento, ou a preguinha, segundo dizem alguns empregados!

CONTÍNUO — O caso é que ele tem procedido sempre com a maior prudência!

PORTEIRO — Isso é verdade. Mas quantos terão sofrido pela falta de cumprimento de deveres de alguns funcionários públicos?

CONTÍNUO — É verdade! Tem havido tantos males, que os enumerar talvez fosse impossível.

PORTEIRO — Mas tu sabes o que os empregados querem? Talvez não saibas. Pois eu te digo: 1º) acabar com a Monarquia Constitucional e Representativa; 2º) pôr termo às repartições públicas, isto é, acabarem com todas estas imposturas; 3º) mudar a forma de governo para República; 4º) fazerem uma liga entre todos que...

CONTÍNUO (*pondo as mãos na cabeça e puxando as orelhas*) — Estás louco, homem! De onde vieram-te esses pensamentos!? Se não mudas de modo de pensar, vais parar à Caridade.

PORTEIRO — Ali! Tu não ouves!? És surdo! Não vês. Tens olhos e não enxergas! Ouvidos e não ouves! Só falas! Tu verás a revolução que em breve se há de operar! Olha, eu estou vendo o dia em que entra por aqui uma força armada, vai aos cofres e rouba quanto neles se acha. Acende um facho e lança fogo em tudo quanto é papéis.

CONTÍNUO (*a correr*) — Ih! Ih! Ih! Parece que já estou ouvindo o tinir das espadas! A voz do canhão troar. Deus meu! Acudi-me! Ai! Que eu morro! (*Cai sentado.*) Ai! Ai! Estou cansado! Fatigado! Quase... Meu Deus! Quantas mortes aprazer-vos-á ainda fazer!? Quando vos compadecereis de vossos entes ainda que maus!? Quando se aplacará a vossa ira!? Quando se saciará a vossa vingança! Céus! Que vejo! (*Como amparando com as mãos, pondo o corpo de lado, ao ouvir o som da trovoada que em cima se faz.*) Ali!...

PORTEIRO (*querendo acudi-lo*) — Não é nada, companheiro e amigo! São os primeiros preparativos para a estralada que logo mais terá de ver e ouvir. Tranquiliza o teu coração. Ainda não desceram raios, fogo e tudo o mais que se há preparado para a grande revolução! Começará de cima e descerá à Terra, como a saraiva em certos dias chuvosos.

(*Ouve-se nova trovoada; relâmpagos.*)

CONTÍNUO (*melhorando um pouco e levantando-se*) — Acho-me um pouco mais animado! Parece-me que isto não é comigo. Que dizes? Heim? (*Batendo no ombro do porteiro.*) Que diabo, pois eu nada fiz, o que devo temer!? Sou muito pusilânime.

PORTEIRO — Tu sempre fostes um poltrão, de tudo te assustas, de tudo tens medo! Diabo! (*Empurra-o.*) Toma juízo! Deixa-te de...

CONTÍNUO — Ora, ora! E não entendo o que é ter juízo pelo que vejo e pelo que ouço. Vivo em minha casa. Trabalho incessantemente em proveito meu e da minha família. Não ofendo pessoa alguma! Sucede-me isto! Dizei-me: o que é ter juízo?

PORTEIRO — Ter juízo é cometer... e... Ai! Ai! (*Pondo as mãos no rosto.*) Que também estou ficando doente!

CREDOR (*voltando*) — Ainda hoje não recebo dinheiro! Prometeu-me um empregado, e a mais um indivíduo que espera... Como de... (*Sai.*) Veremos se se pode receber segunda-feira!

UM DOS EMPREGADOS — Por que razão não se há de pagar a este homem!?

OUTRO — Eu sei disso!?

CREDOR (*voltando*) — Não tenho melhor resolução a tomar que a de sentar-me em uma das cadeiras desta repartição e nela esperar até que se me pague.

CERTO INDIVÍDUO — Então, por quê?

CREDOR — Ora, por quê!? Porque não dou um passo que não encontre um que não me peça o aluguel da casa. Outro, que não me peça... que não me fale!...

O INDIVÍDUO — Tudo isso é bom!

CREDOR — É, é, para certos indivíduos; para mim é péssimo! Nunca gostei de ser atacado em casa, quanto mais pelas ruas da cidade! Todos os que compelem a honra, ou aos que desejam viver com seriedade — a essas cenas —, deveriam em minha opinião ficar condenados a idênticos, ou a outros procederes piores, contrários à sua vontade, ou desejos.

O INDIVÍDUO (*com a mão querendo fazer uma cruz*) — Resquié d'impace! Resquié d'impassere. Amém! Amém! N'amém! N'amém! (*Saindo.*) E vou-me embora e vou-me embora! (*Sai.*)

ATO SEGUNDO

(*Salão em que trabalham diversas seções.*)

CREDOR (*entrando*) — É a vigésima... não me lembro se quinta ou sétima vez que venho a esta casa haver aluguéis de casa! E talvez ainda hoje saia sem dinheiro! (*À parte:*) Mas eles hão de se arranjar! (*A um dos empregados, o contador:*) V.Sa. faz-me o obséquio de dizer se está despachado o conteúdo, ou quer que seja, quanto a um requerimento que aqui tenho?

CONTADOR — Será... (*lendo*) Castro... Car... Cirilo, Dilermando!?

CREDOR — Não! É um requerimento meu, assinado: José Joaquim de Campos Leão, Qorpo Santo.

CONTADOR — Ah! Esse está no chefe da quarta seção.

CREDOR — Bem, então lá irei. (*Dirigindo-se ao chefe:*) Faz-me o obséquio de dizer se já está despachado um requerimento que aqui tenho?

CHEFE (*apontando*) — Fale ali com o senhor Barbosa.

CREDOR (*dirigindo-se a este*) — Ainda não encontrou o que procurava a meu respeito?

BARBOSA — Ainda não! Há aqui tantos papéis!

CREDOR — Ora, com efeito! Pois tanto custa ver um ofício da presidência ou ver o assentamento que em virtude desse ofício deve existir no livro competente? Isto é, no mesmo em que se acham debitados tais aluguéis!? (*Senta-se.*)

CHEFE — V.Exa. não adianta nada em esperar aqui! Antes atrasa o serviço para conseguir o que quer; deixe estar que se está trabalhando!

CREDOR — Eu nem venho interromper, nem venho adiantar! Mas apenas saber! Parece-me coisa tão simples, tão fácil...

BARBOSA — São três ofícios da presidência que o senhor inspetor quer ver! Não é um só.

CREDOR — Senhores, eu já sei o que hei de fazer, o que os senhores querem! Voltarei em tempo! (*Ao sair, encontra-se com outro.*)

OUTRO CREDOR — O senhor gosta...

CREDOR — Está enganado!

OUTRO CREDOR — Então, não!? (*Dá-lhe uma caixa de fósforos.*)

CREDOR — Estou doente; e assim fico todas as vezes que venho a esta casa e dela saio sem dinheiro!

OUTRO CREDOR — Então fico eu pelo senhor! (*O credor sai; e o outro entra.*)

OUTRO CREDOR — Muito custa esta casa pagar a quem deve! Faz-se uma dúzia de requerimentos para se obter um despacho! Cada requerimento leva outra dúzia de informações! O despacho definitivo obtém-se por milagre! E a paga ou dinheiro que a alguém se deve — quase à força, ou pela força!

UM DOS EMPREGADOS (*para esse indivíduo*) — Com efeito! O senhor é audaz demais!

O OUTRO — Não! Não é por audácia! É apenas referir o que se passa..., o que é verídico!

EMPREGADO — Sim; mas nós não temos culpa!

OUTRO CREDOR — Nem eu inculpo a alguém! Mas receio, senhores, que os numerosos incômodos que tenho sofrido pelo procedimento que esta repartição para comigo vai tendo, os vexames, as faltas, as privações e até as enfermidades que me tem causado, e numerosos outros transtornos, farão de repente com que se espalhe fogo nestes papéis e tudo se incendeie. (*Toca uma caixa de fósforos numa mesa; esta se incendeia; ele a atira para as mesas de um dos lados; faz o mesmo à outra e atira para outro lado; enquanto os empregados trabalham para apagar o fogo em alguns papéis que começam a incendiar-se, ele sai.*)

(*Já se vê que há descomposturas, repreensões, atropelamento, carreiras em busca d'água, ligeireza para se apagar, aparecimento de alguns outros empregados ao ouvirem o grito de fogo, etc. Pode acabar assim; ou com a cena da entrada do inspetor, repreendendo a todos pelo mal que cumprem seus deveres; e terminando por atirarem com livros e penas, atracações e descomposturas, etc.*)

Em Porto Alegre, de 26 a 27 de maio de 1866.

UM ASSOVIO

Comédia em três atos e um quadro

Por José Joaquim de Campos Leão Qorpo-Santo

PERSONAGENS

Fernando Noronha
Gabriel Galdino
Almeida Garrêde (*sic*)
Jerônimo Avis
Luduvica
Luduvina
Esméria
Três tocadores

As cenas passam-se em Paris.

ATO PRIMEIRO

CENA PRIMEIRA

FERNANDO (*passeando e batendo na testa*) — Não sei que diabo tenho nesta cabeça! Nem São Cosme, que é da minha particular devoção, é capaz de adivinhar o que se passa dentro deste coco! O que, porém, é verdade é que todos os dias, todas as horas faço novas preces; e todas as horas e todos os dias transgrido os deveres que em tais protestos me imponho! (*Chama.*) Gabriel, Gabriel, que diabo estás fazendo nesse fogão em que estás pregado há mais de duas horas! Querem ver que estás a roer os tijolos, julgando serem de goiabada! Cruzes! Cruzes! Que gastrônomo! É capaz..., já estou com medo! É capaz de roer até a minha casaca velha! (*Pegando de repente no nariz, tira um pedaço; olha e grita:*) Oh! Diabo! Até já me roeu um pedaço do nariz quando eu ontem dormia! Gabriel! Gabriel!

GABRIEL — Pronto! Então (*de dentro*) que tanto me chama!? Diabos te levem! É o amo mais impertinente que tenho visto! Cruzes! Ave-Maria! Já vou, já vou! Deixe-me tomar o meu quinhão de café; e tomo, porque estou transido de frio! Estou gelo! Quer derreter-me!? Espere, espere!

FERNANDO — Diabos te levem para as profundas do maior inferno! Está este diabo a tomar café desde que amanhece, até que anoitece! Vai-te, diabo!

GABRIEL (*aparecendo*) — Ora, graças a Deus e a meu amo! Já que com o diabo cortei de todo as minhas relações. (*Apalpando e levantando a barriga.*) Tenho esta pança mais pequena que a de um jumento ou de um boi lavrador! Não é nada (*caminhando para o lado do amo*), existe aqui... quem sabe já quanto estará! (*Rindo-se.*) Duas chaleiras de café; quatro libras de açúcar... já se sabe — do mais fino refinado. Três libras, não! Seis libras de pão de rala e duas de fina manteiga inglesa. (*Andando para uma e outra parte.*)

Troleró, troró! Agora sei que sou mesmo um Manuel José Taquarião! Só me faltam as cartas e as parceiras! (*Apalpa as algibeiras e tira um baralho.*)

FERNANDO (*à parte*) — Estou otimamente servido de criado e companheiro! Não tenho, sinto, um guindaste para lhe suspender a pança!

GABRIEL (*depois de haver examinado o baralho com atenção; para o amo*) — Pensei que não tinha trazido. Está ótimo! Vamos a uma primeirinha? (*Batendo no baralho.*) Heim? Heim? (*Tocando-lhe no braço.*) Então? Vamos ou não vamos!?

FERNANDO — Tu és o diabo em figura de bicho. (*Batendo-lhe na pança.*)

GABRIEL — Ai! Não me fures, que eu tenho um filho de seis meses arranjado pela senhora d. Luduvina, aquela célebre parteira que o senhor meu amo, melhor que eu conhece..., visto que passou as mais apreciáveis noites com... ou... etc., etc.

FERNANDO (*batendo-lhe na boca*) — Ó diabo! Não descubras esse segredo! Senão, são capazes os amigos dela de me porem na cadeia!

GABRIEL (*à parte*) — Por isso é que muitas vezes eu chupo-lhe o dinheiro, e faço de amo! Tem segredos, que eu sei; e que ele não quer que sejam revelados!

FERNANDO — Então, Galdino! Encheste o teu pandulho desde (*bate-lhe na bunda, que é também formidável, e na barriga*) esta extremidade até esta...!

GABRIEL — Ai! Ai! Seu diabo! Não sabes que ainda não botei as páreas, do que pari por aqui! (*Apalpa a bunda.*)

FERNANDO — E, entretanto, de mim não te lembrastes judeu! Vai me buscar uma xícara, anda!

GABRIEL — Oh! Pois não! (*Pulando e dando voltas.*) O meu amo sabe dançar a chula? (*Olha para os calcanhares.*) E ainda me faltam as esporas; senão, havia eu de fazer o papel mais interessante que se tem visto! Nem o Juca Fumaça era capaz de me ganhar em levianeza e linda graça! (*Continua a dançar a chula.*)

FERNANDO — Este diabo (*à parte para um lado*) não me vai buscar café! Então? Vais ou não vais!?

GABRIEL — Ah! Quer café! Já vou! (*Dá mais duas ou três voltas e entra por uma porta, pela qual torna a vir logo depois.*)

FERNANDO — Que tal estará o café deste judeu?

GABRIEL — Eis aqui! Está melhor que o chocolate da velha Teresa lá do Caminho Novo, em que não há senão velhas tabaqueiras ou espirradeiras, que na frase dos rapazes são tudo e a mesma coisa!

FERNANDO (*pegando a xícara e levando-a aos lábios*) — Fum!... Fede a rato podre! E tem gosto de macaco são! Que porcaria! Pega, pega! (*Atira-lhe com o café à cara.*)

GABRIEL (*limpando-se todo*) — Não precisava fazer-me beber pelos olhos! Já estava farto de derramá-lo pela cara. Agora arrumo a xícara.

FERNANDO — Quem sabe se o fédito e o gosto proveem da xícara!? Pode ser! Para não tornar a ter destes prazeres... (*atirando*), quebrarei as pernas deste pançudo! (*Atira xícara e pires às pernas do criado.*)

GABRIEL — O diabo! Quase me quebras as pernas! Mas ficou sem o casal da xícara! O que me vale (*à parte*) é que, por eu há muito já o conhecer, mandei o ano passado forrá-las de aço no ferreiro das encomendas, que mora lá por trás das vendas, na Rua das Contendas!

ATO SEGUNDO

CENA PRIMEIRA

LUDUVINA (*mulher de Gabriel Galdino, velha feia e com presunções e ares de feiticeira*) — Graças a Deus que já se pode vir a esta sala. (*Olhando para o chão.*) Oh! Cacos! Que barulho haveria aqui! Quem quebraria esta louça! Querem ver que o meu marido, o senhor barrigudo e bundudo, que pelas nádegas (e se espera que faça o mesmo pelo umbigo) andou brigando com o amo, que é uma outra das mais raras esquisitices que se há visto sobre a Terra! Nem foi outra coisa! Deixem-nos por minha conta; hei de pôr-lhes freio e lei, e em toda a sua grei!

GABRIEL (*entrando*) — Oh! Minha querida Luduvina! Levantei-me a sonhar como um sonâmbulo. Agarrei-me primeiro a uma janela, pensando que era a senhora! Depois a uma talha, ainda com a mesma ilusão! E ultimamente a uma música chamada cavatina, pensando sempre que era a senhora d. Luduvina!

LUDUVINA — O senhor é muito gracejador! Quem o manda dormir tanto! Por que não faz como eu, que me atiro do mar, ponho-me no ar!? Sabe que mais? (*Pondo a dedo em frente do rosto dele, como ameaçando.*) Se quiser continuar a ser meu, há de, primeiro: levantar-se de madrugada, senão à do galo primeira cantada! Segundo: banhar-se dos pés à cabeça e esfregar-se com fino sabão inglês ou sabonete. Terceiro: alimentar-se três vezes ao dia, e de comidas simples e brandas, como, por exemplo, uma xícara de chocolate para almoço com uma fatia ou alguma massa fina torrada ou não, ou dois pedacinhos de galinha ou coisa idêntica, para o jantar, e quando muito mais (o que não julgo necessário) um cálice de vinho superior, ou uma xícara de café, ou chá. À noite, qualquer líquido destes como ceia. O melhor de tudo é tomar uma só bebida para almoço e para ceia; e para o jantar também um só pratinho com um cálice de vinho ou uma xícara de café, no primeiro caso se for com carne, no segundo se for...

GABRIEL — Agora acabe! Depois da ceia, diga, o que havemos de fazer? Em que me hei de entreter!

LUDUVINA — De noite, depois do chá..., já se sabe (*abraçando-o*), vamos para a cama dormir quentinhos! Fazer alguns..., alguns filhinhos. Sabe, não? Entende o que eu lhe quero dizer? Entende, entende, o senhor não é nenhum ignorante.

GABRIEL — Estás gaiata; gaiatíssima. Pois não basta nossa filha Esméria para nos entreter!? Ainda queres mais filhinhas!?

LUDUVINA — É porque eu sempre gostei...

GABRIEL — Mas isso era no tempo de moça; agora estamos velhos...

LUDUVINA — A mulher nunca é velha! E o homem sempre é moço.

GABRIEL — Ora, explique-me, senhora Pulquéria, a sua asserção; eu não entendo bem.

LUDUVINA — Visto que me troca o nome, eu trocar-lhe-ei o chapéu. (*Tira o que ele tem na cabeça, põe-lhe outro mais esquisito.*) O nome que me deu regula com o chapéu que eu lhe ponho, e dê graças a Deus de não o deixar com a calva à mostra!

GABRIEL — Já agora estarei por tudo. Casei-me de fato com a senhora; não há remédio (*à parte*) senão a aturar...

CENA SEGUNDA

FERNANDO (*entrando*) — Oh! Que é isto? O senhor acompanhado aqui desta dama!

GABRIEL — Pois que tem? Sim, sabe... o meu casamento... sim, o senhor ignora! Tem razão!

FERNANDO — Pois o senhor é casado!?

GABRIEL — E até tenho uma filha chamada Esméria.

FERNANDO (*olhando para um lado*) — E esta! O meu criado, e já com uma filha.

GABRIEL — Sim, senhor! Sim, senhor! E por isso mesmo far-lhe-ei em breve as minhas despedidas!

FERNANDO — Ainda mais esta! Fala-me em despedida! (*Pausa.*) E depois quem me há de servir se me faltar este pançudo barrigudo!

ESMÉRIA (*entrando*) — Sua bênção, meu pai.

GABRIEL — Oh! Bem-vinda, minha querida!

FERNANDO — Onde diabo, em que casa tinhas tu metido a mulher e este anjo de bondade!? Tão escondidos ou bem guardados, que eu nunca pude saber que existiam!?

GABRIEL — Não me convinha, porque sei quanto o senhor é amigo de alheias mulheres! E, se a minha Esméria é um anjo de bondade, a minha Luduvina é uma santa de maldade!

FERNANDO (*muito zangado*) — Todos têm mulher. (*Puxando os cabelos.*) Isto é o diabo! É o diabo! E é o diabo. Onde irei eu buscar, achar uma que me agrade! (*De repente, para Gabriel Galdino:*) Amigo, dás-me a tua filha em casamento!? (*Pondo-lhe a mão no peito.*) Se a dás a mim, hoje mesmo, meu caro, ela será minha mulher!

GABRIEL — A minha Esméria é um anjo de bondade; só se o senhor se sujeitar a todos os preceitos que ela lhe impuser!

FERNANDO — Mas que diabos de preceitos são esses!? Pois tu não me conheces? Não sabes quanto eu sou franco e generoso, cavalheiro e...

GABRIEL — Sei, sei de tudo isso! Mas eu não quero fazê-la infeliz! O ilustríssimo senhor dr. Fernando há de ser uma espécie, ou um verdadeiro criado fiel de minha filha; e há de declará-lo em uma folha de papel, escrita por tabelião e assinada pelo juiz competente, o dos casamentos ou dos negócios civis. Etc., etc., etc. Com a satisfação de todas essas condições, ou seu preenchimento, a minha muito querida filha, se quiser, será sua mulher. Fora delas, ou sem elas, não falaremos, não trocaremos mais sobre tão melindroso assunto.

FERNANDO (*à parte*) — E o caso não julgado é verdade que estou pela menina apaixonado; e que por isso mesmo não terá remédio o senhor Fernando, senão a tudo se ir sujeitando. Assim é que me serve o meu futuro sogro; há mais de seis meses sem que eu soubesse que era casado e que tinha uma filha! Foi realmente um mistério. E dizem-me que não aparecem ou não se veem milagres no tempo presente.

ATO TERCEIRO

CENA PRIMEIRA

LUDUVICA (*criada de Almeida Garrett*) — Depois que este meu amo se associou ao senhor Fernando Noronha que este se casou com a senhora d. Esméria, filha de um velho criado deste; e, finalmente, depois que se juntou certa camaraótica de maridos, mulheres, genros, criados ou quiabos, anda esta casa sempre assim! Ninguém os entende! Se se vai servir à senhora d. Luduvina, eis que se ouve a voz do senhor Fernando Noronha, gritando: "Luduvica! Luduvica! Traz-me as botas!". Se se está servindo ao senhor dr. Fernando, eis que me chama a senhora d. Esméria: "Luduvica! Luduvica! Toma este recado e vai levá-lo à casa de minha prima Hermenêutica". Finalmente, se estou servindo a qualquer destes, eis que o senhor Gabriel Galdino, criado outrora malcriado, barrigudo, bundudo, grita: "Dá cá de lá os chinelos, que estou com os óculos na cabeça!". Enfim, é o diabo! É o diabo! Muito desejo ver-me livre desta casa, em que seis ou oito meses de serviço já me fedem! Ainda que me não queiram pagar, quando não o pensarem hão de me ver raspar!

(*Entra Almeida Garrett, Gabriel Galdino e Fernando Noronha.*)

GABRIEL GALDINO — Com todos os diabos! Estou hoje com tais disposições de avançar a corações, que, se tu não fosses casada (*pondo a mão em Luduvica*), protesto que me não escaparias!

LUDUVICA — Como o senhor está engraçado! Pensa que mesmo sendo, e que mesmo não sendo, eu havia de ceder aos seus desejos brutais, sabendo principalmente que é casado, atoleimado, foi criado e que tem filhos!? Está, está muito e muito enganado!

FERNANDO NORONHA — Oh! Senhor Gabriel Galdino, isso não é coisa que se faça às escondidas de alguém. Eis porque não há criados que queiram servir-nos. (*Com força.*) Isto envergonha! Envergonha e faz afastar de nós todos os criados e criadas que há em toda esta cidade! É esta a décima oitava que para aqui vem; e que não tardará a deixar-nos! Se o senhor não mudar de comportamento, estamos todos perdidos! Teremos em breve de nos servirmos com as nossas próprias mãos!

GARRETT — Ainda será bom se nos servirmos. Só com as nossas mãos! Se não nos for necessário servirmo-nos com os nossos pés!

GABRIEL GALDINO — Não, toleirões! Eu estava apenas brincando. Queria ver a que ponto chegava a pudicícia da nossa encantadora e amável servidora Luduvica Antônia da Porciúncula. (*Fazendo menção de abraçá-la, ela afasta-se um pouco como receosa.*) Não receies, minha menina; se vos desse um abraço, seria de amizade, ou igual àqueles que os pais dão nos filhos; as mães nas filhas, etc., etc.

FERNANDO — Luduvica, já preparaste o que te disse de manhã que queria?

LUDUVICA — Como havia de preparar se eu não me posso voltar nem me mexer para lado algum!? Se me volto para a direita, sou chamada da esquerda; se para a esquerda, incomodada pela direita; e finalmente pelos flancos, retaguarda e vanguarda; sempre e sempre chamada, incomodada e flagelada!

FERNANDO — Em vista disso, irei eu mesmo preparar! (*Sai muito zangado, mas para na porta.*)

GARRETT — E as minhas camisas, calças e ceroulas, já aprontaste?

LUDUVICA — Não tenho tido tempo nem para coser os meus vestidos, quanto mais a sua roupa!

GARRETT — Uma criada assim não sei para que diabo pode servir! (*Vai a sair e esbarra-se com Fernando Noronha, que até então se acha sério e firme, como um soldado de sentinela em frente do inimigo.*)

FERNANDO — Alto lá! Aqui ninguém passa. Ponha-se aí ao lado, e firme como um soldado. Quero ver até que ponto chega a audácia desta criada! (*Garrett perfila-se ao lado direito.*)

GABRIEL GALDINO (*com palavras muito ternas ou açucaradas*) — Então, minha queridinha? (*Aproxima-se dela.*) Nem um beijinho me dás, nem uma boquinha, nem um abracinho, nem ao menos um volver desses olhos estrelados!

LUDUVICA (*sorrindo-se*) — Ora, nunca pensei que o senhor fosse tão audaz!

GABRIEL — Pois é audácia pedir-se aquilo de que se tem necessidade!?

LUDUVICA — Vá procurar a sua mulher, e com ela faça o que quiser!

GABRIEL — E se ela não quiser, o que hei de eu fazer!?

LUDUVICA — Ter paciência e fazer-lhe continência!

GABRIEL — Então, além de me negar aquilo que me deve dar, ainda hei de ter paciência e fazer-lhe continência!?

LUDUVICA — E que remédio o senhor terá, senão assim proceder ou humilhar-se!? Se o não fizer, ela feri-lo-á; o senhor há de morrer, ou ela se matar!

GABRIEL — Em vista disso, adeus minha queridinha, adeus!

(*Vai a sair e encontra o mesmo obstáculo como Garrett.*)

FERNANDO (*para Gabriel Galdino*) — Alto, frente! Tome a esquerda e perfile-se! (*Desembainhando a espada por detrás.*)

(*Gabriel toma a esquerda e perfila-se.*)

LUDUVICA — Que farão os três pandorgas? (*Passando e vigiando-os ora com o rabo de um, ora com o rabo de outro olho.*) Que esperarão eles! Pensarão mesmo que me hão de continuar a massar!? Estão bem servidos! Eu os componho; eu agora lhes mostro o que é a força de uma mulher quando esta está a tudo resolvida, ou mesmo quando apenas quer mangar com algum homem! (*Puxa, passeando, um punhal que ocultava no seio e conservado escondido na manga do vestido.*) Estes (*à parte*) meus amos são uns poltrões; eu faço daqui carreira, faço brilhar o punhal; eles, ou me hão deixar passar livremente, ou caem por terra mortos de terror; e não só por serem uns comilões, uns poltrões, também porque... não direi mas o farei! (*Volta-se repentinamente; faz brilhar o punhal, avança-se para eles; os dos lados caem cada qual para seu lado, e o do centro para diante; ela salta em cima deste, volta-se para o público e grita levantando o punhal:*) Eis-me pisando um homem, como um carancho, um cavalo morto! Quando a força da razão, do direito e da justiça, empregada por atos e por palavra, não for bastante para triunfar, lançai mão do punhal... e lançai por terra os vossos indignos inimigos, como fiz e vedes a estes três algozes!

(*Desce o pano, passados alguns minutos, e assim finda o terceiro ato.*)

ENTREATO

JERÔNIMO DE AVIS (*entrando com flauta e três tocadores, com vários instrumentos*) — Lá vai! (*Sopra a flauta; e esta não dá mais que um assovio destemperado; sopra com mais força, sucede o mesmo, ou ainda pior. Muito ansiado, querendo desculpar-se:*) Senhores, deu o tétano na minha flauta! Desculpem, desculpem!

OS OUTROS — Qual desculpa, nem desculpa! Embaçou-nos, agora há de aprender a tocar todos os instrumentos. (*Caem-lhe em cima com eles; ele defende-se com a flauta; de uns e de outros; e, assim que pode, corre a safar-se. Os outros fingem persegui-lo; ele procura escapar-se e não pode, dando também em uns e em outros com a flauta, dizendo-lhes:*)

JERÔNIMO DE AVIS — Paguem as lições que lhes dei ensinando-os a tocar flauta.

(*Neste ato e barulho, deve pouco a pouco ir descendo o pano.*)

QUADRO

(*Aparecem todos; cantam e dançam mascarados; de violas, tambores, flautas, rabecas e violões, os seguintes versinhos:*)

Minha musa está vazia,
De tanto haver dado à tia!
Minha rabeca não canta,
Nem o violão descanta!

Trai, larai; tri, lari,
Lari; trai, larai, tri lari
Larou...

(*Repete-se.*)

Minha viola 'sta zangada,
Por não ter mais uma corda;
Dela a flauta discorda;
E assim — só desagrada!

Trai, larai; tri, lari,
Lari; trai, larai, tri lari
Larou...

Minha rabeca assovia;
Com esse rouco violão,
Não faz boa harmonia;
Hei de ver melhor baixão!

Trom larom,
Larom larom larom;
Trom larom larom
Larau lau lau...

(*Repete-se.*)

Meus tambores estão rotos!
Que fazer deles — não sei!
Hei de vendê-los ao rei,
Cobertos de peles d'escrotos!

Trom, larom, larom,
Larau lau lau; trom, larom,
Larau, larau, lau lau!...

(*Repete-se.*)

Minha flauta já não toca,
Mas apenas — assovia!
— Se não melhorar na pia,
— Hei de mandá-la à taboca!

Drom, larom, larom,
Larim lau lau, drom,
Larom, lari, lari, larom!

(*Repete-se.*)

(*Cantados e repetidos esses versos por duas ou mais vozes, dançando-se e tocando-se chóteze, cada um canta os que dizem respeito ao instrumento que toca.*)
(*Termina o quadro; e com ele a comédia, do seguinte modo:*)

O FLAUTISTA (*para os outros*) — Senhores! Silêncio! O mais profundo silêncio! Vou tocar a mais agradável peça, e de minha composição, que se possa ter ouvido no planeta que habitamos! Ouçam! Ouçam! (*Todos ficam silenciosos; e põem os instrumentos debaixo do braço esquerdo. O flautista, levando a flauta à boca:*) Fi.........u......... (*Desce o pano.*)

FIM DO QUADRO E DA COMÉDIA.

Porto Alegre, 6 de junho de 1866.

CERTA ENTIDADE EM BUSCA DE OUTRA

Comédia em dois atos

Por José Joaquim de Campos Leão Qorpo-Santo

PERSONAGENS

Velho Brás (homem sisudo)
Ferrabrás (estudante, filho adotivo deste)
Micaela (Tagarela, mulher pouco comedida ou respeitável)
Satanás

ATO PRIMEIRO

BRÁS (*entrando*) — Quem diabo está nesta casa!? (*Muito admirado.*) Por um dos reposteiros vi aqui o Satanás com olhos adiante e pernas atrás! Depois vi Judas Iscariotes, que andava a trotes! Por uma janela, a Micaela abrindo a boca de gamela! Mas o meu rapaz, o meu Ferrabrás, o meu contimpina que de dia dorme e de noite maquina! Oh! Esse, nem por sombras me quer aparecer ou eu pude ver! Bárbaros! Assassinos! Traidores! Que tudo me roubam! Comem como burros, como cavalos, e depois querem que eu trabalhe para sustentá-los! Infames! Poluem a honra das famílias! Divorciam esposos para massacrá-los e a seu gosto fruírem seus bens! Escravizam em vez de libertarem... Hei de lançar por terra tão indigno governo! Ou hão de os governantes e governados terem direitos e deveres, ou nenhum governo durará no poder mais que treze meses! A Nação, cujo espírito será como o de um só homem, inutilizá-los-á, a todos embrutecendo ou a cabeça fendendo! Ainda não estão satisfeitos estes entes (a que chamam governo porque ocupam as posições oficiais) com os milhões de desgraças que têm ocasionado!? Quererão bilhões, trilhões. Assassinos, traidores de sua Pátria! Até onde chegará a vossa perversidade? E até que ponto subirá também, ou a que extensão alcançará a vingança do Supremo Arquiteto do Universo!? Tremei, malvados! A trombeta final não tardará muito a tocar a voz: "Sejam queimados e reduzidos a cinzas!".

(*Aparece Satanás.*)

BRÁS — Infeliz! Que fazes aqui?

SATANÁS — Sou Satanás, rei dos infernos, encarregado pelos demônios para destruir os maus!

BRÁS — Oh! Dai-me um abraço! Sois meu irmão, meu amigo e companheiro! Estais armado?

SATANÁS — Sim. Trago as armas do poder e da vingança!

BRÁS — Pois sabei que eu empunho a espada da justiça; o revólver do direito e o punhal da razão! Combinam-se bem com as tuas. Triunfaremos!

SATANÁS — Sem dúvida. Com tais armas, jamais haverá poder que nos possa vencer!

BRÁS — Muito bem! Muito bem! Venha de lá outro abraço! (*Torna a abraçá-lo.*)

MICAELA (*entrando muito apressadamente*) — Oh! Vivam! Os senhores juntos! Que bela liga há de fazer Satanás com o velho Brás! Não esperava ver o grande prazer de os encontrar tão amigos; e até abraçados! Que lindos! Modificarão suas ideias!? Sem dúvida grandes negócios políticos os hão juntado... Deus os conserve para felicidade pública e individual. (*Apontando para o próprio peito.*)

BRÁS — Seja bem-vinda, senhora d. Micaela! Não sabe quanto aprecio a sua presença (*à parte:*) e ainda mais a sua ausência cá para nós, a quem nenhum malévolo ouve. Que notícias nos traz e o que há de novo pelo seu bairro? O que nos conta finalmente?

MICAELA — Estou muito escandalizada! Sendo eu a mulher menos faladora que há, houve quem se atrevesse à audácia de apelidar-me Tagarela e nesta mesma casa meus ouvidos ouviram suas tão duras palavras!

BRÁS — Sinto profundamente que tão grande infortúnio pesasse tanto sobre a cabeça e o coração de minha muito prezada... Senhora d. Micaela Tagarela!

MICAELA — E o senhor também me insulta!? Com efeito, não o esperava!

SATANÁS — Oh! Eu não sabia de tal. Prometo que há de ser vingada, que... a senhora bem sabe! Eu não sou peco; e tenho à minha disposição a força e o poder necessários para punir todos aqueles que ofendem a quem ninguém ofendeu. Tenho na minha carteira as sentenças para todas espécies de crimes e fique certa que, ao abri-la, hei de puni-la! Isto é, hei de vingá-la!

MICAELA — Muito agradecida, senhor Satanás! Muito obrigada; eu sou a sua menor, porém, mais afetuosa criada! Quer saber a única coisa que me pesa? É que, quando o senhor defende ou castiga, sempre lesa! Entretanto, sou de algum modo forçada a aceitar o seu tão importante oferecimento!

BRÁS (*chegando-se e apalpando os peitos de Tagarela*) — Que pomos deliciosos!

MICAELA — Oh! Senhor Brás! Queira retirar-se da minha presença! O senhor bem sabe que eu não sou dessas mulheres mundanas para com as quais se procede de tal modo!

BRÁS — Desculpe-me, senhora Tagarela! Pareceu-me duas lindas laranjas; é por isso que quis tocá-los.

MICAELA — Pois não continue a ter desses enganos, porque podem ter más consequências!

SATANÁS — Sim! Sim! (*À parte:*) Penso que são conhecidos há muito! É talvez minha presença que os está incomodando! Retiro-me portanto. (*Vai saindo; Brás o agarra.*)

BRÁS — Aonde vai? Aonde vai? Somos companheiros; e, se não chega para dois ao mesmo tempo, há de chegar passada uma hora!

SATANÁS — Não! Não! Sempre tive, tenho e terei medo de mulheres. É para mim o objeto de mais perigo que o... Ah! Não digo! Mas fique certo que... sim!

MICAELA — Passem bem! Passem bem, meus senhores! (*Retirando-se com a frente para ambos e entrando em um dos quartos.*)

BRÁS (*fazendo um cumprimento e seguindo-a*) — Então já vai? Não acha cedo? Eu... sim; mas... Vamos juntos! (*Enfia-se pela porta atrás de Micaela.*)

SATANÁS (*pondo as mãos*) — Céus! Meu Deus! Que imoralidade! Deixar a minha presença, e a minha visita, e meterem-se em quarto..., em um quarto em presença... É audácia! É atrevimento! Mas eu os hei de compor! (*Puxa a porta e fecha por fora.*) Agora hão de sair quando eu estiver cansado de comer, de dormir e de viver! Já se vê pois que aí têm de morrer se alguém os não acudir, e secos como uma varinha de... como um palito! Porque já se sabe: eu cá hei de durar pelo menos cem anos! Ou o que é mais certo: não morro mais! (*Metendo a chave na algibeira.*) Cá vai! Vou dar meu passeio e não sei se cá voltarei mais! (*Chegando-se para perto da porta do quarto:*) Adeus, minhas encomendas! Adeus, minhas venturas! Adeus! Adeus! (*Sai.*)

ATO SEGUNDO

BRÁS (*batendo na porta, fazendo esforço para abrir, gritando*) — Satanás! Satanás! Ó diabo! Trancaste-me a porta!? Judeu! Que é isto, ó diabo! Abre-me a porta, senão te engulo! Não falas!? Querem ver que este demônio trancou-me a porta e foi-se embora!? Tirano! Deixa estar que tu me pagas. Hei de perseguir-te até os infernos!

MICAELA — Sr. Brás, não se aflija! Não se incomode! Deixa estar que tudo se há de arranjar! Olhe! Veja! Pense! Medite e não fale!

BRÁS (*gritando*) — Como diabo não hei de falar e me incomodar se o Satanás trancou-me a porta? (*Para Micaela:*) Mulher, puxa daí que eu puxo daqui! Anda, mulher dos diabos! Faz força, cutia velha! Parece-me que já não vales mais nada! Olha e faz como eu!

MICAELA — Estou ajudando-o a bem morrer! Que mais quer!?

BRÁS (*tanto puxa, que cai no cenário com Micaela e a porta. Levantando-se, para Micaela:*) — Quase quebrei a cuia! Mas ao menos não fiquei enterrado! Que dizes? Levanta-te, não tenhas preguiça!

MICAELA — Não posso! Estou... ai! Penso que... (*esfregando uma perna*) esta perna, se não está quebrada, está esfolada!

BRÁS — Pois quem te mandou cair junto comigo!? Eu não te disse que segurasse a porta!? Agora, levanta-te, quer possas, quer não! (*Pegando-lhe em uma mão.*) Vá! Arriba! Arriba!

MICAELA — Ai! Ai! Não posso mais!

BRÁS (*atirando-a*) — Pois vai-te com a porta e com todos os diabos que saírem hoje dos infernos!

MICAELA (*levantando-se com muito custo*) — Ai! Além de ajudá-lo a abrir a porta e de cair com ele, mais esta crueldade! Atira comigo... esmaga-me... (*Endireita a cabeleira na cabeça.*) Rasgou-me o vestido de seda que eu mais gostava com seus modos brutais! Quase me pôs nua. Que crueldade! (*Levantando-se, compõe o xale.*) Muito sofre quem ama!

FERRABRÁS (*entrando a manejar com uma bengala, vestido muito à pelintra*) — Oh! Hoje, sim! O dia foi grande! Grande! Muito grande para mim! Vi a minha namorada da rua dos Andradas! A minha amiguinha do Beco do Botabica! A minha queridinha da Travessa da Candelária! Vi, vi, vi, que mais? Ah! A minha prima do passeio noturno e a minha tia avó (*dando uma grande gargalhada*), e em visitas aos velhos tortos, aleijados! Etc., etc.

BRÁS — Oh! Rapaz! Quando tomarás tu juízo!? Cada vez ficas pior! Anda para ali, anda! Toma a bênção à tua mãe.

FERRABRÁS — Ora, meu pai, sempre o senhor me está dando mães! Há três dias era uma velha de que todos têm nojo, porque lhe sai tabaco pelas fossas, mormente pelos ouvidos, pela boca, e até pelos olhos! Ontem era uma torta deste olho, aleijada desta perna. (*Batendo com a bengala na perna direita do pai.*)

BRÁS — Mais devagar com os teus exemplos, que estas pernas já são — o senhor sabe — algum tanto velhas e cansadas!

FERRABRÁS — Senhor! Dizia eu que ontem era uma velha nestas agradabilíssimas condições, e hoje quer que eu tome a bênção desta tagarela. (*Puxa-lhe pelo xale e quase o tira do pescoço.*)

MICAELA — Mais prudência, senhor doutor! Olhe que não estou acostumada a esses insultos! Pilha-me abatida, senão o senhor não ousaria insultar-me, porque eu ainda teria mãos!

FERRABRÁS — Olhem, olhem que joia!

BRÁS (*muito zangado*) — Este rapaz não toma mais caminho! Cada vez fica mais tolo, mais estonteado e mais surdo! Vai, vai! (*Empurrando-o.*) Vai procurar outro pai! Eu não te quero mais por filho!

FERRABRÁS — Pois, meu pai, o senhor é que tem a culpa. Apresenta-me (*tira-lhe a cabeleira e atira-a no chão*) com esta cabeça rapada para minha mãe como se eu fora alguma criança! Que quer que eu lhe faça!?

MICAELA (*atirando-lhe com a cabeleira à cara*) — Eu não o posso mais aturar, senhor atrevido!

FERRABRÁS — Olhe que lhe dou com a bengala!

BRÁS — Acomodem-se! Senão eu lhes dou um cachação!

(*Micaela avança à bengala, toma-a de Ferrabrás e dá-lhe uma bengalada; trava-se uma peleja entre ambos, dando-lhe este com a cabeleira pelo rosto. Brás mete-se entre ambos para apartar a briga, apanha e dá pancadas, e nesta luta termina a comédia.*)

Porto Alegre, 10 de junho de 1866.

(*Escusado é dizer que nada devem poupar os cômicos para tornar mais interessante e agradável o gracejo.*)

Note-se: podem começar a cena os três últimos, dando alguns saltos, proferindo palavras sem nexo ao discurso, mostrando a respeito de Brás algum desarmamento, e retirarem-se ao aparecer ou sentirem o rumor da vinda daquele.

LANTERNA DE FOGO

Comédia em três atos e dois quadros

Por José Joaquim de Campos Leão Qorpo-Santo

PERSONAGENS

Robespier
Zeferino
Um velho
Simplício (criado)
Jesuína
Gonçala
Duas mulheres
Um cavaleiro
Uma mulher
Outra mulher
Uma velha, muito velha
Um velho (o mesmo Robespier)
Outros homens
Uma mulher
Uma menina
Visconde (o mesmo Robespier)
Estanislau (filho do Visconde)

ATO PRIMEIRO

CENA PRIMEIRA

ROBESPIER (*muito aflito*) — Ando há mais de três dias em busca de uma coisa que tanto me agrada, que tanto me flagela! E o que há de ser? Um presente que me fez meu pai quinze dias antes de morrer! E que objeto, coisa ou pessoa me deu ele! Uma lanterna a que chamava de fogo, mas que eu nunca vi lançar chamas, fumos e iluminar. E que falta me faz tão insignificante objeto, sem que, entretanto, eu dele me haja servido!? Parece incrível: sinto a cabeça escandescida, o estômago apertado, certa dor de ilhargas e até... Não direi o mais! Entretanto, é preciso procurá-la com paciência e perseverança até que ela apareça!

ZEFERINO (*entrando*) — Cruzes! Que diabo tens tu, que sempre estás a cismar? Ora pensas que o diabo te há de vir importunar à meia-noite, ora sonhas que vês, que ouves, que falas com defuntos. Ora com ministro, bispados, papados e não sei que mais! Finalmente! Finalmente, é um nunca acabar de sonhar! Não parece que és homem; mas sim um sonho! Louvado seja Deus, é esta a quadragésima visita que te faço; e sempre te encontro a sonhar!

ROBESPIER — E você é um imprudente! Vê-me aqui com os mais importantes trabalhos de espírito e ainda me vem interromper com as suas inauditas observações! Deixe-me, seu diabo coxo! Vá se embora; vá para o inferno juntar-se aos seus companheiros! Vá, vá! (*Empurrando-o.*)

ZEFERINO — Ah! Não quer a minha visita! Pois há de ter daqui a pouco a do meu pai, o demônio mais velho, impertinente e feroz que habita os infernos! (*Sai.*)

(*Entra um velho de figura a mais esquisita que se pode imaginar.*)

O VELHO — Ora viva! Viva! Como está!? Como vai; como estão os seus filhinhos, a sua mulher, os seus netinhos!? Heim? Heim? (*Encosta-se a Robespier e quase cai.*) Ai! Triste de quem é velho; acontece sempre assim... Quando vê alguma moça bonita que o esperte, anda caindo aos pedaços, ora para aqui, ora para ali!... (*Assim fica, caído, como um bêbado, por alguns minutos.*)

ROBESPIER — Estará louco, bêbado, que terá!? (*Quer levantá-lo e não pode; dá-lhe com um pé.*) Está morto! E está! Eu com o demônio mais velho morto em casa e sem me poder dele ver livre! Que fazer?! E inda isto não é coisa alguma; se me quiserem criminar, julgando que eu o matei, isso é que seria pior! Enfim, procurarei safar-me desta peça e de suas consequências! Estudarei, pensarei, meditarei, procederei... e bom resultado terei. (*Passeia.*)

CENA SEGUNDA

(*Ouve-se uma grande trovoada.*)

ROBESPIER — Não querem os homens crer nesta verdade eterna, e é... que Deus criou o homem livre para ser feliz. E à sua imagem para ser orgulhoso ou altivo. Assim é que por essa causa tantos males se lamentam sobre a Terra. Ontem vimos praticar um furto, um roubo, um assassinato físico, ou moral, por causa de uma calúnia, por inveja das Mercês que Deus fez a este ou àquele nosso semelhante. Anteontem, observamos o levantamento de exércitos, pelas autoridades... para combater e debelar aqueles que praticaram as maiores atrocidades para com seus semelhantes. Por idênticos fatos, vemos por toda a parte... desgraças de todos os quilates. Hoje está Deus punindo os autores de iguais ações, lembrando-lhes que existe; ou vela sobre os ausentes, destruindo, aterrando os maus com as tempestades, com os raios, com os coriscos e com os trovões. Não têm bastado para corrigi-los as pestes, as enfermidades, a fome, a sede e tantos outros males para que emendem ou corrijam de seus erros! Não basta o fogo e o ferro por eles mesmos inventados para destruírem-se uns aos outros e assim ficar vingada a Justiça Divina ou Deus! É ainda preciso que Este, do alto da sua Majestade, envie ao homem o fogo celeste para completamente humilhá-lo, ou aniquilá-lo, confundi-lo, ou destruí-lo. Céus! Quando terão os vossos entes o necessário juízo, a conveniente retidão em suas ações! Quando cumprirão fielmente seus deveres para convosco e para com seus semelhantes!

CENA TERCEIRA

SIMPLÍCIO (*entrando*) — Que diabo de zangas estou eu sempre a ter! Hoje fui ao mercado fazer as compras do necessário para o dia; o que havia de achar para comprar! Galinhas mortas, frangos vivos, gatos e ratos! (*Atira com todas estas coisas sobre o assoalho, as quais trazia dentro de um saco que vinha às costas; saltam ratos, gatos, galinhas e frangos por todo o cenário.*)

ROBESPIER — Oh! O meu criado Simplício hoje brilhou! Traz aves e caças para mais de oito dias! O pior, porém, é que estes pequenos animaizinhos e avezinhas têm pernas! Correm com tal rapidez, que parecem estrelas no ar ou no céu.

ZEFERINO (*entrando*) — Então já estamos aliviados, senhor Robespier!? Tem a casa cheia de gatos, macacos e sapos. Agora deve estar muito satisfeito, não é assim? Pois estimo muito. Fique sabendo que eu não sou mais seu amigo, que estou de fel e vinagre, sal, e pimenta, e azeite, e óleo de mamona para com o senhor, porque me consta haver falado mal de minha velha em presença de certa dama a quem o senhor costuma cortejar com muita atenção.

ROBESPIER — Não sei o que me pareces! O melhor, em vez de fazer essas caretas todas para comigo, e de que eu tão pouco gosto, é que estivesses de doces e de vinhos os mais finos, pois sempre foram coisas por mim preferidas a todas a outras!

ZEFERINO — Já sei, já sei, o senhor sempre assim foi. Mas o que é verdade é que eu não o poderia sustentar as coisas boas.

SIMPLÍCIO — Encontrei-me hoje com um diabo de um estúpido, de um cavalo, o mais ordinário que se podia imaginar. Muito desejo vê-lo enforcado! Não quer senão passar a chá da Índia.

Inda se fosse o chá de São Paulo! Para ficar paulista, bem. Mas não! Quer da Índia para ficar índio! Hei de enforcá-lo com a corda mais grossa que encontrar no inferno.

ROBESPIER — Tu não sabes que nem todos podem ter o estômago de cavalo que tu tens; ou o de boi aqui do meu amigo Zeferino!? Diabo! Toma juízo. Ao contrário, nunca chegarás ao paraíso.

SIMPLÍCIO — Ah! O senhor ainda me fala em paraíso. Há de ir para o inferno tão direitinho como se fora um ratinho.

ZEFERINO — Este Simplício toda a sua vida foi profeta! Ordinariamente, e por felicidade nossa, nunca suas profecias se realizam. Contudo, eu nunca gostei de ouvi-las! Sempre me causam certa impressão, certa dor de coração, certo amor e devoção, que realmente fico temente. O que vale, porém, é que, na opinião de muitos, os produtores, os faladores, os escritores, não passam de vasilhas que se enchem de tudo o que se quer e despejam-se quando apraz. Outros, porém, há que nos põe em dúvida, dizendo que tais entes são inspirados, uns pelo Espírito Santo, outros por Jesus Cristo; e outros pelo próprio Deus ou Pai Eterno! Seja como for, sempre devemos ter: dos que sofrem, dor; aos que gozam, amor.

ROBESPIER — Estou hoje com os diabos nas tripas! E a sofrer na alma. Estou capaz de matar a quanto demônio diante de mim encontrar! Mas, como não estou disposto para isso, vou fumar um charuto, que ordinariamente me recorda os fatos censuráveis, e me faz censurá-los! Não há maior maldade, malignidade, atrevimento, audácia, perversidade e indignidade, do que querer um ente compelir o outro a praticar este ou aquele ato que sabe que não deve ou que não pode praticá-lo, já porque ofende e prejudica aos outros homens, já porque ofende e prejudica a si próprio! E, se fora só a ofensa, pouco era, mas a perda que ordinariamente trazem tais atos é que ainda é mais digna de lamentação; e, por causa desta, seus autores de maior punição. É preciso não ter caráter, nem brio, nem dignidade, dizem eles, para se fazer fortuna! E eu digo: é preciso não ter caráter, nem brio, nem dignidade para se procurar fortuna por modos, ou maneiras, ou atos que nos rebaixam à vil condição de animais ferozes ou desprezíveis.

(*Toma um fósforo e acende o charuto, que até então tinha sem fogo nos dedos. Tira uma fumaça, e diz:*)

Há horas de aflição,
Em que me dás consolação!

Outras me dás de descanso,
Em que quase lanço!

Algumas de tal prazer,
Em que me é difícil conter!

Em muitas de tão aflito,
Por certas Deusas eu grito!

E a verdade é:
Que não tenho descanso!
Se como, quero!
Se não como, desespero!

Se bebo, desejo;
Se não bebo, almejo!

Se saio, apeteço!
Se não saio, careço!

Não há trabalho,
Ou ocupação,
Que tranquilize
O meu coração!

Não há entreter,
Nem distrair,
Que possa convir
Ao espírito meu!

Só a mulher,
Amável, formosa,
Me pode trazer
Tranquilo viver!

Ai! Quem me acode!
Isto está que não pode!

Ai! Ai!...
Que aqui cai!...

(*A cada dois versinhos, chupa e tira uma fumaça.*)

Só a mulher,
Bela, amorosa,
Me pode dar
Tranquilo gozar!

Tudo o mais é entreter,
Neste mundo a que vim ter,
Entreter pra não morrer!
Ou inda que pouco viver!

(*Depois que canta, senta-se numa cadeira.*)

ZEFERINO — A tudo isto, senhor Robespier, fique sabendo que eu nada entendo!

SIMPLÍCIO — Pois entendo eu, meu doutor, e muito bem, que o senhor Robespier... (*note-se que este Simplício é um esquisito amarinheirado*) não pode deixar aquela coisa de que todos gostam. (*Rindo-se.*) E, quanto mais chegam à impostura chamada religião, mais apaixonados são do tal melão, e às vezes ainda verde eles o vão chupando!

ROBESPIER — Esse Simplício é o homem mais inteligente que eu tenho conhecido. De tudo ele entende e a tudo responde, compreende? Mas não sabe agora o ponto a que vou atirar, não sabe sobre que vou discorrer. Fique sabendo que, tendo estado, depois dos meus cânticos poéticos, sentado naquela cadeira, meditando, ocorreu-me o seguinte pensamento e lembrança do seguinte fato acontecido em uma das mais notáveis cidades da América. Um homem assaz notável por sua ilustração, erudição, virtudes, saber e prudência sofreu um ataque em sua pessoa e seus bens; queixou-se ao chefe de polícia, este não fez caso! Lembrou-lhe que, ao passar esse princípio, nem ele, nem autoridade alguma, exceto o monarca, estariam livres de ir parar à cadeia! Palavras proferidas por um profeta, ouvidas por Deus e postas em prática pelos homens! Não se passaram oito dias sem que corresse o boato em toda a cidade de que o chefe de polícia ia preso; não para a cadeia, mas para a Caridade, e isto pelo simples fato de se ir dizer ao Presidente da Província, não que ele tentava contra a vida ou propriedade de alguém, não por se lhe levantarem calúnias ou dizerem verdades dessa ordem, mas porque alguém havia convencido o Presidente da Província de que ele havia enlouquecido! Entretanto, quando ele gritava que estava em seu perfeito juízo, os soldados que o conduziam diziam: "Não! O senhor não atendeu quando aquele mártir se queixou das violências feitas à sua pessoa e à liberdade; olhava com indiferença para ele quando ele lhe pedia a entrega dos roubos que conservava em seu poder; e tudo isto por calúnias, por falsos que lhe levantaram e que o senhor não ignorava; portanto, vá também hoje dormir na Caridade; quer sejam justas, quer sejam frívolas as razões ou causas que a ela o conduzem! Além disso, cumprimos ordem superior. Aprenderá assim a ser autoridade. A respeitar tanto o alheio quanto quer que os outros homens respeitem o que é seu! Falo ou aludo aos direitos consagrados pela natureza ao homem como um ente animado! Como um ente racional e moral! Como livre entre os de sua espécie! Como cidadão, a quem as leis civis e criminais, e principalmente as com que se organizam os Estados, lhes conferem assim como lhes prescrevem os deveres! Assim é que, se as simples ofensas a um indivíduo, quando por infinidade de razões ou injustas causas, trazem numerosos males, aqueles que praticam consideradas de suma gravidade e por requintadas maldades quantos milhares devem trazer e deve-se esperar que tragam, têm trazido e trazem sempre!?". (*Com transporte.*) Assassinos! Malvados! Pérfidos! Infames! Traidores!

ZEFERINO — Dizem por aqui que tu estás na Igreja, e por isso tanto sofres!? Esta Igreja, se eu pudesse (*com raiva*) todas as vezes que assim procede, a teria assolado. Quantos e quão grandes males flagelam a humanidade pelo procedimento indigno de meia dúzia de especuladores que nada poupam para conseguir seus fins!? Quanto custa a firmar uma política de retidão, imparcialidade... pela qual se veja em todos os atos de autoridade o cunho da moralidade! É coisa quase tão difícil como a descida de um santo dos Céus que em presença de todos habitasse a Terra.

ROBESPIER — E por que não te mudas, não vais para outra terra, se aqui não te dás bem!?

ZEFERINO — Porque fiz tenção sobre a destruição, plantação e edificação! Já que o povo é tão estúpido, que não destrói meia dúzia de indivíduos que têm feito e continuarão a fazer a desgraça de milhares, de milhões de seus semelhantes!

SIMPLÍCIO — Sabem ou querem saber de uma verdade? Não sabem, mas eu lhes digo: vou-me embora! Adeus! Adeus! Saúde, paz, gordura pelo ubre e sarna para coçar nas horas vagas! Não se lembrarão assim do velho engraçado nem de moças bonitas! Nem mesmo (*saindo*) do velho Simplício. (*Sai.*)

ATO SEGUNDO

CENA PRIMEIRA

JESUÍNA (*mulher viúva e com filhos*) — Tenho procurado o meu namorado todo afetado, que sempre diz que me quer ver, mas que foge de me ter junto a si, e passou por aqui, hoje, quatro vezes! Talvez não demore! Vamos entretanto apreciando estes livros, estas estampas, estes quadros que vejo por cima destas mesas; alguma coisa de interessante neles devo encontrar, e que me distraia ao menos por alguns minutos ou segundos. Ah! (*Abrindo um livro.*) Eis aqui uma estampa que pode servir de modelo para fazer um boné e oferecer ao mesmo senhor em significação da alta consideração que me merece sua pessoa, caráter e mais qualidades que o distinguem; não direi dos brutos, porque é homem; mas das mulheres e de entes de sua espécie! Está, está muito bonito!

ROBESPIER (*entrando*) — Viva! Viva! A senhora d. Jesuína por aqui! Que santo a trouxe? Então não me diz!?

JESUÍNA — Não foi santo, senhor Robespier! Foi o profundo amor, a grande simpatia, a extraordinária amizade que a V.Sa. consagro, e que já me fazem considerar como uma espécie de obrigação, o vir fazer-lhe devoção.

ROBESPIER — Já sei, já sei. A senhora pertence ao sexo feminino, não pode deixar de ser devota! Mas que seja eu o seu santo é que eu duvido tanto, que quase não acredito! Entretanto, devo crer que a senhora me faz ver que não a devo esquecer, nem mesmo deixar de a esquecer! Não é assim?

JESUÍNA — Sim, senhor! Sim, senhor! Mas com palavras! Com discursos... O senhor sabe, e muito bem, qual o calor de que gosto.

ROBESPIER — E a senhora sabe quanto a amo, quanto a estimo, quanto aprecio a sua companhia, quanto me encantam suas maneiras e quanto me adoçam suas alegrias!

JESUÍNA — Agradecida, senhor Robespier! Muito agradecida! Reconheço tudo isso, mas por suas palavras, jamais pelas provas!

ROBESPIER — Quisera contar-lhe os sonhos que tive à noite passada, mas não me posso deles entretanto lembrar!

São sonhos de fartar.
Tenho, entretanto, senhora Jesuína,
Esta cabeça a tinir!
E para que me não esqueça
De tudo lhe referir,
Vou-lhe contar uma história!

CENA SEGUNDA

GONÇALA (*também namorada de Robespier*) — Oh! Senhora d. Jesuína! A senhora aqui por esta casa, e de visita ao senhor Robespier... Teremos ambas direito ao mesmo amigo!? A senhora deve saber que há muito tempo tenho casamento tratado com este senhor, e que por isso mesmo a ninguém cedo os meus direitos de pretendente e amante!

(*Robespier retira-se para um lado enquanto elas conversam.*)

GONÇALA — Eu poderia dizer alguma coisa, mas prefiro calar-me!

ROBESPIER — (*levantando-se de repente com uma mão na testa*) — Mulheres! (*Como alucinado.*) Que fazeis aqui? Que tendes!? Que quereis nesta casa!? Quem a ela vos encaminhou!? Tenho esta cabeça em chamas e, ao ver-vos, sinto mais forte o intenso fogo que nela lavra! Fugi, fugi da minha presença! Ide! Ide aos infernos, se for necessário, buscar o preciso amparo que em mim buscais! Atroadoras! Destruidoras da humanidade! Não me flageleis mais! Ainda esta noite tive um sonho, e que sonho? Que havia sido devorado por estas fúrias que diante de mim vejo. Bárbaras! Assassinas! Fugi, fugi de minha presença! Traído quinze vezes pela mulher, protesto afastar-me dela sempre! Sinto um fogo devorador que a elas me empurra!... Se atendo, se as busco, eis que um frio de gelo se apossa de todos os meus membros! Céus! Céus! Por que tantas vezes transtornais os meus projetos!?

JESUÍNA E GONÇALA (*batendo as mãos e olhando uma para a outra*) — Estamos bem servidas! Com este já nada fazemos!

GONÇALA (*aproxima-se*) — Quem sabe se quer um caldinho ou um chá!? Ou algum mingauzinho!?

ROBESPIER — Fugi! Fugi da minha presença, mulher!

GONÇALA — Pois bem, eu retiro-me. (*Vai saindo e convida a companheira.*)

JESUÍNA — Eu não tenho vontade de me retirar sem vê-lo tranquilo e feliz! Mas ele está tão brabo, tão zangado, que realmente parece que a nossa retirada assaz o pode favorecer. Iremos! (*Enfiam os braços e querem sair.*)

ROBESPIER — Sempre considerei a mulher como um ente que nos deve merecer alguma consideração! Já porque delas provém... (*Com transporte.*) Mas quê! Cada uma é uma fera. Se aquela me insulta, esta me dilacera! Fugi, fugi de minha presença, fúrias! Eu as destruo. (*Corre para elas, elas saem dizendo:*)

JESUÍNA E GONÇALA — Iremos orar por vós e por vossa futura existência! (*Saem.*)

CENA TERCEIRA

ROBESPIER (*pensativo e passeando*) — Quanto hei eu estudado medicina e direito, quanto hei meditado sobre tantas outras ciências! Quanto hei lido os livros sagrados e quantos fatos extraordinários se têm dado em minha tão curta existência quanto à idade quão longa quanto aos vários trabalhos e os numerosos fatos que nela se hão dado! É tão grande o número, sua importância tal, que não é fácil encontrar-se na história, já não digo deste ou daquele país, mas na do mundo inteiro, um homem cuja vida se assemelhe. Deus sabe o que faz! E quantas vezes predestina os homens e até as mulheres!? De que heroicidades não é capaz muitas vezes uma criança! Altos juízos do Eterno!

(*Entram duas mulheres, cobertas as faces com véus pretos.*)

UMA DELAS — Senhor! Senhor! (*Caem de joelhos diante de Robespier.*) Por quem é, nos acuda! Nos proteja! Nos ampare! Somos duas desgraçadas que, arrependidas de nossas culpas, vos viemos implorar perdão! Queremos a vossa compaixão, senhor, a vossa proteção! Queremos servir-vos como as mais humildes escravas!

ROBESPIER (*com certo ar de indiferença; para um lado*) — Tenho estado melhor! Tenho estado pior! Mais forte e mais fraco! Mais triste e mais alegre! Penso que ainda existe uma mão no céu que há tempos para mim se estendeu! Essa mão deve ser de Deus! Ou pelo menos de algum grande santo! Receberei, quando necessário, o amparo celeste; e ampararei com ele estes entes terrestres! (*Para as mulheres:*) Mulheres, levantai-vos e dizei que quereis de mim!

ELAS (*com muita humildade*) — Senhor, queremos o vosso auxílio, o vosso amparo, a vossa proteção! Acudi-nos, senão morreremos de fome! De sede e de dor!

ROBESPIER — Sim, sou a isso obrigado pela religião e pelas leis da humanidade! E até mesmo pela lembrança de que nossos sangues em partes se confundem! Levantai-vos, pois, e sentai-vos!

CENA QUARTA

UM CAVALEIRO (*de espada em punho, entrando*) — Consta-me ter entrado nesta casa o meu mui prezado amigo, o doutor... Venho em busca dele! É o senhor chefe da mesma?

ROBESPIER — Sim, senhor! Um grande escritor público e particular! Formado em quinze artes e quatorze ciências, em dezenove indústrias e trinta e oito maneiras várias de agenciar a vida, ou de evitar a morte! Queria, pois, alguma coisa?

CAVALEIRO — Tenho a mais subida honra em cumprimentar a V.Exa. e muito mais ainda terei em cultivar as suas apreciáveis relações de amizade!

ROBESPIER — Agradeço-vos, senhor, e muito, os juízos importantes e honrosos que de mim fazeis! Mas que lucraríeis vós com a amizade de um homem cuja vida são montões de contradições!

CAVALEIRO — É porque V.Exa. tem lutado com muitas mulheres! Há de saber que cada uma delas é uma máxima, um pensamento, um discurso, que muitas vezes a outro se opõe, e pois isso encontra todas essas contradições. Se, porém, tivesse por companheira uma só estrela, certamente não encontraria contradição alguma; e, senão, diga-me: durante o tempo que tem vivido com uma só mulher, lutou com contradições? Não! Pois então conheça a razão! E ou seja fradado, ou seja casado, se não quer continuar a se ver contrariar!

ROBESPIER — Fique certo que não ignoro o que me acaba de ponderar! Mas o diabo tem sido que infinitas mulheres tenho querido e de nenhuma hei conseguido! Agora, diga-me: o que hei de fazer!? Deixar-me morrer!? Para frade... não tenho vontade! Para escritor... fiz-me doutor! Finalmente, trabalharei; e jamais findarei, visto que Deus não se acaba e que a minha vida pode ser eterna como a Dele! O que é verdade, senhor Cavaleiro, é que vivemos em um mundo de ladrões! Se estes roubam dinheiro, aqueles roubam mulheres! Se estes roubam comidas, outros roubam vestidos! Se tais roubam vestidos, estes outros roubam lanternas, visto que ando há mais de três anos em procura de uma de fogo, que meu pai deixou-me pouco antes de morrer e que até hoje me não foi possível encontrar!

CAVALEIRO — Pelo que vejo, não se acha aqui a mulher que eu procurava!

ROBESPIER — Não! Não! Estas que aqui vedes são minhas! Ambas me pertencem! Uma porque é minha amiga; outra porque é minha mulher.

CAVALEIRO — Pois, senhor, em vista do que me assevera, retiro-me, pedindo-lhe a maior desculpa de haver penetrado, sem prévia licença de V.Exa., neste santuário de inocência, honradez e honestidade! (*Embainhando a espada e saindo. À parte:*) Sempre é homem, que tem duas mulheres!

CENA QUINTA

ROBESPIER (*para as mulheres, depois de haver acompanhado o cavaleiro até a porta*) — Que vos parece, amigas? Apenas ganhei-vos, vinha este sujeitinho talvez... quem sabe de onde, com tenção de tirar-vos! Nada! O que aqui entrar há de se assustar! E talvez que baste o cheiro das armas para aqui não chegar! Farei desta sala uma praça de armas! (*Entra em um quarto e traz: espadas, pistolas, clavinas, lanças, etc.; pendura umas, encosta outras, e assim preparando com cartuchos e o mais que é necessário em cima das mesas. Voltando-se para as mulheres:*) Tu dormirás à minha esquerda! E tu à minha direita! E se alguém tentar roubar alguma de vós, eis com que (*andando em volta e apontando para as armas quase como um pião*) farei saber os meus direitos! (*Fala e pioneia até cair o pano, que, desde que começa, deve ir descendo lentamente.*)

ATO TERCEIRO

(*Robespier e os demais atores deste drama.*)

ROBESPIER — Há dois anos que os maiores flagelos pesam sobre a humanidade, como outrora pesaram as pestes sobre aqueles que perseguiram, caluniaram, insultaram, maltrataram, espancaram e por sua infernal malignidade crucificaram aquele que inocentemente derramava as maiores graças, os maiores benefícios sobre milhares de indivíduos (falo de Jesus Cristo), a quem, por um sentimento de gratidão, respeito e adoração, veneramos e acatamos; e festejamos com a maior pompa! E, se assim é, se seríamos destruídos pelo poder de seu Pai, ou seu próprio, se de modo contrário procedêssemos, como o foram milhares de entes, pergunto: de que modo devemos tratar a seus verdadeiros discípulos, aqueles que como ele são verdadeiros fiéis ou apóstolos? Aqueles que o imitam na mansidão, na brandura, na bondade, na generosidade. Devemos apedrejá-los, ou ampará-los, protegê-los, respeitá-los e acatá-los!? No primeiro caso, continuaríamos a ver, como temos visto há dois para três anos, mortes, roubos, violências, atrocidades, crimes de todas as espécies, guerras, pestes, destruições de todos os gêneros, de todos os modos! No segundo, o que temos observado? O progresso incessante do gênero humano, o melhoramento nas artes e nas ciências e em todos os ramos da indústria, e destarte a felicidade de cada um, que, reunida à de todos, faz a felicidade geral, a grandeza e o poder dos Estados e, por assim dizer, o endeusamento do Universo! Fora de Deus, somos miseráveis brutos. Em Deus, seus filhos, entes prediletos e felizes.

GONÇALA — Nunca o vi, senhor doutor Robespier, tão retórico, tão sábio, tão sublime, tão lógico sobre a religião cristã. Estou realmente espantada!

JESUÍNA — Deveras? Pois nunca o ouviu discorrer? Ele sempre foi assim: sábio profundo, talento raro, capacidade sem igual!

ROBESPIER — Senhoras, assaz me aproveitam vossos elogios! Eu os prezo muito, e guardo-os como mimo do mais subido valor. Sim, os meus sentimentos religiosos foram herdados de meu pai principalmente. Não me fiz, mas Deus e as circunstâncias da minha vida, isto é, as minhas necessidades para bem viver, as minhas nobres ambições de a tudo aprofundar, saber, e por tal modo alcançar tudo quanto pode fazer as delícias ou felicidades da vida presente, e com esta como espécie de trânsito, caminho ou estrada da vida eterna. Bem poucas vezes somos senhores de nós mesmos. Milhares queremos e não podemos; milhares fugimos e não escapamos; milhares nos esquivamos e à força prestamos! É, portanto, a vida de assaz homens, espécie de mistérios que nem eles nem os outros de sua espécie podem compreender, decifrar ou resolver; mas unicamente a Providência Divina que, creio, vela tanto sobre nós como o fazemos a respeito de nossos filhos ou... Não direi mais, porque não acharia mais acertada nem mais bela comparação.

SIMIPLÍCIO — Eu, porém, já penso de modo contrário. Entendo que somos iguais a quanto cavalo e boi há! Porque realmente, quando se morre, vai-se ser comido pela terra ou pelos bichos que de nossas próprias carnes se formam, e é isto mesmo o que acontece aos outros animais.

ROBESPIER — Está enganado e muito enganado, senhor Simplício, pois eu tenho visto a imagem de numerosos entes que têm morrido, tão perfeitos tal qual eles existiram e até com suas próprias roupas ou vestes; com uma única diferença, porém, que suas carnes são iguais à mais fina e macia seda. Não posso, portanto, deixar de crer na imortalidade da alma e na ressurreição de nossos corpos.

SIMPLÍCIO — Pode ser que assim seja, mas eu não acredito.

ROBESPIER — Nem eu o quero forçar a acreditar nestas verdades, que para mim são infalíveis nesta vida; e mesmo direi: milagres. Entretanto, seria para mim grande prazer vê-

-lo convencido e persuadido delas. Seria uma conversão sem dúvida agradável a Deus e a todo o fiel cristão.

SIMPLÍCIO — O senhor parece que está perdendo tempo; tamanho homem, e não enxerga que todo este mundo é todo material, que provém da matéria e que se há de converter em matéria.

ROBESPIER — Tudo isso poderá ser; não direi que é impossível, porque nunca morri verdadeiramente! Mas é verdade que já estive morto por um quarto de hora seguramente, em cujo tempo nada senti; nem sabia que existia, nem no Céu, nem na Terra. Se assim os corpos são ditos mortos, é claro que nós não somos em tal estado mais que nada! Então direi: que temos alma, senão quando vivemos!

ZEFERINO — Eu penso ora de um modo, ora de outro; há ocasião em que penso ser um ente divino, isto é, estou em uma tal correspondência com santos, santas, etc., que não posso negar a existência desse espírito a que chamamos alma. Outras vezes, porém, sinto-me tão material, que pareço ou penso não passarmos de simples vidro de algum espírito desaparecido, o qual, porque se esgota evaporando-se, extinguindo-se ou subindo à atmosfera, torna-se pura matéria; e, quando se quebra, pura inutilidade ou pó, terra, cinza e nada, como se costuma dizer! É por isso que sou de opinião que cada qual deve ter a liberdade de viver do modo que mais gozar; ou que mais conveniente julga ser! Do que serviria forçarmos um ente de nossa espécie a viver de certo modo, ou a praticar certos atos, que nós consideramos ótimos, embora a nós eles nos tornem felizes; se esses entes, praticando-os, se consideram desgraçados!? É bom; e devemos fazer com que os gozem para se lhes aprovar; continuar, como nós, a gozá-los, mas jamais os devemos forçar a tal se eles não os apreciarem, como nós, ou por qualquer causa os não puderem praticar! Eu nisto penso existir ou constar a verdadeira liberdade! Foi a doutrina que aprendi de meus pais, verdadeiros tipos ou emblemas de liberdade, fraternidade e humanidade!

ROBESPIER — É justamente essa a opinião minha a respeito! Já disse e repito que creio tanto na existência de Deus, que nos criou, nos vê, nos ouve, e até que satisfaz nossos desejos, como creio que não pode existir qualquer família animal sem pai; vegetal sem semente, arbórea sem muda, ou haste de que brota e produz! Penso também que todo o homem deve ter a mais extensa liberdade para gozar, do modo que mais lhe agradar, conhecendo, e mesmo fazendo-se o experimentar todos, como também que seus gozos não tragam desgraças a alguém, que tem direito como os outros entes de gozar e não sofrer! Tudo quanto é fora desses princípios é para mim bárbaro, desumano e cruel. Sou também de vossa escola, Zeferino! Fui educado nos princípios da mais sã liberdade, amo a fraternidade e almejo a humanidade. O que, porém, é necessário para não errarmos é sabermos fazer a discreta distinção entre o que é agradável aos outros entes de nossa espécie e que também é a nós, sem que alguém sofra; e o que é a eles desagradável, porque lhes traz sofrimento. Feita essa distinção, nada mais fácil para sermos verdadeiramente felizes, agradando ao nosso Criador e aos entes da nossa espécie, o que procede de modo que nos convenha, e a eles, e esquivarmo-nos de praticar atos que, embora nos convenham, a eles prejudiquem e ofendam! Foi sempre esta a opinião que hei feito grassar no mundo cristão e que considero útil a todos. E, se ainda fosse necessário para provar a existência de um ente superior ao homem que tudo move, ou a quem não há quem não possa deixar de obedecer, eu diria que há uma voz que há longo tempo fala a todos os atos de minha vida, ou que eu não pratico ato algum senão conforme a vontade dessa voz, e não conforme a minha, em razão de sua força e poder, tão superior ao do homem como este o é de uma formiga! Penso, porém, ser desnecessário, e por isso calo-me, ou nada digo. (*Deve ir descendo o pano muito devagarzinho, e assim terminar o terceiro ato desta comédia ou tragédia...*)

QUADRO I

ROBESPIER (*deitado*) — Que havia eu de estar pensando agora; eram tantas coisas, que não me poderei lembrar de todas! Lembrava-me de minha antiga família... de, ora vejam só o que é este mundo! Desço das estrelas à Terra; subo das mulheres ao Céu; desço delas aos homens; beijo as crianças às vezes; namoro-me de tanta gente... De uns, por suas encantadoras maneiras; de outros, por sua beleza; de muitos, por sua formosura; de quase todos pela sua rudeza! E assim vivo qual natureza! (*Espreguiça-se, espicha uma perna, encolhe outra, levanta um braço, coça a cabeça.*) Não há coisa que entristeça a esta sábia cabeça!... Fê-la Deus rica, deu-lhe infinita, inesgotável ciência; e, além desta, notável paciência. É assim, cada qual é ocupado naquilo para que Deus o destina: uns para os ofícios, para a enxó, a trolha, o machado; outros para a pena, a palavra e mesmo a espada! Alguns para, quais pássaros, andarem sempre pelo ar e a pousar de ramo em ramo ou de árvore em árvore; outros para trabalhos em suas próprias casas ou habitações. Mas tinha eu em lembrança que era uma belíssima comparação que fiz ou um interessante pensamento que concebi, ou uma notável verdade que descobri sobre sementes, árvores, produções naturais e intelectuais, de que agora não tenho a precisa recordação para narrar. Poderia sim servir esta: do mesmo modo que conserva Deus o mundo produzindo sempre novas coisas, a entes diferentes em seu rosto, em seu corpo, em seu modo de pensar e de proceder, e isto tem feito por espaço de quatro ou cinco mil anos, do mesmo modo e com quanta facilidade (e que insignificância, comparativamente com o fato que acabo de ponderar!?) pode o mesmo Deus inspirar sempre e por muitos anos novos pensamentos, novas obras, numerosos melhoramentos sobre tudo que existe útil, necessário, conveniente e mesmo simplesmente agradável ao homem! Quantos sinais de sua existência vejo em todos os dias! Não há uma só noite em que, deitando-me, logo depois não apareça aos pés desta cama a imagem ou figura de um morto... Ora velho, ora moço; ora criança, ora feio; ora bonito, ora com trajes ou hábitos próprios de padre; ora de outras classes, como advertindo-me de que existe, de que dá vida e de que mata quando quer! E não são só estes exemplos; os fatos são tantos, repetem-se tantas vezes, de tantas formas e espécie... que duvidar é a si próprio matar! Ainda eu não fiz o que fez certo escritor francês que escreveu duzentos livros! Mas o tenho feito talvez em milhões de mulheres, e também de homens, coisa que julgo que ele também não faria. Pois assim reparte o Senhor de todas as coisas, ciências várias por todos os entes a estes dedicados. Estava com outro pensamento, lembrança, comparação e não sei que mais nesta imaginação. (*Bate na cabeça e salta da cama em ceroulas;*

enfia um ponche que lhe serve de cobertura e diz:) Pretendo lembrar-me; depois, vestirei-me. Ah! Queria lembrar-me e estou sempre a esquecer-me!... Sim: que aqueles que em casa escrevem, falam, procedem, e de qualquer modo vivem, sustentáculos da religião, necessidade não têm de ir ao templo fazer oração. Outra coisa mais tenho notado, e é que aqueles que assim vivem, e para tal fim a ele vão, de lá saem, ordinariamente, adoentados! Ainda havia eu concebido um pensamento; o que havia de ser; o que sem ter na cabeça... não; sem ser chafariz... e gotejar pelo nariz... também não: sem se fazer de si, todo inesgotável, forte; de sua cabeça sempre cheia, caixa; de seus lábios, forte bica onde tem e por onde lança a mais cristalina linfa todas as vezes que quer em palavras, orações, proposições e discursos! Ou sem ser um rio, cuja corrente, cujas ondas refrescam aos seus semelhantes; e quiçá mesmo aos outros entes animados se mete a escrever; e a tudo querer ser! Vai mal, não vai bem! Para tal é preciso ser um ente sem igual! Para sair-se bem, é preciso só fazer o que mais convém. *(Durante estes discursos, arruma a cama, pendura a roupa, arranja o quarto, abre uma janela, e assim até banhar-se e vestir-se. Batem à porta do quarto.*) Quem bate? Quem está aí? O que quer? Espere! Bem sabe que a ninguém abro portas antes de me preparar como se houvesse de receber em minha casa a primeira notabilidade do mundo, bem como que, preparado, tenho-as sempre abertas, ainda mesmo para algumas, talvez bem pouco dignas de transpô-las! (*Abre a porta.*) Pode entrar quem está. (*Não aparece pessoa alguma.*) Ora, de que me havia eu de lembrar! De que os que comem pouco, por sua natureza ou constituição, ou porque assim melhor se dão, praticam mais que os outros certos atos; os que comem muito praticam outros em muito maior quantidade que aqueles; e assim nem uns, nem outros podem-se com razão fazer recíprocas censuras. Tive duas ou mais visões esta noite que não achei muito agradáveis: uma delas foi uma menina, a quem há dias vi; a outra foi não me lembro o quê, não referirei, portanto; sim, pareceu-me que um ente se dilacerava, distendendo-se... Sim, lembrei-me também de que não quis em certa época assassinar um ladrão autorizado por um juiz assassino; mas perguntei-lhe, eu lhe disse que o não faria, porque o deviam fazer outros para examinar e reconhecer se o seu sangue era igual ao meu, ou de alguma fera, visto que éramos descendentes de uma só família, e ele tentava contra a minha existência moral. Querem alguns que os bonitos andem qual cabritos, entretanto, muita gente bonita há que se entretém ou ocupa com escrita. Os que gostam do estudo estudem; os que gostam do passeio passeiem; os que gostam de dormir durmam; os que gostam de comer comam; os que gostam de mulheres gozem-as; os que gostam de estar em casa estejam; os que preferem andar na rua andem, etc. E assim passarão todos a mais regalada vida! A quantos tem Deus condenado à morte pelas suas más obras! A quantos tem dado a vida por seus bons feitos! Assim, uns perecem; outros assim crescem! Recorremos algumas vezes a Deus; em outras, ao povo, para nos livrarmos das garras das feras; em um e outro recurso sempre... ou quase sempre, somos atendidos! Ah! De que me havia de lembrar mais hoje: de que hei de ver se posso comprar um livro em que estude astronomia, com cujo estudo completo a geografia. Foram lembranças da noite e vão sendo também do dia. Ah! Esquecia-me de narrar um fato... O que havia de ser!? Que me quis certa menina entreter, e que me puz nela a ler certo amigo... É notável que as massas sejam coisas mais nojentas que as carnes, e é sem dúvida por isso que certo médico considerava estas como mais saudáveis... Os doces muitas vezes parecem puros venenos! Os mingaus parecem mais entes mortos que comidas! Enfim, parece uma necessidade indeclinável a companhia de outras pessoas para comer-se melhor sem que as comidas nos incomodem ou não prejudiquem. Ou então seremos obrigados a nós mesmos as preparar! Ainda os muitos venenos me não põe menos. (*Muito zangado.*) Valha-nos Deus, com estes judeus! (*Batem à porta.*) Quem é?

UMA MULHER — Senhor doutor está em casa?

ROBESPIER — O que quer!?

A MESMA — Venho chamá-lo para ver um doente!

ROBESPIER — Onde?

A MULHER — Em casa do senhor Furtado, rua da Ponte, n° 11.

ROBESPIER — Por lá irei.

(*Bate outra pessoa à porta*)

ROBESPIER — Quem mais baterá; e o que quererá cá?

OUTRA MULHER — Desejo falar-lhe.

ROBESPIER — Entre, sente-se e diga o que quer.

OUTRA MULHER — Venho queixar-me a V.Sa., porque sei que é advogado, de um furto que me fizeram ontem em casa.

ROBESPIER — Pois diga o que quer.

OUTRA MULHER — Quero queixar-me à autoridade competente que um soldado de polícia foi à minha casa e roubou-me uma filha!

ROBESPIER — Isso é escusado. Porque, se o soldado roubou-lhe a filha, o chefe, o capitão ou algum outro superior a ele roubar-lhe-á o filho, que sem dúvida lhe fará mais falta; e também a ti própria se o diabo lhe rebelar os miolos.

OUTRA MULHER — Então é escusado queixar-me!?

ROBESPIER — Escusado? Perigoso! Perigosíssimo! O menos que talvez lhe faça é metê-la na cadeia. Principalmente se tiveres alguma outra no caso de ser por alguns deles desflorada.

OUTRA MULHER (*levantando-se muito incomodada e endireitando a mantilha*) — Só faltava levantarem-me fogueiras para instalar um novo tribunal do Santo Ofício e queimarem-se vivos todos aqueles que não se escravizassem a seus desejos, quer bons, quer maus!... Pois, senhor doutor, eu me retiro; mas juro, à fé de um Deus, que hei de deitar por terra todos aqueles que assim procederem. (*Sai.*)

(*Batem de novo à porta.*)

ROBESPIER — Quem bate!? Já é a terceira vez que batem!

UMA VELHA MUITO VELHA — Venho lhe pedir uma esmola; sim, uma esmola pelo amor de Deus, pelas cinco chagas de Cristo, pelas almas dos seus parentes mais chegados e por tudo quanto é sagrado!

ROBESPIER — Mas diga o que quer! Eu não a entendo, nem coisa alguma posso fazer antes de a entender!

A VELHA — Ora, senhor doutor! Eu tenho uma dor neste meu coração!... Tão grande aflição em minha alma, que, por mais que esfregasse o cheiroso coentro, nada me pôde aliviar, e assim vivo sempre a penar.

ROBESPIERE (*rindo-se*) — Já sei, já sei, quer que eu a cure!

A VELHA — Não, não é isso o que eu quero! Não é para essa enfermidade, para esse mal, que o venho procurar! E mesmo porque estudei medicina e sou médica. Mas para as causas ou origens desses males.

ROBESPIER (*com alguma impaciência*) — Pois então o que quer? E se se demorar, se não falar, a farei mulher.

A VELHA — Venho pedir-lhe para que logo que saia à rua, como sei que é... chegado à santidade, que se corresponde com o Santo Padre, e talvez muitos outros santos, para chegar a minha casa e benzer minha filha mais velha, de nome Chapedau, que se acha atacada de febre amarela, tifoide e não sei que mais!

ROBESPIER — Essa é boa! Se a senhora me pedisse receita e alguns remédios, estávamos bem, mas lumédios... é coisa a que eu não estou acostumado! Não descreio que possam ser úteis; mas não costumo curar a alguém desse modo, mesmo porque estudei outro sistema em uma das Academias de Santa Cruz.

A VELHA — Então o senhor é Santa Cruz!?

ROBESPIER — Não, a senhora não me entendeu: no Império de Santa Cruz!

A VELHA — Seja como for, eu o que quero é a minha filha salva; e o senhor pode salvá-la; mais com a santidade do seu espírito, que com os seus remédios de botica, que há muito ela não toma, porque não pode!

ROBESPIER — Bem, senhora, lá irei e não me descuidarei de tudo fazer para o mal combater de sua filha!

A VELHA (*com numerosos cumprimentos*) — Sim, senhor! Sim, senhor! Muito obrigada! Lá o vou esperar! Passe muito bem! Muito, senhor doutor. (*Dando sempre com a cabeça para diante e para trás, vai saindo.*)

ROBESPIER (*cuspindo*) — Com efeito! Até do meu estômago saem pensamentos! Mas que mulheres esquisitas! Formaram--me hoje em três ciências! De modo que, quer eu quisesse, quer não, teria de ser doutor! A primeira formou-me em medicina! A segunda, em direito! E a terceira sobre as coisas divinas! Outras me hão feito, ou me fizeram poeta, astrólogo, filósofo, retórico e não sei que mais! Enfim, enfim, quase se pode dizer que elas são ciências, e os homens academias! (*Sai depois delas alguns minutos.*)

QUADRO II

UM VELHO (*o mesmo Robespier com tal figura, entrando com um ombro um tanto encolhido*) — Ai! Pareço um velho de quase cem anos! Dói-me tanto este ombro; sinto tanta dor nesta perna!... É preciso deixar esta vida insana milhares de paixões arrastado!... Que seja outro condenado a arrostar duros grilhões cujos elos sejam almas e corações! Já estou velho; já não posso confortar a qualquer osso. Já estou doente, já não posso nem mover meu pescoço! Vamos entretanto continuar de escritor até acabar este quadro ou esquadro da minha célebre comédia! (*Pega uma pena e abre um livro.*) Ui! Que diabo tem a barriga? Será figa ou ferida!? Sinto-a toda a mexer e dentro a se revolver... Que diabo! Estou assustado! Querem ver que é filho. Mas eu não comi milho! Apenas provei feijão... Como diabo... Ai! Só se foi do leitão. (*Largando a pena, depois de ter escrito algumas linhas, e gritando e correndo pela sala toda:*) Estou pobre! Estou pobre? Quem me cobre! Quem me acode! Aqui do rei! Já não sou Bei! Ai! Ai! Ai! Estou doente; sou padecente! (*Cai como desmaiado; ronca.*)

(*Entram diversos.*)

UM — Que desgraça sucederia ao nosso Lente!?

OUTRO — Qual desgraça! Tu não o conheces! Isto é chalaça!

O 1º — Qual chalaça! O homem está morto!

O 2º — Pois eu te afirmo que é cachaça!

O 1º — És muito tolo ou muito mau!

O 2º — Qual tolo, seu cara de pau!

(*Entra uma mulher.*)

MULHER — Que é isto, senhores! Mataram a este pobre homem?!

O 1º — Qual matamos! Queremos ver se o salvamos!

MULHER — Não está mau o modo de salvar! Deram-lhe com algum pau até o matar!

O 2º — A senhora é bem néscia! Pertence-lhe este cadáver?

MULHER — E o senhor o que tem com isso?! Pertence sim! É meu, porque o quis enquanto viveu!

O 1º — Ah! Isso então é outro caso! A senhora quando os não pode atrair vivos, conquista-os depois de mortos!

(*Entra outra de menor idade, ainda menina.*)

MENINA (*para a mulher*) — Titia... Vovó!... (*Puxa-lhe os vestidos com alguma ansiedade.*) Titia! Vovó, olha!

MULHER (*voltando-se para esta*) — Estás hoje muito incomodativa, muito importuna. O que é que tu queres!?

MENINA — Venho lhe chamar para ver uma coisa bonita! (*Batendo um punho na outra mão.*) Muito bonitinha, mamãezinha!

MULHER (*rindo-se*) — Sou avó, sua tia e também sou mamãezinha! Está bem. Corre lá dentro, vai buscar um vidro de espírito de lima para dar a cheirar a este homem que caiu aqui com uma síncope!

MENINA (*olha espantada e diz*) — Coitado! (*Sai correndo, voltando logo depois com um vidro na mão. Para a mulher:*) Aqui está, mamãe! Cheira que dá gosto!

MULHER — Os cheiros, minha filha, não dão gosto, mas agradam, ou dão prazer, pelo olfato. (*Destapa-o e chega-o às ventas do velho.*) Quem diria que o senhor Robespier havia de estar a esta hora quase morto!

VELHO (*vai cheirando, gostando, despertando, levantando-se. Depois de estar em pé e com uma mão nas cadeiras:*) — Ai! Que dor de ilhargas eu sinto aqui! (*Manquejando.*) Acho-me tão doente! Estou a tinir. (*Encaminhando-se para a mesa.*)

MULHER — Ainda quererá escrever mais!? Ainda não se satisfaria de tantas comédias, romances e tragédias!?

MENINA — Titia! Titia! Ele ainda quer poesia. Acha que é pouco chamarem-no de maluco por tanto haver ensinado, ora lendo, ora falando, ora escriturando.

(*Riem-se todos.*)

OS INDIVÍDUOS — Olhem a menina como é inteligente! Como é sabida! Instruída! Que dom natural! Que rara natureza! Que agradável singeleza! Que beleza! As mais tocantes, que sempre observei em uma menina desta idade!

(*Entra de repente um filho do Visconde, Estanislau, que há longos anos estava ausente; e, ao ver o visconde, atira-se nos braços dele.*)

ESTANISLAU — Meu querido pai! (*Chorando.*) Quantos anos de ausência nos hão separado! Quantos males me hão flagelado! Por quantos desgostos hei passado! Quantos martírios! Quantas tiranias dolorosas em minha vida! Quantas saudades hão ralado e quase destruído este já quase velho coração! Esta alma que constantemente ardia no mais intenso e vivo fogo da cruel saudade por vós e pelas pessoas que nos são mais caras.

ROBESPIER (*quase tonto*) — Sim. (*Querendo abraçá-lo e sem encontrá-lo depois que o filho se lhe desprende dos braços.*) Sois vós o meu... Ah! Eu queria ver-vos, mas não posso... Meu filho! (*Cai morto.*)

(*Todos correm para acudi-lo, trazem remédios, expressam a maior dor, o filho reconhece que ele já não vive, profere as seguintes palavras.*)

ESTANISLAU (*soluçando e com o lenço nos olhos*) — Quanto é cruel! Quanto tem sido cruel o destino para comigo! Em milhares de combates hei visto passar diante de mim, qual anjo de fogo para devorar-me, a cruel morte! Como político, outras tantas vezes a ela tenho escapado, como milagrosamente os grandes santos às perseguições e crueldades dos judeus e dos tiranos. Mas não bastavam a infinidade de desgraças que me têm secado as carnes e consumido o espírito! Era necessário terminar também os meus estudos na carreira da vida presenciando a mais dolorosa cena. (*Apontando para o pai.*) Oxalá, ó entes que me ouvis — humanos e divinos —, que jamais, quando julgardes encontrar um momento de prazer e de repouso, encontreis como eu motivos que vos apunhalem de terror e de desgostos.

(*Todos os circunstantes expressam a mais viva dor, ouvindo as lamentações do filho do Visconde, a quem podemos chamar Estanislau, formado, deputado e oficial da Guarda Nacional em campanha.*
Deve ir descendo pouco a pouco o pano, depois de proferidas as últimas palavras do filho do Visconde. E assim termina a peça: aparece Robespier e, olhando para a mulher que se acha na sala, grita:)

ROBESPIER — Eis a lanterna de fogo que em testamento legou-me meu pai e que eu há mais de três anos procuro! A viva luz de teus olhos me exprimem, os raios de teu semblante não me enganam! O reflexo de teu todo me convence. (*Com força:*) É ela, é ela! (*Atira-se em seus braços, e assim termina a comédia.*)

(*Depois que se atira, passados dois ou três minutos, vai descendo o pano mui devagarinho.*)

FIM DO QUADRO E DA COMÉDIA

Porto Alegre, 10 de junho de 1866.

UM PARTO

Comédia em três atos

Por José Joaquim de Campos Leão Qorpo-Santo

PERSONAGENS

Cário
Florberta
Casto
Melquíades
Guindaste
Galante
Ruibarbo
Uma mulher
Uma criada
Uma voz

ATO PRIMEIRO

CENA PRIMEIRA

CÁRIO (*assentado a uma mesa, provando algumas leves comidinhas*) — O sábio o beija, o néscio arqueja! Por que será que isto se dá!? Eu sei: aquele viveu em Deus, com Deus, por Deus e para Deus; este no diabo, com o diabo, pelo diabo e para o diabo! Eu me explico. Um é observador e cumpridor da Lei que por aquele lhe foi dada, e por Nosso Senhor Jesus Cristo acrescentada. O outro é cruel perseguidor de seus sectários... ou daqueles que fiéis a observam, respeitam, veneram. Eis por que, repito, quando Deus fala, o sábio se ri e se cala, o néscio teme e se abala. Ou, aquele se enche de prazer; este de medo vê-se tremer! Passando, porém, da religião a estas coisas que agora como, não sei o que me parecem estas comidinhas. Dão-se fatos a seu respeito; uns que me encantam, outros que me admiram; alguns que me enjoam, muitos que aborrecem; diversos ou vários que me repugnam, milhares que me indignam; inúmeros para os quais não há explicação nem qualificação exata, possível... Quantas coisas me falaram hoje, ora pelo sono, ora pela forma, ora pelo gosto, ora pela espécie, ora pela cor, e também pelo sabor! Vejo que (*pegando em uma estrelinha de massa*) ninguém deve comer estrelas, mas estrelas de carne ou de fogo! Como, porém, estas são de massa, é de crer que mal me não façam. (*Come uma. Pegando em outra, tira uma dentada, e a deixa quase pelo meio; olhando para ela:*) Parece-me uma coroa! Não comerei. Guardarei. (*Põe no prato.*) Pelo gosto (*provando outra*), cheiro e sabor, dir-se-á que envenada está. Poremos também a um lado. Acho esta bebida (*bebendo um cálice de vinho*), com quanto espírito, assaz fraca, ou como amolecida. É coisa que também não me agrada. Não beberei mais deste líquido; veremos algum mais forte, e por isso mesmo para mim melhor. Quê! (*Pegando em outro pedacinho de massa.*) Isto é imagem de um turíbulo! Não comerei. Esta, de uma naveta (*pegando outra*), também não quero! Provarei esta fatia. (*Corta dois ou três pedacinhos e come.*) Que tal? É sempre igual. (*Levantando-se um pouco.*) Eis a barretinha de um soldado, que, ofendido ou maltratado em seus brios ou dignidade, na Vila Nova do velho Triunfo, por um seu capitão, em princípios da infausta, nefanda, prejudicial e mais que indigna revolução de 1835, teve a precisa coragem para salvar sua honra e dignidade, para dar um imitável exemplo a seus camaradas, para meter um dedo do pé no pinguelo da espingarda, encostar a boca desta no peito em frente ao coração e disparar assim estrondoso tiro, que o transportou instantaneamente à presença do Eterno. Feliz soldado, era de um batalhão cujo título ou número não me lembro; suponho que paraense, e no qual havia um capitão com o nome Chaguinhas, de péssima fama, que julgo muito pouco tempo durou, bem como a maior parte desse corpo de infantaria, destruída quase toda poucos dias depois pelos generais Neto e Canabarro. Estes corações (*pegando em um coração*) enchem-me de bênçãos, não os quero, estou deles assaz farto. A estes gozos preferiria a companhia, que traz alegria... (*Olhando com atenção para um sinal em uma mesa.*) Este sinal é feito por um pingo de espermacete; isto, porém, não é o que admiro; uma cabeça perfeita, um nariz afilado, com uma cara completa, queixo, barbas, um boné igual ao de um oficial francês ou alemão que há tempos vi, e até com um penacho é o que realmente para mim não direi mais que admirável, mas algum tanto espantoso... Enfim, paremos com isto, são horas de dormir; vamos deitar-nos. (*Levanta-se, dá alguns passos e encosta-se a um sofá, cama ou cadeira de balanço.*)

CENA SEGUNDA

CÁRIO (*levantando-se*) — Estou satisfazendo o desejo ou cumprindo o projeto que fiz de ir viajar à Europa e de lá, cheio de ciência, voltar a derramar sobre os meus comprovincianos, compatriotas e mais habitantes do Império Brasileiro. Está se servindo Deus de mim para punição de uns e prêmio de outros. Não me convém, não devo escrever sobre os mortos, ou fazer nênias. Convém-me mais passear, que estar em casa; passeando, me entretenho, me divirto e fortifico; em casa me enfraqueço e sempre apeteço... Fora, não necessito trabalhar, mas apenas conversar; em casa não posso deixar de o fazer sem cessar... Ao homem convém caminhar, falar, pular, dançar, palrar e o exercício de mais de um milhão de verbos acabados em ar, ar, ar, ar, ar, etc., etc., etc., etc. Como é difícil, e tantas vezes impossível, a conciliação de interesses opostos! Sente-se uma necessidade; é-se instado por um desejo; procura-se satisfazê-lo; encontra-se uma dificuldade... Alguém geme, alguém chora, que nos dói, que nos estorva. Mas por que lamentar? Se necessário, vençamos; ou sigamos os impulsos de nossa inteligência, os conselhos de nosso coração; ou os conselhos daquela e os impulsos deste. Façamos algum sacrifício, visto que ninguém (é de conjecturar) há que viva sem os fazer. É preciso fortalecermo-nos; é preciso não fraquecermo-nos. Se eu atendesse, direi neste momento, aos desejos que tive (*depois de haver passeado e meditado algum tempo zangado*), teria escangalhado, talvez destruído ou inutilizado um baluarte, cujas forças já me não convém conservar. Se, porém, lhe presto muita atenção, se me penalizo de seu sofrer, do que se me representa à imaginação, terei de viver qual preso em cadeia. Enquanto, pois, não tenho emprego, mais que o de compositor, preciso me é buscar por toda a parte, onde houver melhor, ou mais me agradar, aquilo que me falta e de que mais careço. (*Olhando para o ar.*) Ó baluarte sibila! Não te prestarei, pois, mais atenção, enquanto de longe me falar teu coração! Assim triunfou (triunfarei eu também de ti) um de meus amigos — de igual impertinência — só útil na aparência! (*Pega o chapéu e sai.*)

CENA TERCEIRA

FLORBERTA — Que força tem o destino! Umas vezes cruel e destruidor como o raio ou a tempestade, em outras vezes tão benigno como o amor ou a saudade!

(*Canta:*)

Às vezes é tão cruel
O bárbaro, feroz destino,
Como horrorosa tempestade,
Ou o raio destruidor
Em outras mais que fiel,
Tão amigo, tão benigno,

Nos enche de felicidade,
De gratidão e de amor.

Os malvados (*atravessando o cenário depois que profere cada período*) estão sempre condenados. Quem estará por aí se assoando, que tanto me está enjoando! A ciência, o ouro e a água são coisas que, quanto mais abundam, menos param ou mais velozes necessitam correr. Quando me sinto menos forte, ou temos destruição, ou é morte. Quando o Estado carece, para sustentar-se ou progressar, de uma parte de nossos serviços, é justo que lhes prestemos, bem como que este, uma parte de seus benefícios a nós quando dele carecemos. É com essa reciprocidade de atenções, de benefícios, de amparo que os Estados e os súditos seus conservam e prosperam. Se eu tivesse disposição de escrever sobre relações naturais, diria que ainda hoje o chá que tomei levou-me à presença de alguém, de quem ouvi a mais tremenda descompostura!... Servir-me-á, se pudermos continuar a escrever comédias, para uma bela cena de algum dos atos; mesmo para começo, parece excelente. Não foi nada menos que o seguinte: bati por duas vezes em uma porta, ouvi mandar a pessoa a quem buscava abrir a porta; como se demorava o criado, empurrei-a e entrei; a pessoa era muito minha conhecida e de baixa esfera. Quereis saber o que ouvi dela? Eis: "A senhora é muito atrevida! Teve a audácia de entrar em minha casa sem que eu fosse abrir-lhe a porta! Pensa que esta casa é de prostitutos? Está muito enganada! Retire-se; e se está louca, vá para a Caridade!". Quereis saber o que lhe respondi? Eu vo-lo digo. Eis: "Não se incomode, senhor, bem sabe que não é a primeira vez que eu venho à sua casa. Foi-me necessário cá vir hoje; desculpe, portanto; se a minha presença não lhe agrada, eu me retiro". E retirei-me, sem mais cumprimentos. Fui, entretanto, opostamente recebida por pessoas da mesma casa, que para tal não tinha dever, com o maior afeto possível; notando em seus semblantes o maior desprazer pela grosseria estúpida daquele que me devia prestar atenção. Há de, entretanto, servir para algum fim útil.

CENA QUARTA

CASTO (*entrando*) — Que mania de mil diabos! Querem por força que eu viva amigado sem que isso possa ser! Sim! Irra, irra! (*Sacudindo os braços.*) O diabo que satisfaça semelhante gente! Hei de mandar à olaria fazer de propósito uma mulher para com ela me ligar sem o preenchimento das formalidades religiosas... e pobre não me serve! Há de ser rica, formosa, e asseada; senão, nem assim combino, me combino... ou... concubino! Tri, tri, tri... (*Faz duas ou três piruetas, tocando castanholas, e sai aos pulinhos.*)

CÁRIO (*depois que entra*) — Como se transtornam as coisas deste mundo! Quando pensaria eu que, indo à casa de um médico fazer uma ligeira visita, havia de transtornar uma comédia!? Quanto é preciso ao homem que se dedica a composições intelectuais ter regime certo ou invariável! Uma visita transtornou uma comédia; qualquer ação obsta à conclusão do mais importante trabalho. Quão bem foi começada esta comédia e quão mal acabada vai! Já nem posso chamar a isto mais de comédia... Enfim, vereis se posso concertar minhas ideias e prosseguir então. (*Sai.*)

ATO SEGUNDO

(*Quarto de estudantes.*)

CENA PRIMEIRA

(*Melquíades, Guindaste, Galante e Ruibarbo.*)

MELQUÍADES (*deitado*) — Fiu, fiu! (*Assoviando.*) Não está; tão cedo já sairia a passeio!? Quem sabe! Talvez; pode muito bem ser. (*Torna a chamar:*) Maria! Joana! Teresa! Antônia! Joaquina! Michatas! (*Pausa.*) Que diabo! Não aparece nenhuma das criadas. Ainda estarão dormindo. Que judias! São (*abrindo o relógio*) nove horas do dia, cinco da tarde, duas da noite, seis da madrugada, e ainda dormem! É muito, muitíssimo grande (*figurando com as mãos o tamanho*), grandíssimo dormir! Manuel! Antônio! Mercúrio! Ninguém fala; está tudo em silêncio..., em silêncio profundo!... Profundíssimo! Pois *Résquiés de impace* nas catacumbas do cemitério do Corpo-Santo na cidade do Porto, Portugal dos portugueses, para vocês todos! Que os levem trinta mil diabos e demônios para os mais fundos infernos lá do outro mundo, pois cá nos deste ainda vocês me poderiam incomodar!

GUINDASTE (*calçando as meias*) — Há três dias que ando incomodado, ora do estômago, ora dos intestinos, ora das barrigas... Ah! São duas, é plural, das pernas e da cabeça; e ainda esta noite passei uma noite horrível. Não sei que é isto! Até as águas-de-colônia que sempre me serviram de remédio para estes males desgraçadamente hoje parece que hão produzido os efeitos contrários!...

GALANTE — Que diabo terei eu nestas cabeças? (*Tirando o barrete com que havia dormido.*) Parece que tem espinhos! Ora picam-me as pernas, ora as coxas e até na cintura me importunam ou me ferem. Safa! (*Tirando a calça.*) O que havia de ser? (*Pegando em um carrapicho e mostrando.*) Um carrapicho!... Malditas lavadeiras, que parece de propósito para o mais lanoso entretenimento dos néscios fregueses porem na roupa estes espinhos! (*Atirando-o.*) Lá vai, lavadeira de roupa, vê se o engoles pelo nariz.

RUIBARBO (*andando*) — Como as lavadeiras não te hão de fazer dessas se tu não lhes pagas a lavagem e o engomado da roupa como elas desejam!

GALANTE — Essa é boa! Essa é bem boa! Essa ainda é melhor!... Ainda ontem paguei seis mil e tantos réis e dizes que eu não pago!?

RUIBARBO — Mas não é assim que elas querem!...

GALANTE — Pois de outro modo não sei. Não o entendo. Eu sou inglês, e inglês de muito boas raças! Portanto, não vivo... vivo de mistérios.

RUIBARBO — Pois és um tolo. Estuda a lavadeira, faz-lhe elogios, mostra-te a ela afeiçoado e verás como ela te trata, te lava, te goma admiravelmente!

MELQUÍADES (*para Galante*) — Que hei de eu estudar hoje?

GALANTE — Estuda disciplina.

MELQUÍADES — Assim eu sou tolo!

RUIBARBO — Pois ainda pensas em estudos, depois de velho, com a prática dos homens e mesmo das mulheres!?

MELQUÍADES — Que queres? Nasci mais para estudar que para vadiar!

GALANTE — És um pateta! Com as disciplinas escangalhavas tudo. Triunfavas dos amigos e dos inimigos! Sem elas, não sei como te haverás; quer com uns, quer com outros! Enfim tu lá sabes...

MELQUÍADES — Estou me resolvendo um dia a atirar com os livros às ventas dos mestres. Com os temas às dos lentes! E, finalmente, com as botas às dos criados! (*Pega nestas, atira nos companheiros e sai.*)

GUINDASTE — É bem atrevido este meu sogro!

GALANTE (*para Guindaste*) — Pois tu és casado!? Ainda agora é que sei! Pois o Melquíades já tinha filhas moças!? Ainda mais esta: estudante casado e com filhos!

GUINDASTE — Se o não sou, ainda hei de ser. Se as não tem, ainda há de ter. E por isso, se ainda o não sou, em breve hei de ser, e posso, portanto, desde já o ir tratando de sogro.

GALANTE — És o primeiro calculista do mundo!

RUIBARBO — Vocês querem passar o dia de hoje em conversa!? Não querem estudar, pensar, meditar sobre o que há de extraordinário da Revolução Francesa, livro mais que todos apreciável pela grande exemplar lição que transmite à humanidade!

MELQUÍADES (*chegando à porta do dormitório com boa porção de livros em baixo do braço esquerdo, muito apressado*) — Vamos para as aulas! São horas! Se se demoram, perdem a lição de hoje! Andem! Andem! Saiam! Venham!

(*Guindaste e Galante pegam em vários livros, dão duas voltas e saem.*)

RUIBARBO (*arrumando a cama*) — Vão indo que eu já vou!

GUINDASTE — Não te demores, que eu preciso de ti!

RUIBARBO — Sim, sim. Vão indo; eu lá irei logo! (*Saem.*) Estes meus colegas são o diabo em figura de homens ou de rapazes! Tudo desarrumam! É preciso uma... não: paciência de Jó, ou de algum outro santo, para aturá-los! Enfim (*depois de todo o quarto arrumado*) é preciso aturá-los! É melhor que andar com eles aos tombos, puxões ou cabeçadas. (*Pega em um livro.*) São horas, vou às minhas lições de retórica! E logo continuarei a escrever a minha encantadora comédia, a ilustríssima senhora dona Anália de Campos Leão Carolina dos Santos Beltrão Josefina Maria Leitão História das Dores Patão, ou Bulhão, etc., etc. Dizem os médicos, e confirmam os lógicos: as coisas que têm de trabalhar, apertadas, não poderão fazer tão bom serviço como desembaraçadas; e eu o creio pia e firmemente. Exemplifiquemos com os próprios homens e seus órgãos. Suponha-se que estão a trabalhar em uma sala vinte pessoas e que na mesma não o podem fazer livre ou desembaraçadamente mais que dez ou doze. Pergunto: seu serviço, obra ou trabalho será tão perfeito como se trabalhassem aqueles que bem só o podiam fazer? É de crer que não. Outro: temos órgãos da vista, do ouvido, do olfato, que, por certo oprimidos, ninguém dirá que bem funcionam. Assim pois devem ser os do nosso estômago, intestinos, etc. Apertados, não poderão funcionar, transformar ou digerir os alimentos ou coisas de que nos alimentamos com aquela facilidade com que o fazem ou devem fazer não opressos ou desembaraçados. Se aperto os meus dedos, não posso escrever, nem com a mão coisa alguma fazer! Se, porém, esta está desembaraçada, com ela faço o que quero ou o que posso. Logo não convém a opressão se se quer trabalho abundante e perfeito!

CENA SEGUNDA

MELQUÍADES (*entrando, atrás Guindaste e, após este, Galante. O primeiro com muito desembaraço e, atirando com os livros com estouvamento, quer de gesto, quer de palavras*) — Ó Ruibarbo, não foste hoje à lição!? És o diabo em figura de estudante! Pois sabe que eu fui, vim e estou aqui! Pus por terra todos os troianos! Foi o lado que hoje perdeu nas sabatinas o mais vergonhosamente que é possível. Nem a batalha que inutilizou Napoleão I, nem as melhores vencidas por Alexandre, o Grande, nem finalmente a em que César destruiu Pompeu se pode comparar à que hoje venci dos nossos amigos paraguaios!

RUIBARBO — Pois eu declaro-vos que não fui à aula! E, se quiserem saber o porquê, dir-vos-hei: primeiro, porque não quis; segundo, porque estou ocupado com algumas lições de medicina; terceiro, porque vocês são pouco cuidadosos de nosso quarto, e eu não posso tolerar porcaria, desarrumação, etc.; quarto, porque...

MELQUÍADES (*com muita desenvoltura, assentando-se em outro lugar ou mudando de assunto*) — Já sei, já sei. Tu és um estudante privilegiado. Tens até um breve do Papa. Quando te apertam fora da Igreja, entras para a Igreja, e, quando te aborreces muito desta, safas-te com a maior sem-cerimônia! (*Batendo-lhe no ombro.*) És muito feliz, felicíssimo mesmo.

(*Os outros: cada qual acomoda seus livros e senta-se.*)

MELQUÍADES (*pegando em um papel em que Ruibarbo havia escrito*) — Oh! Este Ruibarbo, quanto mais estuda, menos aprende! Pois ele ainda suprime letras quando escreve!

RUIBARBO — Doutor! Você não vê que, quando assim procedo, faço um grande bem ao Estado!?

MELQUÍADES — Geral bem!?

GALANTE — São coisas do Ruibarbo! Tudo quanto ele faz diferente de outros homens, sempre protesta ser por fazer bem ou por conveniência do Estado. Não é mau modo de se fazer o que se quer! É uma capa maior que a de Satanás! É uma espécie de céu que ele tem, com que costuma abrir a terra!

RUIBARBO — Eu me explico: quando escrevo, penso e procuro conhecer o que é necessário e o que não é; e, assim como, quando me é necessário gastar cinco, por exemplo, não gasto seis, nem duas vezes cinco, assim também, quando preciso escrever palavras em que usam letras dobradas, mas em que uma delas é inútil, suprimo uma e digo: diminua-se com esta letra um inimigo do Império do Brasil! Além disso, pergunto: que mulher veste dois vestidos, um por cima do outro!? Que homem, duas calças!? Quem põe dois chapéus para cobrir uma só cabeça!? Quem usará ou que militar trará à cinta duas espadas! Eis por que também muitas vezes eu deixo de escrever certas inutilidades! Bem sei que a razão é; assim se escreve no grego, no latim e em outras línguas de que tais palavras se derivam; mas vocês que querem, se eu penso ser assim mais fácil e cômodo a todos!? Finalmente, fixemos a nossa língua; e não nos importemos com as origens!

MELQUÍADES — Enquanto passares bem assim, continua; mas, logo que te deres mal, é melhor seguir a opinião geral. (*Ouve-se tocar a sineta, que convida a jantar; aos saltos, pondo as mãos na cabeça e outras extravagâncias.*) São horas! São horas! (*Puxa Ruibarbo.*) Vamos! (*Este se deixa estar assentado. Puxa outro; convida; salta; pula; pega em um rebenque.*) Ah! Vocês até para comer têm preguiça!? (*Dá uma pancada com o chicote sobre uma mesa; os outros saltam ligeiramente à porta; e saem todos.*)

RUIBARBO (*atrás*) — O Melquíades hoje está limpo, lavado, engomado, escovado e penteado!

GALANTE — Ele triunfou dos paraguaios! É preciso obedecê-lo!

GUINDASTE — Eu o faço para tal fim com muito prazer!

ATO TERCEIRO

CENA PRIMEIRA

UMA MULHER (*muito atenta, ouvindo alguns gemidos*) — Quem gemerá? Quem estará doente? Será minha avó ou meu avô!? Sabe-o Deus; eu apenas desconfio e nada posso afirmar! Entretanto, convém indagar. (*Aproxima-se de uma porta, escuta e volta.*) Ah! Quem há de ser? (*Arrastando.*) É a cabritinha de minha avó, tia e irmã que acaba de parir três cabritos. Ei-los! (*Atira-os ao cenário.*)

MELQUÍADES (*entrando*) — Oh! Que espetáculo é este! Cabritos em meu quarto de dormir! Oh! Mulher, de onde veio isto!?

A MULHER — Ora, de onde havia de vir! Boa pergunta! O senhor não sabe que seus avós têm o luxo de criar cabras!? E que, criando-as, por força hão de parir!?

MELQUÍADES — Que têm parido, e hão de parir, sei eu muito bem! Mas o que me espanta é que a parição, parto ou como quiserem chamar tivesse lugar em meu quarto de dormir! É isto o que assaz me admira!

A MULHER — Não foi aqui; mas eu ouvi gemer e cuidei que era sua avó ou seu avô; fui ver; encontrei-os; trouxe-os; e aqui estão!

MELQUÍADES — Pois bem; agora vá preparar um para a ceia.

A MULHER (*cheia de nojo*) — Eu, fazer? Deus me livre! Isto tem um cheiro... Seria preciso, para se poder comer, pôr de molho três dias em alho, cebola, vinagre e coentro.

MELQUÍADES — Pois então (*muito zangado*), tire-me daqui estas porcarias, que já me estão causando nojo! Anda! Anda! Tira isto daqui!

UMA CRIADA (*puxando a cabra pelos chifres*) — Vem, vem, vem cá, cabritinha, cabritinha!

MELQUÍADES — Isto está demorando muito! (*Dá um pontapé na cabra, que a atira; os cabritos esforçam-se por correr, ele pega em um e esfrega na cara da criada.*) Que tal, senhora d. Nojenta! Cheira ou fede?

CRIADA — Nunca gostei destas graças! (*Larga a cabra e sai.*)

CENA SEGUNDA

(*Entram Ruibarbo, Galante e Guindaste.*)

RUIBARBO — Isto é admirável! Gatos ensopados pelo soalho derramados!

GALANTE — Ensopados! (*Reparando com muita atenção.*) Só se o foram na barriga da mãe! Oh! E não enganei; ei-la... (*Apontando para a cabra.*)

GUINDASTE — Vocês são os mais extravagantes estudantes que eu tenho conhecido. Se fôssemos de medicina, que bom estava para desenojar. Mas somos de direito, não nos pode aproveitar! O que é mais interessante é a lembrança de que estavam ensopados, achando-se em pé e em estado de perfeição.

RUIBARBO — Não admira! Bem perfeitos são os animais e as aves cheias, entretanto, não estão vivas.

GUINDASTE — Mas não se diz que crê que foram ensopadas.

RUIBARBO — Sim, senhor... Mas quem não poderia dizer que estivessem assados?

GALANTE — Ainda vocês ignoram uma coisa; sabem o que é? É que o nosso amigo Melquíades deu esta lição à criada, que tão pacificamente e bem sempre nos serve: esfregou-lhe com um destes cabritos; cara, boca, nariz, olhos, e não sei que mais; saiu daqui tão enjoada, que não corria; qual águia, voava; ou ia qual avestruz avoada!

MELQUÍADES — Sabem o que mais?... Eu não quero estar vendo aqui estas imundícies! (*Chamando.*) Rigoleto! Rigoleto!

UMA VOZ — Não está! Peguem vocês cada uma no seu e os ponham longe daqui!

GUINDASTE (*para os outros*) — É mesmo, isto é muito enjoativo! Nem eu posso abrir um livro com eles diante de mim. Pega no teu, Galante! Ruibarbo, leva o outro! (*Pega cada um no seu e os põe fora de cena.*)

RUIBARBO (*para os outros*) — Não há remédio, senão os aturar.

MELQUÍADES — E eu que o diga! Mas que faremos nós aqui metidos? Não era melhor que fôssemos passear, ver as moças, e também algumas velhas? Heim? Heim? Falem, que estou desesperado! Come-me hoje este corpo; sinto nele tal coisa..., certo prurido..., e não sei que mais que não posso estar parado um momento!

RUIBARBO — Cruzes!, contigo, Melquíades.

MELQUÍADES — Comigo, não quero cruzes! Mas, se for algum cruzeiro, ainda poderei aceitar. Quanto a cruzes, bastam estas (*apontando para os livros*) que aqui vedes.

GALANTE — Pois eu quero tudo: cruzes, cruzeiros, cruzados, cruzinhas, cruzadas e tudo o mais que me oferecem e que eu posso gozar sem perder!

GUINDASTE — Sem perder, não, Galante. Sem padecer ou sofrer, sim! Por força que gozando...

GALANTE — Não sabes o que dizes; há homens que, quanto mais gozam, mais ganham! Portanto, avancei uma proposição as mais das vezes verdadeira, inda que algumas vezes falível.

MELQUÍADES — Sabem o que convém e me entretém? Passear, conversar, ver as moças. (*Pegando o chapéu.*) Os que me quiserem acompanhar, sigam-me! Vamos, vamos todos! (*Puxa um, puxa outro; nenhum quer sair; ele pega na bengala e sai.*)

GUINDASTE (*para Galante*) — Este Melquíades mudou completamente. Passou de estudante ao mais extravagante do seu século. Cruzes! Abrenúncio! Está atrevido como o diabo!

RUIBARBO — Isto é porque ele fez anos hoje! Amanhã...

GUINDASTE — Então, diga-me isso! Eu logo vi.

MELQUÍADES (*entrando, passados alguns minutos*) — Já sabem, rapazes, que passeei, andei, virei, mexi e resolvi. E que nada resolvi sobre o que buscava e o que vi! Pois é verdade, e tão certo como o Carneiro de Cão estar com os olho abertos. (*Aponta para Galante.*) E apenas duas coisas aprendi, ou dois pensamento colhi! Primeiro, que há dois modos de viver em sociedade: um de que só se frequenta mulheres de certa classe, a casas de jogo, etc.; outro em que se olha com grande indiferença para tudo isto, e até muitas vezes com repugnância, e só se frequenta casas de família, ou gente de classe mais alta, ou mais distinta! Há também esta diferença, e é que os que querem ser verdadeiros constitucionais, e não têm família, isto é, não são casados, ou sendo não vivem com suas mulheres, são forçados a frequentar aquelas; e os que nenhum caso fazem da Constituição e os que mais e melhor gozam! Já veem, portanto, que não perdi o tempo.

GUINDASTE (*para Galante e Ruibarbo*) — Sempre o nosso pai dá provas de que ainda é estudante. Sempre nos traz alguma coisa... descobertas de coisas que ignorávamos colhidas de suas experiências filosóficas! E com isso faz também de lente, pois leciona-nos.

MELQUÍADES — A outra verdade, ou o outro fato, é que muitas vezes isto provém de comermos dos hotéis ou de mandarmos fazer as comidas em nossas próprias casas! Aquelas nos conduzem às primeiras; ordinariamente estas as mais das vezes às segundas! Contudo, há nesta regra numerosas exceções, e é também conforme são os hotéis. Notai bem que muitas vezes se observa uma verdadeira confusão. O que, porém, é indubitável é que as comidas e as bebidas nos conduzem a este ou àquele trabalho, a esta ou àquela casa, a este ou àquele indivíduo, a este ou àquele negócio! Podem até conduzir-nos a um crime! Como o podem fazer, e muitas vezes o fazem, a um ato de virtude, a uma ação heroica, a uma ação vil ou indigna. (*Continuando.*) Sinto às vezes certo estreitamento no canal que conduz ao estômago. Tenho querido atribuir à falta de certo ato... Mas, ao mesmo tempo, lembra-me que as crianças, os velhos, as velhas, os doentes, os que viajam pelas campanhas, os que estão em guerra não praticam tais atos, entretanto, sei de muitos que padecem igual incômodo. Consequentemente, devemos crer que a razão principal não é essa. Talvez provenha das qualidades dos próprios líquidos e das carnes de que nos alimentamos, e até das casas em que moramos, e mesmo das pessoas que nos servem, ou a quem mais praticamos. Meninos! Quero contar-vos mais uma verdade médica por mim descoberta hoje; e é que é sempre um mal que incomoda sair por cima o que deve sair por baixo! Se soubésseis quanto me... que desagradável efeito me produz algumas vezes o cuspir! Se ao menos equivaler ao que escrevo, ou ser substituído pelos pensamentos! Mas quê! Tenho experimentado e sempre acho desagrado. Outra descoberta: certa pessoa até certo tempo não podia passar, quando comia ou bebia alguma coisa, sem procurar uma pessoa que se parecesse com o objeto ou coisa de que se servia; entretanto, em um dia, o que havia de pensar, de que se havia de convencer: que devia proceder de modo diametralmente oposto, isto é, que, quando tomasse chá, por exemplo, não devia para isso como antes procurar pessoas que tivessem essa cor; e assim a outros preceitos! Acho, porém, bonito que pratiquemos ou procedamos — se isso nos não causar algum desgosto — conforme estas nos aconselham; ainda que só espiritualmente, o que se faz de milhares de modos. Meninos! Vou descansar! (*Deita-se e enrola-se no cobertor. Para os companheiros de quarto:*) Se alguém me procurar, dizei-lhe que durmo!

RUIBARBO — Galante, que te parece o nosso Pai Melquíades!? É um homem divino! É o maior sábio do universo! Valente como os mais valentes, ativo como o sol, amável como a mais amável princesa, interessante como o firmamento, bom como o melhor dos pais.

GALANTE — Tu não te enganas, mas esqueceste de acrescentar: extravagante e desenvolto, às vezes, como uma provocadora cobrinha!

GUINDASTE — E, para prova de tudo isto, vejam o que ele fez hoje: saltou, pulou, dançou, fez o diabo como estudante! Depois aconselhou, ensinou, pregou, fez-se santo como filósofo! Ultimamente, relampagou, iluminou como rei! E, agora, como acabam de ver, atirou-se naquela cama como um cansado estudante, ou qualquer outro ente de vida pouco séria, e bruscamente no cobertor se enrolou.

MELQUÍADES (*levantando-se rapidamente e atirando o cobertor à cara dos companheiros e discípulos*) — Nem todos os momentos podem ser agradáveis; deitei-me; procurou alguém por ventura por mim?... Estava em um tão agradável sonho... quando de repente senti um movimento em meu cérebro que assaz me contristou. Levantem-se, rapazes! Vocês são a quintaessência dos preguiçosos!

TODOS (*levantando-se*) — Que é isto, Melquíades!? Estás desassisado?

MELQUÍADES — Ó diabo, pois vocês que faziam assentados!? (*Gritando.*) Vamos! São horas de escola! Caminhem, saiam! Saiam! (*Os outros levantam-se, e ele os faz sair rapidamente — caindo livros de uns, outros de chinelos —, enfim, é uma desordem completa entre os quatro, como se um incêndio ou alguma cobra venenosa se visse no quarto.*)

(*E assim parece dever terminar este ato com as seguintes palavras de MELQUÍADES:*) — Se eu não espanto estes madraços, nem para o chá ganhariam hoje!

FIM DA COMÉDIA

Porto Alegre, 16 de junho de 1866.

UMA PITADA DE RAPÉ

Comédia em três atos

Por José Joaquim de Campos Leão Qorpo-Santo

PERSONAGENS

Mário
Uma filha

PRIMEIRO ATO

CENA PRIMEIRA

MÁRIO (*velho estúrdio, batendo em uma formidável caixa*) — É do mais fino que encontrei na Praça do Mercado! (*Sorvendo.*) Oh! Isto é mais doce que o pão do Céu! Mais puro que a mais pura virgem! Mais inocente que a mais nova flor! Quanto ao cheiro ou aroma... Ah! (*Sorvendo outra.*) É mais aromático que quanto espírito-flor, sabonete, óleo e essência há. Ah! Se os fumadores pudessem apreciar, como eu, os prazeres que gozo (*sorvendo outra*) ao encher estas ventas deste macio pó! Se pudessem conhecer a frescura que sinto em meu cérebro; a abundância que traz de novas e sublimes ideias à minha imaginação, com que dor de coração não gastariam eles um charuto, ainda dos melhores havanas, em vez de uma econômica pitada de rapé!

UMA FILHA (*entrando*) — Meu pai! Então vai hoje à missa!?

MÁRIO — Ora, menina, isto de ir à missa é coisa só própria de velhas, que já estão próximas a ir à cova! Como sabes, eu ainda sou moço! (*Arrastando um pé.*) Apenas este diabo desta perna algumas vezes me incomoda, de modo que me custa andar.

A FILHA — Pois está hoje lhe incomodando!? Se não estivesse, eu o convidava a fazermos um passeio agora.

MÁRIO — Sim! Sim! (*Esfregando a perna, o nariz e os olhos.*) Vocês o que querem (*sentando-se*) é bailes, passeios, visitas, festas, enfeites, alfinetes e não sei que mais! Entretanto, que eu... já não gosto dessas coisas. Gosto mais do meu descanso, da tua mãe e das minhas apreciabilíssimas pitadas!

A FILHA — Não duvido que tudo isso seja assim; mas fique certo que, se as moças gostam de divertir-se e os velhos de se meterem em casa a tomarem pitadas, é isso devido à pouca idade e vontade própria destas, ou de uma natureza, de um vigor, atividade e esforço incalculáveis; bem como aos velhos, ao estado decadente de sua natureza, isto é, de seu físico, ao cansaço de longos anos de trabalhos e ao aborrecimento do mundo para o qual se envelhece e aborrece, à proporção que a gente vai envelhecendo e aborrecendo-se de si própria!

MÁRIO (*levantando-se e abraçando a filha*) — És a minha primogênita; não há remédio senão te fazer a vontade! Vamos lá! Mas (*olhando para as calças*) esta calça está cheia de nódoas! Vai-me buscar outra (*tocando-lhe no ombro*).

A FILHA — Pronto, papai! Já vou (*dá três ou quatro pulos, entra em um quarto e traz outra calça*). Aqui está, papai, aqui está; esta está muito boa, não tem um fio de mais, nem um botão de menos.

MÁRIO (*pegando*) — Ah! Isto sim parece calça de moço. (*Cheira e espirra.*) Botaste aqui espirradeira, menina?

A FILHA (*rindo-se*) — Não, meu pai, apenas a orvalhei com um pouco de espírito de cravo, de que costumo servir-me quando vou aos bailes ou à missa.

MÁRIO (*despindo-se com alguma dificuldade a que tinha vestido e fazendo caretas; pega a outra e veste*) — Ah! Isto sim. Quem dirá que sou hoje um velho (*dando um passeio com muita firmeza nas pernas*). Vejam lá a mudança que faz vestido novo em um corpo velho. É o mesmo que o calçamento de ferro ou de aço por bom ferreiro, em qualquer instrumento já quase inservível. Mas (*olhando para o paletó ou sobrecasaca*), agora é que eu reparo, estou de paletó, e isto é traste impróprio para se ir à casa de Deus, ou dos moços e das moças, como muita gente chama. (*Para a filha:*) Sabes que mais? (*Afagando-a.*) Vai, vai ver a casaca sim; sim, minha queridinha, meu anjinho, minha beldade!

A FILHA — Pois não, papai. Eu vou, e vou já! O que quero é dar-lhe gosto em tudo para que o senhor também... digo? (*Volta-se para ele.*) Não responda? Digo, digo. Para que o papai também me dê o prazer de consentir que eu case com o moço que eu quiser! (*Safa-se aos pulinhos.*)

MÁRIO — Ah, brejeira! Vai, vai, anda, que eu hei de fazer-te a vontade! São muito atilados estes anjinhos! Já se sabe: quando afagam muito, querem alguma graça do velho. E o que é verdade é que sempre o conseguem! Vamos gozando as suas amabilidades até que... ou enquanto algum velhaco por bem ou por*

* Nota do editor: o texto acaba abruptamente nesse ponto.

Este livro foi composto em Times pela *Iluminuras* e terminou de ser impresso em Junho de 2018 nas oficinas da *Meta Brasil Gráfica*, em São Paulo, SP, em papel off-white 80g.